마음을 일깨우는 거울

醒心龜鑑(성심귀감)

오광익 지음

明文堂

책머리에

우리의 전통 기록문화는 대부분 표의문자(表意文字)인 한문(漢文)으로 이루어져 있다. 역사서가 그러하고 개인의 문집이 그러하다. 이들을 읽어 좋은 뜻, 좋은 정보를 얻으려면 그 내용을 알아야 한다. 글자의 의미를 알고 글자가 모여 이룬 단어나 문장, 그리고 거기에 얽힌 이야기를 밝힐 수 있어야 비로소 그 내용이 분명하게 드러난다.

현대를 흔히 지식의 홍수시대라고 한다. 세계가 지구촌을 이룬 만큼 지식의 양도 그만큼 늘어나게 되었다. 그러나 이를 선택하고 정리하고 생활에 응용하기 위해서는 그에 합당한 지혜가 요망된다. 정보를 찾는 것은 스마트폰(smart phone)을 이용하면 되지만 이를 가공하고 유익한 가치를 발휘토록 하기 위해서는 심량을 넓히고 지혜를 닦지 않으면 안 된다.

표의문자인 한문은 뜻을 생각해야 하기 때문에 이러한 지혜단련에는 제격이라 할 수 있다. 특히 지식을 넓히고 가치관을 정립하는 기간인 청소년들에게 있어서는 더욱 그러하다. 변화되는 세계상을 직시하면서 자신을 살피고 이웃을 배려하며 사려 깊은 행동으로 지혜를 발휘한다면 세상이 원하는 지도자가 될 수 있다.

그래서 평소에 적어오던 글귀를 모아 한 권으로 엮어내게 되었다. 읽기 쉽게 한자 4자 1구로 성어(成語)하고, 이를 4구로 문장을 완성하여, 읽으면서 잠언(箴言)이나 격언(格言) 혹은 사자성어(四字成語)의 의미를 느끼도록 하였다. 그리고 이를 우리말로 풀고 단어풀이를 붙여 전체의 뜻을 살피도록 하였다. 물론 한문에는 음을 달아 읽는데 불편하지 않게 하였다. 이들 가운데는 비슷한 문장이 들어 있으나 뜻을 다르게 하였으므로 생각을 넓히는데 도움이 될 것이다.

제목을 「마음을 일깨우는 거울(醒心龜鑑)」이라 붙인 것은 「마음(心)」이 자신의 주인이기 때문이다. 성(醒)이란 깨닫는다, 혹은 이치를 밝게 안다는 의미요, 심(心)은 우리의 순일한 마음이며, 귀감(龜鑑)은 거울로 삼아 본받을 만한 모범이라는 의미인데 줄여서 보배로운 거울이라 하였다. 전체적으로 「마음을 일깨우는 거울」이다. 따라서 이는 「우리의 정신과 뜻이 항상 깊고 침착하여 고요한 자리를 이루고 있음」을 말한다.

그리고 전권을 7편으로 나누었다. 제Ⅰ 명심편(明心編: 마음을 밝힘), 제Ⅱ 고기편(顧己編: 자기를 돌아봄), 제Ⅲ 언행편(言行編: 말과 행실), 제Ⅳ 과치편(過恥編: 허물과 부끄러움), 제Ⅴ 지신편(志信編: 의지와 신념), 제Ⅵ 효학편(斅學編: 가르침과 배움), 제Ⅶ 부검편(富儉編: 부유와 근검)이다.

이 책을 통해 뜻하는 이들이 배우고 익히면서 어려움 없이 한자공부와 격조 높은 지혜를 쌓고, 세상을 바라보는 안목과 함께 자신의 생각을 정리하는 힘을 길러가길 바란다. 끝으로 이 책을 출판해주시는 명문당(明文堂)의 김동구(金東求) 사장님께 심심한 사의를 표하는 바이다.

2014년 10월 익산 이우실(涅藕室)에서 오광익 근지

목차

● 책머리에 3

Ⅰ 明心編(명심편): 마음을 밝힘 7

Ⅱ 顧己編(고기편): 자기를 돌아봄 103

Ⅲ 言行編(언행편): 말과 행실 201

Ⅳ 過恥編(과치편): 허물과 부끄러움 293

Ⅴ 志信編(지신편): 의지와 신념 383

Ⅵ 斅學編(효학편): 가르침과 배움 477

Ⅶ 富儉編(부검편): 부유와 근검 577

I

明心編(명심편)

마음을 밝힘

I

明心編 명심편

마음을 밝힘

【001】

天地之間에 人爲最貴는 唯持心故이요 知用心故이라.
천지지간 인위최귀 유지심고 지용심 고

하늘과 땅 사이에 사람이 가장 귀하다는 것은 오직 마음을 가졌기 때문이요, 마음 쓸 줄을 알기 때문이다.

- 天地 : ①하늘과 땅. ②우주. ③온 세상.
- 心 : ①마음, 뜻, 의지(意志). ②근본, 본성(本性). ③도(道)의 본원(本源). ④생각. ⑤가운데, 중앙, 중심. ⑥진수〔眞修 : 보살이 행하는 관법(觀法)〕 수행.

【002】

大凡心者는 混沌生前과 天地分前에 旣先存物이라.
대범심자 혼돈생전 천지분전 기선존물

대범 마음이라는 것은 혼돈이 생기기 이전과 하늘과 땅(宇宙)이 나뉘기 이전에 이미 먼저 존재하였던 물건이다.

• 混沌 : ①천지개벽(天地開闢) 초에 하늘과 땅이 아직 나누어지지 않은 상태. 혼륜(渾淪). ②사물의 구별이 확실하지 않은 상태. ③어떤 대상에 대해 갈피를 잡을 수 없어 뚜렷한 생각이나 인식을 가질 수 없는 상태.

• 宇宙 : ①천지 사방과 고왕(古往) 금래(今來). ②세계 또는 천지간. 만물을 포용하고 있는 공간. 자연, 두우(斗宇). ③질서 있는 통일체로서의 세계. ④가운데 물질과 복사(輻射)가 포함한 전공간(全空間).

【003】

廣野田畓은 人做物主이요 茫漠宇宙는 心爲眞主이라.
광야전답 인주물주 망막우주 심위진주

넓은 들판 밭이나 논은 사람이 물의 주인이 되는 것이요, 아득한 우주는 마음이 참된 주인이 된다.

• 物主 : 공사판이나 장사판에 밑천을 대주는 사람. 노름판에서, 애기 패를 상대로 패를 잡고 겨루는 사람.

• 茫漠 : 아득함. 흐리멍덩하고 똑똑하지 못한 상태.

【004】

夫人價値는 唯在心明이니 須明己心이라야 天下第一이라.
부인가치 유재심명 수명기심 천하제일

대범 사람의 가치는 오직 마음을 밝힘에 있는 것이니 모름지기 자기의 마음이 밝아야 천하에 으뜸이 된다.

• 價値 : ①값, 값어치. ②욕망을 충족시키는 재화(財貨)의 중요 정도. ③주관의 뜻을 만족시키는 객관적 당위(當爲).

〔005〕

凡可有知-水之深淺이나 然實難知-人之持心이라.
범가유지 수지심천 연실난지 인지지심

무릇 가히 물속의 깊고 얕음은 알 수 있는 것이지만 그러나 사실 사람의 지닌 마음은 알기가 어렵다.

• 深淺 : 깊음과 얕음.

〔006〕

發一正心하면 人導神佑하야 前有所礙라도 如湯消氷이라.
발일정심 인도신우 전유소애 여탕소빙

한번 바른 마음이 발하면 사람이 이끌고 신장(神將)이 도와서 앞에 막히고 거리끼는 바가 있다 할지라도 끓는 물에 얼음이 사라지는 것과 같다.

• 正心 : ①올바른 마음. ②마음을 바르게 가다듬음.

• 神將 : 귀신 가운데 무력을 맡은 장수의 신으로 사방의 잡귀나 악신을 몰아낸다.

• 礙 : 거리낄 애.

〔007〕

無形之心(무형지심)이요 無體之性(무체지성)이나 然知心性(연지심성)하면 無非成功(무비성공)이라.

형상이 없는 마음이요 바탕이 없는 성정(性情)이지만, 그러나 마음과 성정을 알면 공을 이루지 아니함이 없다.

• 性情 : ①성질(性質)과 심정(心情). ②사람이 본디 가지고 있는 성질과 심정.

〔008〕

不守自心(불수자심)하면 一覆慾心(일복욕심)하고 二流妄處(이류망처)하며 三作罪惡(삼작죄악)이라.

자기 마음을 지키지 아니하면, 첫째 욕심으로 덮이게 되고, 둘째 망령된 곳으로 흐르게 되며, 셋째 죄와 악을 짓게 된다.

• 慾心 : 분수에 넘치게 무엇을 탐내거나 누리고자 하는 마음.

• 罪惡 : 죄가 될 행위(行爲).

【009】

> 眞心明徹(진심명철)하면 無難營事(무난영사)하고 無難成功(무난성공)하며 無難完任(무난완임)이라.

참 마음을 밝게 통하면 일을 경영하는데 어려움이 없고, 공을 이루는데 어려움이 없으며, 임무를 완수하는데 어려움이 없다.

• 徹 : 통할 철.

【010】

> 原性之中(원성지중)에 無添一點(무첨일점)하고 本心之裏(본심지리)에 無留一塵(무유일진)이라.

원래 성품 가운데에는 한 점도 더할 수가 없고 본래 마음속에는 한 티끌도 머물 수가 없다.

• 添 : 더할 첨.
• 一點 : ①한 점. ②극히 근소한 일. ③한 방울.
• 一塵 : 조그마한 티끌.

〔011〕

人活於世하야 內勿欺心하고 外勿欺人하며 上勿欺天이라.
인활어세 내물기심 외물기인 상물기천

사람이 세상에 살면서 안으로 마음을 속이지 말고, 밖으로 사람을 속이지 말며, 위로 하늘을 속이지 말라.

- 欺 : 속일 기.

〔012〕

無根之樹는 易爲枯死이요 無心之人은 難得生氣이라.
무근지수 이위고사 무심지인 난득생기

뿌리가 없는 나무는 말라서 죽기가 쉬운 것이요, 마음이 없는 사람은 싱싱한 기운을 얻기가 어렵다.

- 枯 : 마를 고.
- 生氣 : ①싱싱하고 힘찬 기운. ②좋은 날의 운수.

〔013〕

人人各具一自家心寶하니 莫向外邊하야 求而覓之이라.
인인각구 자가심보 막향외변 구이멱 지

사람마다 각각 자가의 마음 보배를 갖췄나니 바깥을 향하여 구하거나 찾지를 말라.

- 自家 : ①자기의 집. 자택. ②자기 자체.
- 心寶 : 마음 가운데 무량한 재보(財寶)를 갖추었기 때문이다.
- 覓 : 찾을 멱.

〔014〕

廣野獐躍하고 淸潭月浴이라 宇宙心顯이요 宇宙理轉이라.
광야장약 청담월욕 우주심현 우주 리전

넓은 들판에 노루가 뛰놀고 맑은 연못에 달님이 목욕하는 것이라, 우주의 마음이 드러난 것이요 우주의 이치가 구르는 것이다.

- 獐 : 노루 장.
- 躍 : 뛸 약.
- 潭 : 못 담. 깊을 담.

【015】

深山群木은 着根地長이요 斯世衆人은 源己心活이라.
심산군목 착근지장 사세중인 원기심활

깊은 산속 많은 나무는 뿌리를 땅에 붙여서 자라는 것이요, 이 세상 뭇 사람은 자기 마음에 근원해서 살아간다.

【016】

心如造物이니 能作善業이요 亦造罪業이며 亦行聖業이라.
심여조물 능작선업 역조죄업 역행성업

마음은 조물주(造物主)와 같은 것이니 능히 착한 업을 짓는 것이요, 또한 죄고의 업을 짓는 것이며, 또한 성스러운 업을 행한다.

- 造物主 : 우주의 만물을 만들고 다스리는 신.
- 善業 : 좋은 과보를 받을 수 있는 착한 일.
- 罪業 : 훗날 괴로움의 과보를 부르는 인(因)이 되는 죄악의 행위.
- 聖業 : 거룩한 사업. 주로 종교에서 행하는 사업을 말한다.

[017]

應兒如心이요 應爵如心이며 應貧如心이 平常之心이라.
응아여심 응작여심 응빈여심 평상지심

아이에게 응해도 한결같은 마음이요, 벼슬에 응해도 한결같은 마음이며, 가난에 응해도 한결같은 마음이 곧 평상의 마음이다.

• 爵 : 벼슬 작.

[018]

麤飯蔬羹은 養心之路이요 膏粱珍味는 傷神之徑이라.
추반소갱 양심지로 고량진미 상신지경

거친 밥과 나물국은 마음을 기르는 길이요, 살찐 고기와 기름진 맛은 정신을 상하는 지름길이다.

• 麤 : 거칠 추. 거칠다. 굵다. 섞이다.
• 麤飯 : 거친 곡식으로 지은 밥. 깨끗이 쓿지 않은 입쌀이나 잡곡으로 지은 밥을 이른다.
• 膏 : 기름 고. 살찔 고.
• 粱 : 기장 량(양).
• 膏粱珍味 : 기름진 고기와 좋은 곡식으로 만든 맛있는 음식.

【019】

明光如鏡하고 淸寒如月하며 深靜如潭은 照心好境이라.
명광여경 청한여월 심정여담 조심호경

밝고 빛난 거울과 같고, 맑고 차가운 달과 같으며, 깊고 고요한 연못과 같음은 마음을 비추는 좋은 경계이다.

【020】

自身之中에는 具足寶玉하니 莫求外馳하고 覓己心內이라.
자신지중 구족보옥 막구외치 멱기심내

자기의 몸 가운데는 보배로운 구슬이 구족한 것이니, 밖으로 달려 구하지 말고 자기 마음 안에서 찾아야 한다.

• 具足 : 충분히 갖추어 있음.
• 馳 : 달릴 치.

【021】

正氣接物하면 自滅妖怪이요 靜氤養神하면 自恬夢寐이라.
정기접물 자멸요괴 정인양신 자념몽매

바른 기운으로 사물을 접하면 저절로 요망하고 괴이함이 소멸되는 것이요, 고요한 기운으로 정신을 기르면 저절로 꿈과 잠이 편안하다.

• 正氣 : ①지극히 크고 바르고 공명한 천지의 원기(元氣). ②바른 기풍.
• 妖 : 요망할 요.
• 怪 : 기이할 괴.
• 妖怪 : ①요사스러운 귀신. ②요사스럽고 괴이함.
• 氤 : 기운 성할 인.
• 寐 : 잠잘 매.
• 夢寐 : 잠을 자면서 꿈을 꿈, 또는 그 꿈.

【022】

自意寬大하야 容天下物이요 自心空虛하야 受天下人이라.
자의관대 용천하물 자심공허 수천하인

자신의 뜻을 넓고 크게 하여 천하의 물상을 포용할 것이요, 자신의 마음을 텅 비워서 천하의 사람을 받아들여야 한다.

• 寬大 : 마음이 너그럽고 큼.
• 空虛 : 속이 텅 빔.

【023】

人心如鏡하야 覆垢難照이나 然拂其塵하면 十方
인심여경 복구난조 연불기진 십방

田燿이라.
훤요

사람의 마음은 거울과 같아서 먼지가 덮이면 비추기 어려운 것이지만 그러나 그 티끌을 털어버리면 시방에 밝게 빛이 난다.

- 拂 : 떨칠 불. 떨 불.
- 田 : 밝을 훤.
- 燿 : 빛날 요.

【024】

肉身之活은 不過副業이요 精神之活이 迺爲本
육신지활 불과부업 정신지활 내위본

業이라.
업

육신의 삶은 부업에 지나지 않는 것이요, 정신의 삶이 이에 본업이 된다.

- 副 : 버금 부.
- 副業 : 본업 외에 여가를 이용하여 갖는 직업.
- 精神 : ①마음이나 생각, 또는 영혼(靈魂). 신사(神思). 성령(聖靈). ②의식(意識). ③사물에 접착(接着)하는 마음. 근기(根氣). 기력(氣力). ④물질・육체에 대여 마음의 일컬음. ⑤지성적(知性的)・이성적(理性的)인, 능동적(能動的)・

목적의식적인 능력. ⑥형이상학(形而上學)에서 상정(想定)되어 있는 비물질적(非物質的) 실체. 만물의 이성적인 근원력(根源力)이라고 생각되는 헤겔의 절대적 정신은 그 대표적인 것임.

• 本業 : 주가 되는 직업.

【025】

以利養身하고 以義養心이니 若不養身하면 亦難養心이라.
이리양신 이의양심 약불양신 역난양심

이(衣 · 食 · 住 등)로써 몸을 기르고 의(善 · 德 · 仁 등)로써 마음을 기를지니, 만일 몸이 길러지지 아니하면 또한 마음을 기르기가 어렵다.

• 養身 : 몸을 보양하다.
• 養心 : 심성(心性)을 수양함.

【026】

欲脫凡俗인대 明心正行이요 欲脫業網인대 淸心無我이라.
욕탈범속 명심정행 욕탈업망 청심무아

범속을 벗어나고자 할진대 마음을 밝히고 행동을 바를 것이요, 업의 그물을 벗어나고자 할진대 마음을 맑히고 나를 없애야 한다.

• 凡俗 : 평범하고 속됨.

• 業網 : 선악의 업인(業因)이 사람을 가두어 생사에 침몰하게 하므로 업을 그물에 비유했음.

• 網 : 그물 망.

• 無我 : 크게 '나' 라는 생각을 갖지 않음. 일체의 존재는 다 무상(無常)한 것이므로 '나' 라는 존재를 부정하는 생각. 인무아(人無我), 법무아(法無我)의 둘로 나눔.

【027】

自己心眼이 不開之人은 對於衆人하야 絶無評價이라.
(자기심안 불개지인 대어중인 절무평가)

자기의 마음 눈이 열리지 않은 사람은 뭇 사람을 대하여 절대로 평가를 할 수 없는 것이다.

• 心眼 : 마음속으로 사물을 꿰뚫어보고 또 사물을 관찰하고 식별하는 마음의 눈. 육안(肉眼)에 상대되는 말. 혜안(慧眼) · 법안(法眼) · 도안(道眼) 등을 통칭하는 말. 육신의 눈은 일정한 한계 이내의 것만 볼 수 있으나, 마음의 눈은 지혜로써 보기 때문에 시방 삼세의 일을 밝게 볼 수 있다. 불보살의 지혜를 심안이라 한다.

• 評價 : ①물건값을 헤아려 매김, 또는 그 값. ②사물의 가치나 수준 따위를 평함, 또는 그 가치나 수준.

【028】

人也心啓하면 大運自入이요 隨而心閉하면 一氣難入이라.
인야심계 대운자입 수이심폐 일기난입

사람이 마음이 열리면 대운이 저절로 들어오는 것이요, 따라서 마음이 닫히면 한 기운도 들어오기가 어렵다.

• 大運 : 아주 크고 좋은 운수.
• 一氣 : 만물의 원기(元氣).

【029】

小木根地하면 透天高長이요 人心大啓하면 爲聳宇宙이라.
소목근지 투천고장 인심대계 위용우주

작은 나무라도 땅에 뿌리를 하면 하늘을 뚫을 듯 높이 자라는 것이요, 사람의 마음이 크게 열리면 우주에 솟아나게 된다.

• 透 : 뚫을 투. 통할 투.
• 本心 : ①본디부터 변함없이 그대로 가지고 있는 마음. ②꾸밈이나 거짓이 없는 참마음.
• 啓 : 열 계.

【030】

如心淸靜은 水瀞月顯이요 如心瞑暗은 水濁月隱이라.
여심청정 수정월현 여심명암 수탁월은

마음이 맑고 고요함은 물이 맑아서 달이 드러나는 것과 같은 것이요, 마음이 어두움은 물이 흐려서 달이 숨은 것과 같다.

• 淸靜 : ①맑고 고요함. ②욕심이 없고 마음이 깨끗함.
• 瀞 : 맑을 정.
• 瞑 : 어두울 명.

【031】

養心之人은 韜光隱叡이니 虛張聲勢하면 傷身喪心이라.
양심지인 도광은예 허장성세 상신상심

마음을 기르는 사람은 빛을 갈무리고 슬기를 숨길지니 실속이 없이 허세를 부리면 몸을 상하고 마음을 잃게 된다.

• 韜 : 감출 도.
• 韜光 : 빛을 감춘다는 뜻으로, 학식이나 재능을 감추고 남에게 알리지 않음.
• 虛張聲勢 : 헛되이 목소리의 기세만 높인다는 뜻으로, 실력이 없으면서도 허세로만 떠벌림.

【032】

無病之人은 無必服藥이요 無暗之心은 毋必修淸이라.
무병지인 무필복약 무암지심 무필수청

병이 없는 사람은 약을 먹을 필요가 없는 것이요, 어둠이 없는 마음은 맑히고 닦을 필요가 없다.

【033】

雖爲棘田이라도 猶易耕耘이나 然宿心田은 難機難啓이라.
수위극전 유이경운 연숙심전 난기난계

비록 가시밭이라 할지라도 오히려 갈고 김매기는 쉬운 것이지만, 그러나 묵어진 마음 밭은 갈기도 어렵고 열기도 어렵다.

- 棘 : 가시 극.
- 機 : 갈 기.
- 心田 : ① '마음의 밭' 이란 뜻으로, '정신(精神)' 을 비유하는 말. ②마음속. 속마음. 내심. 심중. ③마음 씀씀이. 마음씨.

【034】

培根茂葉하고 築堤滿水이라 養身健心하고 明心發慧이라.
배근무엽 축제만수 양신건심 명심 발혜

뿌리를 북돋으면 잎이 무성하고 제방을 쌓으면 물이 가득한 것이라, 몸을 기르면 마음이 건강하고 마음을 밝히면 지혜가 발현한다.

【035】

夫人心通하면 千里咫尺이요 隨而心塞하면 咫尺千里이라.
부인심통 천리지척 수이심색 지척 천리

대범 사람이 마음이 통하면 천 리가 지척이요, 따라서 마음이 막히면 지척이 천 리가 된다.

• 咫尺 : 아주 가까운 거리.
• 塞 : 막힐 색.

〔036〕

心鐫虛像하면 見卽虛像이요 對卽虛像이며 聽卽虛像이라.
심전허상 견즉허상 대즉허상 청즉허상

마음에 허상이 새겨지면 보는 것이 바로 허상이요, 대하는 것이 바로 허상이며, 듣는 것이 바로 허상이다.

- 鐫 : 새길 전.
- 虛像 : 어떤 사람이나 물체의 참모습과는 상관없이 다른 것에 의해 만들어진 이미지.

〔037〕

對境接事에 人心先發하면 輒招差錯이요 道心反是이라.
대경접사 인심선발 첩초차착 도심반시

경계를 대하고 일을 접함에 인심이 먼저 발하면, 문득 어긋남을 부르게 되는 것이요 도심은 이와 반대가 된다.

- 人心 : ①번뇌 망상에 끌려 다니고 삼독 오욕에 불타는 중생의 마음. 생로병사에 끌려 다니고, 희로애락에 흔들리며, 부귀영화를 추구하는 중생의 마음. ②변하기를 잘하는 세상 사람들의 마음. 인간의 자연적 감정.
- 輒 : 문득 첩.
- 差錯 : 어그러져서 순서가 틀리고 앞뒤가 서로 맞지 아니함.
- 道心 : ①대도 정법을 믿고 수행하여 진리를 깨치려 하는 마음. 도를 구하는

마음. ②자기 마음속에 일어나는 사리 사욕심을 물리치려는 마음. ③항상 진리 · 법 · 도를 생각하고 실천하는 마음.

【038】

前念淸明하면 後念亦瀞이요 前念礙癡하면 後念自亂이라.
전념청명 후념역정 전념애치 후념자란

전념이 맑고 밝으면 후념도 또한 맑을 것이요, 전념이 걸리고 어리석으면 후념은 저절로 어지럽게 된다.

• 前念後念 : 마음이 끊임없이 일어나는 것을 시간적으로 일념(一念)이라고 하는데, 그 일념의 과거를 전념이라 하고, 장차 올 일념을 후념이라 한다. 그러나 전념은 이미 지나가 버렸고, 후념은 아직 오지 않았다. 어느 것이 전념이고 어느 것이 후념인가? 한 생각만이라고 집착하면 그것은 곧 번뇌심이다.

【039】

施爲運動과 接人處事와 往還寤寐가 無非心顯이라.
시위운동 접인처사 왕환오매 무비심현

시위하는 것과 운동하는 것과, 사람을 접하는 것과 일을 처리하는 것과, 가고 돌아오는 것과, 깨나고 잠자는 것이 마음에서 드러나지 않음이 없다.

• 施爲 : 어떤 일을 베풀어 이룸.
• 寤寐 : 깨어 있을 때나 자고 있을 때.

〖040〗

心不孤起이라 靠境出生이요 境不獨出이라 由心列現이라.
심불고기 고경출생 경불독출 유심열현

마음은 홀로 일어나는 것이 아니라 경계에 기대어서 나오고 생기는 것이요, 경계도 홀로 나오는 것이 아니라 마음으로 말미암아 벌려져서 나타난다.

• 靠 : 기댈 고. 의지할 고.

〖041〗

一心清淨하면 家邦自清하고 世界自清하며 宇宙自清이라.
일심청정 가방자청 세계자청 우주자청

한마음이 청정하면 집안과 나라가 저절로 맑아지게 되고 세계가 저절로 맑아지게 되며 우주가 저절로 맑아지게 된다.

• 一心 : 사심 잡념 · 번뇌 망상이 들어있지 않는 전일(專一)하고 온전한 마음.

이 일을 할 때에 저 일에 끌리지 않고, 저 일을 할 때에 이 일에 끌리지 않아 오직 그 일 그 일에 전심전력하는 것.

- 淸淨 : ①맑고 깨끗함. 더럽거나 속되지 않음. ②죄가 없이 깨끗함. 계행(戒行)이 조촐함.
- 家邦 : 자기의 집안과 나라.

【042】

一心汚穢하면 家邦自暝하고 世界自暝하며 宇宙
일 심 오 예 가 방 자 명 세 계 자 명 우 주

自暝이라.
자 명

한마음이 더러우면 집안과 나라가 저절로 어둡게 되고 세계가 저절로 어둡게 되며 우주가 저절로 어둡게 된다.

- 汚 : 더러울 오.
- 穢 : 더러울 예.
- 汚穢 : 지저분하고 더러운 것.

【043】

常見眼中에 逆忤之事는 不成和心하야 有揀心
상 견 안 중 역 오 지 사 불 성 화 심 유 간 심

故이라.
고

항상 눈 가운데 거슬리는 일이 보이는 것은 화해(和諧)의 마음을 이루지 못하여 가려내려는 마음이 있기 때문이다.

• 忤 : 거스를 오.
• 眼中 : ①눈의 안. ②관심이나 의식의 범위 내.
• 和諧 : ①화목하다. ②잘 어울리다. ③조화하다.
• 揀 : 가릴 간.

〔044〕

神靜心安(신정심안)하고 心安神全(심안신전)이요 神躁心蕩(신조심탕)하고 心蕩形傷(심탕형상)이라.

정신이 고요하면 마음이 편안하고 마음이 편안하면 정신이 온전한 것이요, 정신이 조급하면 마음이 방탕(放蕩)하고 마음이 방탕하면 형체를 상하게 된다.

• 躁 : 조급할 조. 성급할 조.
• 蕩 : 쓰러질 탕.
• 放蕩 : ①주색잡기에 빠져 행실이 좋지 못함. ②마음이 들떠 갈피를 잡을 수 없음.

〔045〕

心勿甚大(심물심대)이니 爲心甚大(위심심대)하면 捨近謀遠(사근모원)하야 初意難終(초의난종)이라.

마음을 너무 크게 말지니 마음이 너무 크면 가까운 것은 놓아버리고 먼 것만을 도모하여 처음의 의도를 마쳐가기가 어렵다.

• 謀 : 도모할 모. 꾀할 모.

〖046〗

> 若心不淸하면 難見眞己이요 又志不確하면 難立鴻功이라.
> 약심불청 난견진기 우지불확 난립홍공

만일 마음이 맑지 아니하면 참된 자기를 보기가 어려운 것이요, 또한 뜻이 확고하지 아니하면 큰 공을 세우기가 어렵다.

• 鴻 : 큰 기러기 홍. 클 홍.

〖047〗

> 若失童心하면 迺失眞心이니 若失眞心하면 乃失眞理이라.
> 약실동심 내실진심 약실진심 내실진리

만일 어린아이의 마음을 잃으면 이에 참된 마음을 잃게 되는 것이니, 만일 참된 마음을 잃으면 이에 참된 도리를 잃게 된다.

• 童心 : 어린아이의 마음.
• 眞心 : 참된 마음.
• 眞理 : 참된 도리(道理).

【048】

大凡身安은 不如心安이요 隨而身靜은 不如心
대범신안 불여심안 수이신정 불여심

靜이라.
정

대범 몸이 편안함은 마음이 편안함만 같지 못한 것이요, 따라서 몸이 고요함은 마음이 고요함만 같지 못한 것이다.

• 心安 : ①근심 없다. ②마음이 편안하다. ③편안하다.
• 心靜 : 마음이 평온하다.

【049】

無妄絕念하면 如身漂天이요 澄淡虛寂하면 似心
무망절념 여신표천 징담허적 사심

浮空이라.
부공

망령이 없고 생각도 끊어지면 몸이 하늘에 뜬 것과 같은 것이요, 맑고 비어 고요하면 마음이 공중에 뜬 것과 같다.

• 無妄 : ①실리(實理)의 자연으로서 조금의 위망(僞妄)이 없는 것. ②일이 갑자기 생기어서 생각하지 아니 하였음.
• 絕念=斷念 : ①생각을 아주 끊어 버림. ②미련 없이 잊어버림.
• 漂 : 떠돌 표. 뜰 표.
• 澄 : 맑을 징.
• 虛寂 : 텅 비어 적적(寂寂)함.

【050】

若淸心源(약청심원)하면 外物不擾(외물불요)이요 亦靜氣源(역정기원)하면 衆邪不侵(중사불침)이라.

만일 마음의 근원이 맑으면 바깥 사물이 어지럽히지 못하는 것이요, 또한 기운의 원천(源泉)이 고요하면 여러 삿됨이 침범하지 못한다.

• 擾 : 어지러울 요.
• 源泉 : ①물이 흘러나오는 근원. ②사물의 근원.

【051】

大凡淸者(대범청자)는 淸其心源(청기심원)이요 亦是靜者(역시정자)는 靜其氣海(정기기해)이라.

대범 맑다는 것은 그 마음의 근원이 맑다는 것이요, 또한 고요하다는 것은 그 기운의 바다가 고요하다는 것이다.

• 氣海 : ①기해란 우주의 대기(大氣)를 넓은 바다에 비유한 말. ②도교(道敎)에서 기공수양(氣功修養)의 중심부가 됨. ③한의학에서는 배꼽 아래 한 치쯤 되는 부분의 급소로 한방에서 하단전을 혈로서 이르는 말.

【052】

大凡鑑明을 塵垢不昧이요 亦是神淸을 嗜慾不亂이라.
대범감명 진구불매 역시신청 기욕불란

대범 거울의 밝음을 티끌이나 때가 어둡게 못하는 것이요, 또한 정신의 맑음을 기호(嗜好)나 욕심이 어지럽게 못한다.

• 塵垢 : 먼지와 때.
• 嗜 : 즐길 기.
• 嗜慾 : 기호(嗜好)의 욕심. 즐기고 좋아하는 욕심.
• 嗜好 : 즐기고 좋아함.

【053】

三者卽一이니 迺一爲精이요 又一爲氣이며 又一爲神이라.
삼자즉일 내일위정 우일위기 우일위신

셋이 곧 하나이니 이에 하나는 정이요, 또 하나는 기이며, 또 하나는 신이다.

• 精氣神 : 도교의 양생술에서 말하는 삼보(三寶), 혹은 상 · 중 · 하 3단전(丹田)의 보고(寶庫)로 보아, '인간의 형(形)이 의존하고 명(命)이 부리며 생(生)이 의탁하는 바' 라고 한다. 흔히 선천의 원정(元精) · 원기(元氣) · 원신(元神)이라 부르며, 이들이 부족하면 인간은 병들고, 어그러지면 쇠하며, 다하면 죽는다고 본다. 따라서 후천(後天) 보정(保精) · 조기(調氣) · 장신(嗇神)이라는 양생법을 논하는 것임.

【054】

大凡心靜하면 邪慾不生이요 因此心慧하면 暝癡不遮이라.
대범심정 사욕불생 인차심혜 명치 불차

대범 마음이 고요하면 삿된 욕심이 생겨나지 않는 것이요, 따라서 마음이 지혜로우면 어둡고 어리석음이 가려지지 아니한다.

• 邪慾 : ①간사(奸邪)스럽고 바르지 못한 욕망. ②육욕(肉慾). ③음란한 욕망.
• 遮 : 가릴 차. 막을 차.

【055】

飮食節制하면 內氣淸通이요 起心虛無하면 神智顯明이라.
음식절제 내기청통 기심허무 신지 현명

마시고 먹음을 절제하면 안으로 기운이 맑아 소통(疏通) 되는 것이요, 일어나는 마음을 비우고 없애면 영묘한 지혜가 드러나 밝아진다.

• 疏通 : ①막히지 아니하고 서로 통함. ②뜻이 서로 통함. ③속이 트임. 도리(道理)와 조리(條理)에 밝음.

• 神智 : 영묘(靈妙)한 지혜.

【056】

大凡不失-赤子之心하야 常要護養-浩然之氣이라.
대범불실 적자지심 상요호양 호연지기

대범 어린아이 같은 마음을 잃지 아니하여 항상 호연의 기운을 보호하고 기르는 것이 중요하다.

• 赤子之心 : 갓난아이와 같은 마음이라는 뜻으로, 세속에 물들지 않은 순결한 마음.

• 浩然之氣 : ①도의(道義)에 근거를 두고 굽히지 않고 흔들리지 않는 바르고 큰마음. ②하늘과 땅 사이에 가득 찬 넓고 큰 정기(精氣).

【057】

目之所到에 心亦到之이요 心之所動에 氣亦隨也이라.
목지소도 심역도지 심지소동 기역수야

눈이 이르는 바에 마음도 또한 이르는 것이요, 마음이 움직이는 바에 기운도 또한 따르게 된다.

〔058〕

世上之人이 不知自心은 入有寶處하야 如空手回이라.
세상지인 부지자심 입유보처 여공수 회

세상 사람들이 자기 마음을 알지 못하는 것은 보물이 있는 곳에 들어가서 빈손으로 돌아오는 것과 같다.

• 空手 : 빈 손. 맨 손.

〔059〕

欲全其身인대 先治其心이니 治心如何오? 爲明淸靜이라.
욕전기신 선치기심 치심여하 위명 청정

그 몸(행동)을 온전하게 하고자 할진대 먼저 그 마음을 다스릴지니 마음을 어떻게 다스릴 것인가? 밝고 맑고 고요하게 하는 것이다.

【060】

水性雖流이나 不洫難通이요 人心雖智이나 不修艱達이라.
(수성수류 불혁난통 인심수지 불수간달)

물의 성질이 비록 흐르는 것이지만 봇도랑을 내지 않으면 통류(通流)하기가 어려운 것이요, 사람 마음이 비록 지혜로운 것이지만 닦지 않으면 달관(達觀)하기가 어렵다.

• 通流 : 꿰뚫고 흐름.
• 達觀 : ①활달하여 세속을 벗어난 높은 견식(見識). ②사물에 대한 통달한 관찰.

【061】

亂慮不止하면 迺心不靜이니 若心不靜하면 隨神不靈이라.
(난려부지 내심부정 약심부정 수신불령)

어지러운 생각을 그치지 아니하면 이에 마음은 고요하지 않는 것이니, 만일 마음이 고요하지 아니하면 따라서 정신이 신령스럽지 아니한다.

【062】

心非淡澹이면 難養淸氣이요 心非寧靜이면 難入本性이라.
심비담담 난양청기 심비영정 난입본성

마음이 맑고 담담하지 아니하면 맑은 기운을 기르기가 어려운 것이요, 마음이 편안하고 고요하지 아니하면 본래 성품에 들어가기가 어렵다.

• 淸氣 : 수곡(水穀) 정기(精氣) 중 폐(肺)로 올라가는 가볍고 맑은 것을 이르는 말임. 음식물에서 흡수된 가볍고 맑은 기운.
• 本性 : ①사람이 본디부터 가진 성질. ②사물이나 현상에 본디부터 있는 고유한 특성.

【063】

一分塵盡하면 淸一分心이요 十分塵盡하면 淸十分心이라.
일분진진 청일분심 십분진진 청십분심

일 분의 티끌이 다하면 일 분의 마음이 맑아지는 것이요, 십 분의 티끌이 다하면 십 분의 마음이 맑아진다.

【064】

我心眞瀞은 銷人貪染이요 我心眞慧는 銷人夢
아 심 진 정　소 인 탐 염　아 심 진 혜　소 인 몽

昧이라.
매

내 마음의 참 맑음은 사람이 탐욕에 물들어 가는 것을 녹이는 것이요, 내 마음의 참 지혜는 사람이 몽매해 가는 것을 녹이는 것이다.

• 銷 : 녹일 소.
• 夢昧 : 사리에 어리석고 어두움.

【065】

人也無眼보다는 好持肉眼이요 雖有肉眼이라도
인 야 무 안　호 지 육 안　수 유 육 안

不如心眼이라.
불 여 심 안

사람이 눈 없음보다는 육신의 눈을 가진 것이 좋은 것이요, 비록 육신의 눈이 있을지라도 마음의 눈만 같지는 못한 것이다.

• 肉眼 : ①안경(眼鏡)을 쓰지 않은 천생(天生)의 시력(視力). 맨눈. ②불교(佛敎)에서 이르는 오안(五眼)의 하나. 육신에 갖춰진 안구(眼球). ③눈으로 보는 표면적인 안식(眼識).
• 心眼 : 마음속으로 사물을 꿰뚫어 보는 힘, 또는 그 작용.

【066】

能蠲其妄하면 乃心自靜이요 又澄其心하면 隨神自叡이라.
(능견기망 내심자정 우징기심 수신자예)

능히 그 망녕(妄佞)을 제거하면 이에 마음이 저절로 고요해지는 것이요, 또한 그 마음이 맑으면 따라서 정신은 저절로 슬기로워 진다.

• 蠲 : 덜 견. 제거한다.
• 妄佞 : 거짓되고 잘못된 재주. 엉뚱하고 불합리한 재주. 잔재주 · 잔꾀.

【067】

眞心對人하고 平心處事하며 明心營生하고 正心立身이라.
(진심대인 평심처사 명심영생 정심입신)

참마음으로 사람을 대하고 평상의 마음으로 일을 처리하며, 밝은 마음으로 삶을 영위하고 바른 마음으로 몸을 세워야 한다.

• 立身 : 사회에 나아가서 자기의 기반을 확립하여 출세함.

【068】

大凡心靜하면 迺智慧生이요 因此心亂하면 乃愚癡起이라.
대범심정 내지혜생 인차심란 내우치기

대범 마음이 고요하면 이에 지혜가 생기는 것이요, 따라서 마음이 어지러우면 이에 어리석음이 일어난다.

- 智慧 : ①삶의 경험이 풍부하거나 세상 이치나 도리를 잘 알아 일을 바르고 옳게 처리하는 마음이나 두뇌의 능력. 슬기. ②미혹(迷惑)을 없애고 보리(菩提)를 성취하는 힘.
- 心亂 : 마음이 산란(散亂)함.
- 愚癡 : 어리석고 못남. 어리석고 미욱함.

【069】

大凡眞我란 是謂無我이요 因此眞心이란 迺云無心이라.
대범진아 시위무아 인차진심 내운무심

대범 참 나란 이에 나라는 게 없음을 이름이요, 따라서 참마음이란 이에 마음이라는 것이 없음을 이름이다.

- 眞我 : 참 나. 참 본성의 의미. 대아(大我)와도 같은 의미.
- 無我 : '나' 라는 생각을 갖지 않음. 일체 존재는 다 무상(無常)한 것이므로 '나' 라는 존재를 부정하는 생각. 인무아(人無我), 법무아(法無我)의 둘로 나눔.
- 眞心 : 참된 마음.

• 無心 : ①생각하는 마음이 없음. ②물욕(物慾)에 팔리는 마음이 없고, 또 옳고 그른 것이나, 좋고 나쁜 것에 간섭이 떨어진 경계.

【070】

放無所放은 應無所住이니 起非執着으로 而生其心이라.
방무소방 응무소주 기비집착 이생 기심

놓을지라도 놓은 바가 없음은 응당 주한 바가 없는 것이니, 일어날지라도 집착을 하지 않는 것으로 그 마음을 내야 한다.

• 應無所住而生其心 : 금강반야경의 유명한 구절. '응당 주(住)할 곳 없이 하여 그 마음을 내라.' 즉 어느 곳에도 마음을 멈추지 않게 하여 마음을 일으키라는 것.

【071】

凡至早朝거든 具衣靜坐하고 修心淨氣하야 本歸空性이라.
범지조조 구의정좌 수심정기 본귀 공성

대범 이른 아침이 이르거든 옷을 갖추고 고요히 앉아서 마음을 닦으며 기운을 맑게 하여 본래 텅 빈 성품으로 돌아가야 한다.

• 靜坐 : 마음을 가라앉히고 몸을 바로 하여 조용히 앉음.
• 空性 : 사람과 법이 모두 빈 것을 표시하는 본성(本性).

〔072〕

夫禹聖人으로 唯惜寸陰하니 養心之人은 應惜刹陽이라.
부우성인 유석촌음 양심지인 응석 찰양

대범 우임금은 성인으로 오직 한 치의 시간을 아꼈다 하였으니, 마음을 기르는 사람은 응당 짧은 빛(시간)을 아껴야 한다.

• 禹 : 중국 고대의 하(夏) 왕조의 시조. 곤(鯀)의 아들로서 치수에 공적이 있어서 순(舜)으로부터 천자의 자리를 물려받아 하(夏)나라를 세웠다고 한다.
• 寸陰 : 진(晉)나라 때 도간(陶侃)은 「우임금 같은 성인도 이에 한 치의 시간을 아꼈으니 뭇 사람에 이르러서는 응당 분의 시간도 아껴야 한다.(大禹聖者, 乃惜寸陰, 至於衆人, 當惜分陰.)」고 하였다.
• 刹 : 절 찰. 짧은 시간.

〔073〕

無事之時에는 空心主靜이요 有事之時에는 用心主正이라.
무사지시 공심주정 유사지시 용심 주정

일이 없을 때에는 마음을 비워 고요함을 주체로 할 것이요, 일이 있을 때에는 마음을 쓰는데 바름을 주체로 해야 한다.

• 空心 : ①선입관념이나 자기 고집에 집착하지 않는 마음. ②텅 빈 마음. 아무런 욕심도 없고, 사량 계교 번뇌 망상도 없이 순수하고 청정한 본래 마음.
• 用心 : 마음을 쓴다, 마음을 사용한다는 뜻. 마음을 어떻게 사용하느냐에 따라 길과 흉, 인격의 진급과 강급의 길이 나누어지게 된다.

【074】

若身有力하면 無不爲事이요 亦有心力하면 無不自在이라.
(약신유력 무불위사 역유심력 무불자재)

만일 몸에 힘이 있으면 하지 못할 일이 없는 것이요, 또한 마음에 힘이 있으면 자유자재하지 않음이 없는 것이다.

• 心力 : ①마음과 힘. ②마음이 미치는 힘.
• 自在 : ①자유자재(自由自在)의 준말. ②제 스스로 존재함. ③구속과 방해가 없음.

【075】

夫人筋力은 因身所得이요 亦是心力은 因修所得이라.
(부인근력 인신소득 역시심력 인수소득)

대범 사람의 근력은 몸으로 인하여 얻어지는 바이요, 또한 마음의 힘은 닦음으로 인하여 얻어지는 바이다.

• 筋 : 힘줄 근.
• 筋力 : ①근육의 힘. ②기력(氣力).
• 心力 : ①마음과 힘. ②마음이 미치는 힘.

【076】

眞情美麗(진정미려)는 不在脂粉(부재지분)과 華衣懸寶(화의현보)이요 在淸明神(재청명신)이라.

진정으로 아름답고 고움은 연지와 백분을 바름과 화려한 옷과 보석을 다는데 있는 것이 아니요 맑고 밝은 정신에 있다.

• 美麗 : 아름답고 고움.
• 脂粉 : 연지(臙脂)와 백분(白粉).

【077】

失身一生(실신일생)은 不幸之狀(불행지상)이요 失心永生(실심영생)은 不幸之事(불행지사)이라.

몸을 잃는 것은 한 생애(生涯)의 불행한 상황이요, 마음을 잃는 것은 긴긴 생애의 불행한 일이다.

• 生涯 : 살아 있는 한평생의 기간.

【078】

若不在心하면 食也不味하고 見也不正하며 聽也不是이라.
약부재심 식야불미 견야불정 청야불시

만일 마음이 있지 아니하면, 먹어도 맛이 나지 아니하고 보아도 바르지 아니하며 들어도 옳지 아니하다.

【079】

大凡心者는 在我之物이니 明也在我이요 暗也在我이라.
대범심자 재아지물 명야재아 암야재아

대범 마음이라는 것은 나에게 있는 물건이니, 밝히는 것도 나에게 있는 것이요, 어둡게 하는 것도 나에게 있는 것이다.

【080】

御百人能하면 得百人力이요 率千人志하면 得千人心이라.
어백인능 득백인력 솔천인지 득천인심

일백 사람의 능함을 어거하면 일백 사람의 힘을 얻을 것이요, 일천 사람의 뜻을 통솔(統率)하면 일천 사람의 마음을 얻게 된다.

• 統率 : 무리를 거느려 다스림.

【081】

大凡身痛은 是非眞痛이니 眞痛也者는 謂心痛也이라.
대범신통 시비진통 진통야자 위심통야

대범 몸이 아픔은 이것이 참으로 아픔이 아니니, 참으로 아프다는 것은 마음이 아픈 것을 이르는 것이다.

• 痛 : 아플 통.
• 心痛 : 마음이 아픔, 또는 마음의 고통.

〖082〗

聽有音者는 聽耳之人이요 聆無聲者는 明心之人이라.
청유음자 총이지인 영무성자 명심지인

있는 소리를 듣는 사람은 귀가 밝은 사람이요, 없는 소리를 듣는 사람은 마음이 밝은 사람이다.

- 聆 : 들을 영.

〖083〗

養性山中하면 自躱囂塵이니 目無所見하면 心自寧靜이라.
양성산중 자타효진 목무소견 심자령정

성품을 산속에서 기르면 저절로 시끄러움과 티끌을 피하게 되는 것이니, 눈으로 보는 바가 없으면 마음이 저절로 편안하고 고요해진다.

- 養性 : ①천성(天性)을 기름. ②성품을 잘 수양하는 양생 방법.
- 躱 : 피할 타. 비킬 타.
- 囂 : 시끄러울 효. 들렐 효.
- 寧靜 : 평안하고 고요함.

【084】

非人皆人이니 其心淸淨하고 其行公正한 後始云人이라.
비인개인 기심청정 기행공정 후시운인

사람은 다 사람이 아니니 그 마음이 맑고 그 행동이 공정한 뒤에 비로소 사람이라 이르게 된다.

• 公正 : 공평(公平)하고 올바름.

【085】

難識初逢에 本持之心이나 易識見行하면 人用之心이라.
난식초봉 본지지심 이식견행 인용지심

처음 만남에 본래 가진 마음을 알기가 어려운 것이지만 행하는 것을 보면 사람이 쓰는 마음을 알기가 쉽다.

【086】

畵虎畵皮이나 實難繪骨이요 知人知面이나 誠艱識心이라.
화호화피 실난회골 지인지면 성간식심

호랑이를 그리는데 가죽은 그리지만 사실 뼈를 그리기는 어려운 것이요, 사람을 아는데 얼굴은 알지만 진실로 마음은 알기가 어렵다.

• 繪 : 그림 회. 그릴 회.

【087】

求覓理想이 最高於人이라 若從名利하면 難免奈落이라.
구멱이상 최고어인 약종명리 난면 나락

이상을 구하고 찾는 것이 가장 사람에게 높은 것이라 만일 명리를 좇는다면 나락을 면하기가 어렵다.

• 名利 : 명예와 이익을 아울러 이르는 말.
• 奈 : 어찌 나.
• 奈落 : 도저히 벗어나기 힘든 절망적인 형편을 비유적으로 이르는 말.

【088】

減言養氣하고 減事養精하며 減妄養神하고 減念養心이라.
감언양기 감사양정 감망양신 감념 양심

말을 줄여서 기운을 기르고, 일을 줄여서 정을 기르며, 망령을 줄여서 정신을 기르고, 생각을 줄여서 마음을 길러야 한다.

• 養氣 : ①기력(氣力)이나 또는 원기(元氣)를 기름. ②유가(儒家)에서 맹자(孟子)가 주장한 정신 수양법. 호연(浩然)의 기를 기르는 것. ③도가(道家)에서 연단(煙丹)과 함께 연명술(延命術)을 행하는 일.

• 養精 : 정(精)을 보태어 주는 효능임.

• 養神 : 원기(元氣)를 기르는 법의 하나. 조용히 앉아 호흡을 조절하고 정신을 통일함.

• 養心 : 심성(心性)을 수양함.

【089】

時時傷心(시시상심)하면 日日苦日(일일고일)이요 時時好心(시시호심)하면 日日樂日(일일낙일)이라.

때때로 마음이 상하면 날마다 괴로운 날이요, 때때로 마음이 좋으면 날마다 즐거운 날이다.

• 時時 : 때때로.

• 日日 : 날마다.

【090】

己得之寶(기득지보)를 莫洩他處(막설타처)이요 己存之心(기존지심)을 不瀞他人(불정타인)이라.

자기가 얻은 보배를 다른 곳으로 새나가지 않게 할 것이요, 자기가 간직한 마음을 다른 사람에게 밝히라 아니해야 한다.

• 洩 : 샐 설.

【091】

凡心無事(범심무사)하면 身也亦閑(신야역한)이요 行也亦閑(행야역한)하며 境也亦閑(경야역한)이라.

대범 마음에 일이 없으면 몸도 또한 한가로운 것이요, 행동도 또한 한가로운 것이며, 경계(일)도 또한 한가로운 것이다.

【092】

大凡人者(대범인자)는 其心成淸(기심성청)하고 其行成正(기행성정)하며 其事成公(기사성공)이라.

대범 사람은 그 마음이 맑음을 이루고, 그 행동이 바름을 이루며, 그 일이 공변됨을 이루어야 한다.

【093】

亂心癡源이며 邪心魔源이며 私心慾源이며 歪心鬪源이라.
난심치원 사심마원 사심욕원 왜심투원

어지러운 마음은 어리석음의 근원이며, 삿된 마음은 마군의 근원이며, 사사로운 마음은 욕심의 근원이며, 비뚤어진 마음은 싸움의 근원이다.

- 歪 : 비뚤어질 왜.
- 鬪 : 싸움 투.

【094】

生心動念하되 無益於人하고 不燈于前하면 卽滅不起이라.
생심동념 무익어인 부등우전 즉멸불기

마음을 내고 생각을 움직이되 사람에게 이익이 없고 앞(길)에 등불이 안 된다면 바로 소멸하여 일으키지 않아야 한다.

【095】

大凡人生의 最大平安은 心淸無惑이요 身行無
대 범 인 생　최 대 평 안　심 청 무 혹　신 행 무

愧이라.
괴

대범 인생의 가장 큰 평안은 마음이 맑아 미혹됨이 없는 것이요, 몸으로 행함에 부끄러움이 없는 것이다.

• 愧 : 부끄러울 괴.

【096】

凡心淸明하면 行住坐臥와 動靜逆順이 皆眞善
범 심 청 명　행 주 좌 와　동 정 역 순　개 진 선

美이라.
미

대범 마음이 맑고 밝으면, 행하고 머물고 앉고 눕는 것과 움직이고 고요하고 거슬리고 순응됨이 모두 참이요 선이며 아름다움이다.

• 坐臥 : 앉음과 누움.
• 逆順 : ①거꾸로 된 차례. ②순종과 거역. ③순리와 역리. ④순연(順緣)과 역연(逆緣).
• 眞善美 : 참됨과 착함과 아름다움을 아울러 이르는 말. 곧 이상에 합치된 상태.

【097】

凡心暴惡하면 行住坐臥와 動靜逆順이 皆貪瞋癡이라.
범 심 포 악　행 주 좌 와　동 정 역 순　개 탐 진 치

대범 마음이 사납고 악하면, 행하고 머물고 앉고 눕는 것과, 움직이고 고요하고 거슬리고 순응하는 것이 모두 탐욕이요 성냄이며 어리석음이다.

• 貪瞋癡 : 탐욕(貪欲)과 진에(瞋恚)와 우치(愚癡), 곧 탐내어 그칠 줄 모르는 욕심과 노여움과 어리석음을 말한다.

【098】

人是啓心하면 萬物爲隷이요 因此閉心하면 人爲物奴이라.
인 시 계 심　만 물 위 예　인 차 폐 심　인 위 물 노

사람이 이에 마음이 열리면 만물을 노예(奴隷)로 삼을 것이요, 따라서 마음이 닫히면 사람이 만물의 노예가 된다.

• 隷 : 종 예.
• 奴隷 : 자유를 구속당하고 남에게 부림을 받는 사람.

【099】

若人小心하면 方寸大亂이요 反人太煩하면 難成功事이라.
(약인소심 방촌대란 반인태번 난성공사)

만일 사람이 담력이 없으면 마음이 크게 어지러운 것이요, 반면 사람이 너무 번거로우면 일에 공을 이루기가 어렵다.

• 小心 : ①담력이 없고 겁이 많음. ②도량이 좁음. ③주의 깊음.
• 方寸 : ①마음. 흉중. ②사방으로 한 치.

【100】

大凡路遠하면 聊知馬力이요 因此日昔하면 能見人心이라.
(대범노원 료지마력 인차일석 능견인심)

대범 길이 멀면 애오라지 말의 힘을 아는 것이요, 따라서 날이 오래면 능히 사람의 마음을 보게 된다.

【101】

兀立巨樹는 風颯不搖이요 心積大力하면 亂侵不動이라.
(올립거수 풍삽불요 심적대력 란침불동)

올연히 선 큰 나무는 바람이 불지라도 흔들리지 않는 것이요, 마음에 큰 힘이 쌓이면 어지러움이 침노해도 움직이지 아니한다.

• 兀 : 우뚝할 올.
• 搖 : 흔들릴 요.

〔102〕

大凡身者(대범신자)는 盛心之器(성심지기)이니 器成完備(기성완비)라야 盛心(성심) 自安(자안)이라.

대범 몸은 마음을 담는 그릇이니 그릇이 완전한 갖춤을 이루어야 담긴 마음이 저절로 편안하게 된다.

• 盛 : 담을 성.
• 完備 : 완전히 갖춤.

〔103〕

身正爲度(신정위도)하고 心敬爲修(심경위수)하며 善行爲常(선행위상)하고 天運(천운) 爲命(위명)이라.

몸의 바름을 법도로 삼고, 마음의 삼감을 수양으로 삼으며, 선의 행함을 떳떳함으로 삼고, 하늘의 운행을 명으로 삼아야 한다.

• 敬 : 삼갈 경. 조심할 경.

【104】

有三心行하니 一如心行이요 一直心行이며 一常心行이라.
유 삼 심 행 일 여 심 행 일 직 심 행 일 상 심 행

세 가지 심행이 있으니, 일여의 심행이요 일직의 심행이며 일상의 심행이다.

• 心行 : ①마음의 작용. ②정토교에서 '안심(安心)'과 '기행(起行)'을 이르는 말.
• 一如 : 진여(眞如)의 이치가 평등무차별하여 둘이 아니고 하나임.
• 一直 : ①계속. 줄곧. (동작 혹은 상태가 지속됨을 나타냄). ②곧장. 곧바로. 줄곧.
• 一常 : 한결 떳떳하여 변함이 없는 상태.

【105】

凡人身苦는 一生之苦이요 隨而心苦는 永生之苦이라.
범 인 신 고 일 생 지 고 수 이 심 고 영 생 지 고

대범 사람에 몸의 괴로움은 한 생의 괴로움이요, 따라서 마음의 괴로움은 긴긴 생애의 괴로움이다.

• 身苦 : 육신의 고통. 몸으로 받는 괴로움.
• 心苦 : 마음의 고통. 이고(二苦)의 하나.

〖106〗

入身之病은 了於一生이요 入心之病은 難了永生이라.
입신지병 요어일생 입심지병 난료영생

몸에 든 병은 한 생에 마쳐지는 것이요, 마음에 든 병은 긴긴 생애에도 마쳐지기가 어렵다.

〖107〗

心定不動은 如居安宅이요 心淸不煩은 似住蓮花이라.
심정부동 여거안택 심청불번 사주연화

마음이 머물러 움직이지 않는 것은 편안한 집에 사는 것과 같은 것이요, 마음이 맑아 번거롭지 않는 것은 연꽃에 머무는 것과 같은 것이다.

• 安宅 : 안전하고 걱정 없이 편히 살 만한 곳.

• 蓮花 : 연의 꽃. 연꽃.

〔108〕

頓放名利하면 憂患自消이요 頓除妄念하면 淸心
돈 방 명 리 우 환 자 소 돈 제 망 념 청 심

自聳이라.
자 용

단번에 명예와 이익을 놓으면 근심 걱정이 저절로 사라지는 것이요, 몰록 망령된 생각을 제거하면 맑은 마음이 저절로 솟아나게 된다.

• 名利 : 명예(名譽)와 이익(利益).

〔109〕

夫颯風止하면 起浪自靜이요 亦興妄滅하면 亂心
부 삽 풍 지 기 랑 자 정 역 흥 망 멸 난 심

自潛이라.
자 잠

대범 부는 바람이 그치면 일어난 물결이 저절로 고요한 것이요, 또한 일어난 망령이 소멸하면 어지러운 마음이 저절로 가라앉는다.

• 潛 : 잠길 잠. 가라앉는다.

【110】

彼海至渴하면 能見其底이듯 與人久交하면 能知其心이라.
피해지갈 능견기저 여인구교 능지기심

저 바다가 마름에 이르면 능히 그 밑바닥이 보이듯이 사람으로 더불어 오래 사귀면 능히 그 마음을 알게 된다.

【111】

牛失其犢하면 悲號忘食이거늘 以人失心하고 何故非泣가?
우실기독 비호망식 이인실심 하고비읍

소가 그 송아지를 잃으면 슬피 울며 밥을 잊는 것이거늘 사람으로써 마음을 잃고 어찌하여 슬퍼하지 아니하는가?

- 犢 : 송아지 독.
- 失心 : 마음을 잃음. 근심, 걱정으로 마음이 산란하고 맥이 빠짐.

【112】

明淸心靈은 如嚴冬寒의 燃昇之火하야 貽人溫暖이라.
명청심령 여엄동한 연승지화 이인온난

밝고 맑은 심령은 엄동의 추움에 타오르는 불과 같아서 사람에게 따뜻함을 주게 된다.

- 心靈 : 정신의 근원이 되는 의식의 본바탕. 곧 마음속의 영혼(靈魂). 육체를 떠나서 존재한다는 마음의 주체. 과학으로는 풀이할 수 없는 신비하고 불가사의(不可思議)한 심적(心的) 현상.
- 燃 : 불탈 연. 사를 연.
- 貽 : 줄 이. 끼칠 이.

〔113〕

練身之法으로는 難能明心이니 唯修心後에 始發明智이라.
연신지법　난능명심　유수심후　시발명지

몸만을 단련하는 방법으로는 능히 마음을 밝히기가 어려운 것이니, 오직 마음을 닦은 뒤에 비로소 밝은 지혜가 발현하게 된다.

〔114〕

開花自香하고 濯衣自潔하며 流水自淸하고 修心自明이라.
개화자향　탁의자결　유수자청　수심자명

꽃이 피면 저절로 향기롭고, 옷을 빨면 저절로 깨끗하며,

물이 흐르면 저절로 맑고, 마음을 닦으면 저절로 밝아진다.

- 濯 : 씻을 탁.
- 潔 : 깨끗할 결.

[115]

人修之路는 迺心單純하야 成赤子心이니 不爲狡猾이라.
인수지로 내심단순 성적자심 불위 교활

사람이 닦아가는 길은 이에 마음을 단순하게 하여 갓난 아이의 마음을 이루자는 것이니 교활하게 되어서는 안 된다.

- 單純 : 복잡하지 않고 간단함.
- 赤子之心 : 갓난아이와 같은 마음이라는 뜻으로, 세속(世俗)에 물들지 않은 순결(純潔)한 마음.
- 狡 : 교활할 교.
- 猾 : 교활할 할.
- 狡猾 : 교활하다. 간사하다. 빤드럽다.

[116]

千尺之布는 一絲而連이요 萬作之行은 一心而發이라.
천척지포 일사이연 만작지행 일심이발

일천 자나 되는 베는 한 실이 이어진 것이요, 일만 가지 짓는 행동은 한마음이 발현한 것이다.

[117]

一切之物은 出於空處이요 一切之行은 生於無心이라.
일체지물 출어공처 일체지행 생어무심

일체의 물은 빈 곳에서 나온 것이요, 모든 행동은 없는 마음에서 나온 것이다.

- 空處 : 빈 곳.
- 無心 : ①생각하는 마음이 없음. ②물욕(物慾)에 팔리는 마음이 없고, 또 옳고 그른 것이나, 좋고 나쁜 것에 간섭이 떨어진 경계.

[118]

夫心無處에는 境界亦無이니 無境無起하고 無起合空이라.
부심무처 경계역무 무경무기 무기합공

대범 마음이 없는 곳에는 경계도 또한 없는 것이니 경계가 없으면 일어남이 없고, 일어남이 없으면 허공과 합한 것이다.

- 境界 : ①일이나 물건이 어떤 표준 아래 맞닿은 자리. ②인과(因果) 이치에 따라서 스스로 받는 경우. ③일정한 기준에 의해 분간되는 한계.

〔119〕

身有汚穢하면 以水洗之이요 神有分別하면 以空洗之이라.
신유오예 이수세지 신유분별 이공세지

몸에 더러움이 있으면 물로써 씻을 것이요, 정신에 분별(망상)이 있으면 텅 빔으로써 씻어야 한다.

〔120〕

迺無所求하고 亦無所別하며 亦無所較하면 內蓄心力이라.
내무소구 역무소별 역무소교 내축심력

이에 구하는 바가 없고 또한 분별하는 바가 없으며 또한 견주는 바가 없다면 안으로 마음의 힘이 쌓이게 된다.

• 較 : 견줄 교. 비교할 교.

〔121〕

夫人情者는 世俗塵緣이니 私心偏見이요 作對一沒이라.
부인정자 세속진연 사심편견 작대일몰

대범 사람의 욕망이라는 것은 세속의 티끌 인연이니 사사로운 마음과 편벽된 견해이요, 상대를 지음과 한쪽으로 빠져드는 것이다.

- 人情 : ①사람이 본디 가지고 있는 온갖 욕망. ②남을 동정하는 마음씨. ③세상 사람의 다사로운 마음.
- 塵緣 : 이 세상의 번거로운 인연, 곧 이 세상과의 연분.
- 私心 : ①제 욕심을 채우려는 마음. ②자기의 마음.
- 偏見 : 공정하지 못하고 한쪽으로 치우친 생각.

〔122〕

大凡劃圓에 先點中間이요 亦是修道에 先點己心이라.
대범획원 선점중간 역시수도 선점기심

대범 동그라미를 그림에 먼저 한가운데 점찍어야 하는 것이요, 또한 도를 닦음에 먼저 자기 마음에 점찍어야 한다.

〔123〕

存心不善하면 布德無益이요 不惜元氣하면 服藥無益이라.
존심불선 포덕무익 불석원기 복약무익

마음가짐이 착하지 아니하면 덕을 펴도 이익이 없는 것

이요, 원기를 아끼지 아니하면 약을 먹어도 이익이 없다.

• 元氣 : ①타고난 기운. ②만물의 근본인 힘. ③심신의 활동력.

【124】

快心之事는 守之以澹이요 榮寵之事는 處之以讓이라.
쾌심지사 수지이담 영총지사 처지이양

마음에 상쾌한 일은 지키기를 담박함으로써 할 것이요, 영화롭고 괴는 일은 처하기를 양보로써 해야 한다.

• 寵 : 괼 총.

【125】

心量也者는 涵容寶器이요 人行也者는 謙和美德이라.
심량야자 함용보기 인행야자 겸화미덕

마음의 국량이라는 것은 받아들여 포용하는 보배로운 그릇이 되어야 하는 것이요, 사람의 행동이라는 것은 겸손의 화합으로 아름다운 덕이 되어야 한다.

• 涵容 : 포용하다. 관용하다. 너그럽게 감싸다. 용서하다. 양해하다. 이해하다.

• 寶器 : 보배로운 그릇.
• 美德 : 아름다운 덕성(德性).

【126】

如人持心을 明鏡止水이요 亦似立身을 崇嶽泰山이라.
여인지심 명경지수 역사입신 숭악태산

사람이 마음가짐을 맑은 거울과 그친 물과 같이 할 것이요, 또한 몸 세우기를 높은 뫼 큰 산과 같이 해야 한다.

• 明鏡止水 : 맑은 거울과 고요한 물이라는 뜻으로, 사념(邪念)이 전혀 없는 깨끗한 마음을 비유해서 이르는 말이다.

【127】

欲求身安인대 先淨自心이요 欲成心安인대 先淸起煩이라.
욕구신안 선정자심 욕성심안 선청기번

몸의 편안을 구하고자 할진대 먼저 자기의 마음을 맑게 할 것이요, 마음의 편안을 이루고자 할진대 먼저 일어나는 번뇌를 맑혀야 한다.

【128】

眞情自在는 在無心繫이요 眞情平等은 在彼我尊이라.
진정자재 재무심계 진정평등 재피아존

진정한 자재(자유)는 마음에 매임이 없는데 있는 것이요, 진정한 평등은 저편과 내가 존중하는데 있는 것이다.

• 繫 : 맬 계.

【129】

胸裏寬大하면 無非包入이요 心量廣啓하면 無非覆懷이라.
흉리관대 무비포입 심량광계 무비복회

가슴속이 넓고 크면 싸서 들이지 아니함이 없는 것이요, 마음의 국량(局量)이 넓게 열리면 덮어서 품어지지 아니함이 없다.

• 寬大 : 마음이 너그럽고 큼.
• 局量 : 도량(度量)과 재간(才幹).

【130】

大凡人也－生心起念에 有損於人이거든 寧藏不現이라.
대범인야 생심기념 유손어인 영장불현

대범 사람이 마음을 내고 생각을 일으킴에 사람에게 손해됨이 있거든 차라리 갈무려 나타내지 않아야 한다.

【131】

寬己之心으로 常寬於人이요 恕己之心으로 常恕於人이라.
관기지심 상관어인 서기지심 상서어인

자기에게 너그럽게 하는 마음으로 항상 사람에게 너그럽게 할 것이요, 자기를 용서하는 마음으로 항상 사람을 용서해야 한다.

【132】

不忘初心하면 必得成功이요 不念過惡하면 必得和平이라.
불망초심 필득성공 불념과악 필득화평

처음 마음을 잊지 아니하면 반드시 성공을 얻을 것이요,

지나간 악을 생각하지 아니하면 반드시 화평을 얻게 된다.

• 和平 : ①마음이 기쁘고 평안함. ②나라 사이에 다툼 없이 잘 지냄. ③화목하고 평화스러움.

〖133〗

> 囊中之錐는 每出外穿이요 心裏之欲은 每現外兆이라.
> 낭중지추 매출외천 심리지욕 매현외조

주머니 가운데 송곳은 매양 바깥으로 뚫고 나오는 것이요, 마음속의 하고자 함은 매양 바깥 조짐(兆朕)으로 나타나게 된다.

• 囊 : 주머니 낭.
• 錐 : 송곳 추.
• 兆朕 : 길흉이 일어날 기미(幾微)가 미리 보이는 변화현상.

〖134〗

> 守身守心하며 守氣守念하면 對千萬境이라도 少不動搖이라.
> 수신수심 수기수념 대천만경 소부동요

몸을 지키고 마음을 지키며 기운을 지키고 생각을 지키면, 천만 경계를 대할지라도 조금도 움직이거나 흔들리지 않게 된다.

〖135〗

不爲心者－外境所搖하면 實如明日하야 無所不
불위심자 외경소요 실여명일 무소부

照이라.
조

마음이 바깥 경계에 흔들리는 바가 되지 않는다면 실지로 밝은 해와 같아서 비추지 아니하는 바가 없다.

〖136〗

夫馬之力은 在路遠近이요 亦人之爲는 在心眞
부마지력 재로원근 역인지위 재심진

僞이라.
위

대범 말의 힘은 길의 멀고 가까움에 있는 것이요, 또한 사람의 됨됨은 마음의 참됨과 거짓에 있는 것이다.

• 眞僞 : 정말과 거짓말. 진짜와 가짜.

〖137〗

大凡擾亂은 不在外境이요 唯在出入－平常之
대범요란 부재외경 유재출입 평상지

心이라.
심

마음이 어지러움은 바깥 경계에 있지 아니하고 오직 들고 나는 평상시의 마음에 있는 것이다.

대범 요란함은 바깥 경계에 있는 것이 아니요, 오직 나오고 들어가는 평상의 마음에 있다.

• 擾亂 : ①어지럽히다. ②혼란하게 하다. ③교란하다.
• 平常 : 평상시(平常時)의 준말. 항상. 늘. 보통.

【138】

> 大凡人也－先得於心하면 事事物物에 無所不得이라.
> 대범인야 선득어심 사사물물 무소부득

대범 사람이 먼저 마음에서 얻어지면 일마다 물건마다 얻어지지 아니하는 바가 없게 된다.

• 事事物物 : ①모든 일과 온갖 물건. ②모든 현상.

【139】

> 心地不修하면 知解鈍拙이요 患難不破하면 膽力怯懦이라.
> 심지불수 지해둔졸 환난불파 담력겁나

심지를 닦지 아니하면 알음알이가 둔하고 옹졸할 것이요, 환난을 돌파하지 아니하면 담력이 겁나고 나약해진다.

• 心地 : 마음의 본바탕.
• 鈍 : 무딜 둔.
• 拙 : 졸할 졸. 옹졸하다.
• 膽力 : 사물을 두려워하지 않는 기력(氣力).
• 怯 : 겁낼 겁.
• 懦 : 나약할 나.
• 怯懦 : 겁이 많고 마음이 약(弱)함.

【140】

以澹泊心(이담박심)으로 治荒蕩心(치황탕심)이요 以光明心(이광명심)으로 治覆暗心(치복암심)이라.

담박한 마음으로써 허황하고 방탕한 마음을 다스릴 것이요, 광명의 마음으로써 덮이고 어두워진 마음을 다스려야 한다.

• 澹泊=淡泊 : 담박하다. 욕심이 없고 마음이 깨끗하다. 명리를 좇지 않다.
• 荒 : 거칠 황.
• 虛荒 : ①사람됨이 들떠서 황당함. ②헛되고 미덥지 못함.
• 放蕩 : ①주색잡기에 빠져 행실이 좋지 못함. ②마음이 들떠 갈피를 잡을 수 없음.

〔141〕

> 對己之心을 反爲對人하면 能獲別人의 恃依之
> 대기지심 반위대인 능획별인 시의지
>
> 心이라.
> 심

자기를 대하는 마음을 돌이켜서 남을 대하게 되면, 능히 다른 사람의 믿고 의지하는 마음을 얻게 된다.

• 獲 : 얻을 획.

〔142〕

> 大凡人也－不修身心하면 身無所住하고 心無所
> 대범인야 불수신심 신무소주 심무소
>
> 安이라.
> 안

대범 사람이 몸과 마음을 닦지 아니하면 몸은 머무를 바가 없게 되고, 마음은 편안한 바가 없게 된다.

〔143〕

> 夫人心是하면 言行卽正이요 亦是心非하면 言行
> 부인심시 언행즉정 역시심비 언행
>
> 卽亂이라.
> 즉란

대범 사람의 마음이 옳으면 말과 행동이 바로 바르게 되는 것이요, 또한 마음이 그르면 말과 행동이 곧 어지럽게 된다.

〔144〕

見之外形하고는 難判其人이나 然見外行하야는 易斟其心이라.
견지외형 난판기인 연견외행 이짐기심

바깥으로 나타남만 보고는 그 사람을 판단하기는 어려운 것이지만, 그러나 바깥의 행동을 보면 그 마음을 짐작(斟酌)하기가 쉬워진다.

• 斟酌 : ①어림쳐서 헤아림. ②겉가량으로 생각함.

〔145〕

人也耳聞은 不如眼視이요 隨而眼視는 不如心徹이라.
인야이문 불여안시 수이안시 불여심철

사람이 귀로 듣는 것은 눈으로 보는 것만 같지 못한 것이요, 따라서 눈으로 보는 것은 마음으로 통하는 것만 같지 못하다.

【146】

大凡人也－擒山賊易이나 然心中賊은 難擒難逐이라.
(대범인야 금산적이 연심중적 난금난축)

대범 사람이 산속의 도적은 잡기가 쉬운 것이지만, 그러나 마음 가운데 도적은 잡기도 어렵고 쫓아내기도 어렵다.

- 擒 : 사로잡을 금.
- 逐 : 쫓을 축.

【147】

夫厭世囂하야 處入深谷이라도 起心煩念은 實難除滅이라.
(부염세효 처입심곡 기심번념 실난제멸)

대범 세상의 시끄러움이 싫어서 깊은 골짜기에 들어가 살지라도 마음의 일어나는 번거로운 생각은 사실 제거하고 소멸하기가 어렵다.

- 囂 : 시끄러울 효. 들렐 효.

【148】

雖處都會라도 不忘深壑이라야 其心不荒하고 其行不俗이라.
수처도회 불망심학 기심불황 기행불속

비록 도회지에 처할지라도 깊은 산골을 잊지 않아야 그 마음이 거칠어지지 아니하고 그 행동이 속되지 않게 된다.

• 壑 : 골짜기 학.

【149】

第一心術은 光明篤實이요 第一言語는 簡要眞摯이라.
제일심술 광명독실 제일언어 간요진지

심술은 빛나고 밝아 독실함이 으뜸이요, 언어는 간결한 요점으로 진지함이 으뜸이다.

• 心術 : ①온당하지 않고 고집스러운 마음. ②남이 잘못되는 것을 좋아하는 마음보.
• 篤實 : 성실(誠實)함.
• 簡要 : 간단하고 요령이 있음.
• 摯 : 잡을 지.
• 眞摯 : 아주 진실함.

【150】

勿近身心에 無益之人이요 勿入身心에 無益之
물근신심 무익지인 물입신심 무익지

境이라.
경

몸과 마음에 이익이 없는 사람은 가까이 하지 말 것이요, 몸과 마음에 이익이 없는 경계는 들어가지 말아야 한다.

【151】

一足難立이요 二足易立이며 二心難淸이요 一心
일족난립 이족이립 이심난청 일심

易淸이라.
이청

한 발로는 서기가 어려운 것이요 두 발은 서기가 쉬운 것이며, 두 마음(여러 마음)은 맑아지기가 어려운 것이요 한 마음은 맑아지기가 쉽다.

【152】

眼非見物이요 心卽見之하며 耳非聽聲이요 心卽
안비견물 심즉견지 이비청성 심즉

聽之이라.
청지

눈으로 사물을 보는 것이 아니요 마음이 바로 보는 것이며, 귀로 소리를 듣는 것이 아니요 마음이 곧 듣는 것이다.

〔153〕

鼻非聞香이요 心卽聞之하며 口非吐言이요 心卽吐之이라.
비비문향 심즉문지 구비토언 심즉토지

코로 향기를 맡는 것이 아니요 마음이 바로 맡는 것이며, 입으로 말을 토하는 것이 아니요 마음이 곧 토하는 것이다.

• 吐 : 토할 토.

〔154〕

手非執捉이요 心卽捉之하며 足非奔走이요 心卽奔之이라.
수비집착 심즉착지 족비분주 심즉분지

손으로 잡는 것이 아니요 마음이 바로 잡는 것이며, 발로 달리는 것이 아니요 마음이 곧 달리는 것이다.

• 捉 : 잡을 착.
• 奔 : 달릴 분.

【155】

淸心是本이요 明心是本이며 正心是本이요 靜心是本이라.
청심시본 명심시본 정심시본 정심시본

맑은 마음이 이에 근본이요, 밝은 마음이 이에 근본이며, 바른 마음이 이에 근본이요, 고요한 마음이 이에 근본이다.

【156】

颯風不息하면 無林之靜이요 侵魔不止하면 難心之靜이라.
삽풍불식 무림지정 침마부지 난심지정

바람이 불어 쉬지 않으면 수풀의 고요함이 없는 것이요, 마졸(魔卒)이 침노하여 그치지 않으면 마음의 고요가 어려운 것이다.

- 魔 : 마귀 마. 귀신 마.
- 魔卒 : 마왕(魔王)의 졸병. 마귀의 하졸(下卒).

〔157〕

顏之不潔은 懶者也醜이요 心之不淸은 修人也
안 지 불 결 나 자 야 추 심 지 불 청 수 인 야

穢이라.
예

얼굴이 깨끗하지 않는 것은 게으른 사람의 추한 것이요, 마음이 맑지 않는 것은 수행하는 사람의 더러움이다.

• 醜 : 추할 추.

〔158〕

無明諸業이 無不心作이요 染淨諸行이 無不心
무 명 제 업 무 불 심 작 염 정 제 행 무 불 심

造이라.
조

무명의 모든 업장이 마음으로 짓지 아니함이 없는 것이요, 물들고 조촐한 모든 행동이 마음으로 만들어지지 아니함이 없다.

• 無明 : 12인연(因緣)의 하나. 그릇된 의견이나 고집 때문에 모든 법의 진리에 어두움.
• 染淨 : 염(染)은 더럽히는 것으로 번뇌. 정(淨)은 번뇌를 떠나 청정한 것.

[159]

夫用力者는 乃使於人이요 又用心者는 迺爲使
부 용 력 자 　 내 사 어 인 　 우 용 심 자 　 내 위 사

人이라.
인

대범 힘을 쓰는 자는 이에 사람에게 부려지는 것이요, 또한 마음을 쓰는 자는 이에 사람을 부리게 된다.

[160]

水上起波하야 水上消之이요 心上起妄하야 心上
수 상 기 파 　 수 상 소 지 　 심 상 기 망 　 심 상

滅之이라.
멸 지

물 위에서 물결이 일어나서 물 위에서 사라지는 것이요, 마음 위에서 망령이 일어나서 마음 위에서 소멸하게 된다.

• 妄 : 망령될 망.

[161]

淸淨心中에는 本無一塵이요 亦無一幻이며 亦無
청 정 심 중 　 본 무 일 진 　 역 무 일 환 　 역 무

一惱이라.
일 뇌

청정한 마음 가운데에는 본래 한 티끌도 없는 것이요, 또한 한 허깨비도 없는 것이며, 또한 한 번뇌도 없는 것이다.

• 幻 : 허깨비 환. 변할 환.

〖162〗

穴虎大小(혈호대소)를 實難推測(실난추측)이요 見人面樣(견인면양)은 實艱知心(실간지심)이라.

굴속 호랑이의 크고 작음을 사실 미뤄 헤아리기가 어려운 것이요, 사람의 얼굴과 모양을 보고는 사실 마음을 알기가 어렵다.

• 測 : 헤아릴 측. 잴 측.
• 推測 : 미루어 생각하여 헤아리거나 어림을 잡음.
• 樣 : 모양 양.

〖163〗

大凡心住(대범심주)-至靜之處(지정지처)이요 亦是心遊(역시심유)-常惺之處(상성지처)이라.

대범 마음은 지극히 고요한 곳에 머물 것이요, 또한 마음은 항상 깨인 곳에 노닐어야 한다.

〔164〕

推心及人이니 心之所苦와 心之所惡는 勿推於人이라.
추심급인 심지소고 심지소오 물추어인

마음을 미루어서 남에게 미칠지니, 마음의 괴로운 바와 마음의 싫은 바는 남에게 미루지 말아야 한다.

〔165〕

大凡心好하면 處處皆好이요 因此心麤하면 行行盡麤이라.
대범심호 처처개호 인차심추 행행진추

대범 마음이 좋으면 곳곳이 다 좋은 것이요, 따라서 마음이 거칠면 행동마다 다 거칠게 된다.

• 麤 : 거칠 추.

〔166〕

夫省思慮하면 心血不耗이요 顏面不皺하면 首髮不白이라.
부생사려 심혈불모 안면불축 수발불백

대범 생각을 덜어내면 마음과 힘이 소모되지 않는 것이요, 얼굴이 찡그러지지 않으면 머리가 희어지지 않는다.

• 思慮 : 여러 가지 일에 대하여 깊게 생각함, 또는 그런 생각.
• 心血 : ①심장의 피. ②마음과 힘을 아울러 이르는 말.
• 皺 : 찡그릴 축.

〔167〕

應對我等－別人成功하야 莫生猜心하고 能生喜心이라.
(응대아등 별인성공 막생시심 능생희심)

응당 우리는 다른 사람의 성공한 것에 대하여 시기하는 마음을 내지 말고 능히 기쁜 마음을 내야 한다.

• 我等 : 우리 여러 사람. 우리들.
• 猜 : 시기할 시. 셈할 시.

〔168〕

忍一時忿하면 免將來憂이요 修一時心하면 免入奈落이라.
(인일시분 면장래우 수일시심 면입나락)

한 때에 성냄을 참으면 장차 오는 근심을 면할 것이요, 한 때의 마음을 닦으면 나락(지옥)에 들어감을 면하게 된다.

• 奈落 : ①지옥. ②도저히 벗어나기 힘든 절망적인 형편을 비유적으로 이르는 말.

[169]

片心不淸하면 自囂煩惱이요 片境不忍하면 自興事難이라.
편심불청 자효번뇌 편경불인 자흥 사난

조각 마음을 맑히지 못하면 저절로 번뇌가 시끄럽게 하는 것이요, 조각 경계를 참지 못하면 저절로 일의 어려움이 일어나게 된다.

[170]

夫人活世에 重要養心이요 亦要操心이니 不要用心이라.
부인활세 중요양심 역요조심 불요 용심

대범 사람이 세상을 살아감에 마음을 기르는 것이 중요한 것이요, 또한 마음을 잡는 것이 중요한 것이지, 마음을 쓰는 것이 중요한 게 아니다.

• 用心 : 정성스런 마음을 씀.

• 操 : 잡을 조.

• 養心 : 심성을 기름. 심성을 닦음.

• 操心 : ①마음 새김. ②실수가 없도록 마음을 삼가서 경계함.

〖171〗

> 大凡心明하면 事事皆亮이요 因此心暗하면 行行盡隔이라.
> 대범심명 사사개량 인차심암 행행진격

대범 마음이 밝으면 일일이 다 밝은 것이요, 따라서 마음이 어두우면 행동마다 모두 막히게 된다.

• 隔 : 막을 격. 사이 뜰 격.

〖172〗

> 處世之活은 慧心第一이요 正身第一이며 明事第一이라.
> 처세지활 혜심제일 정신제일 명사제일

세상에 처하여 살아가는 것은 마음의 지혜로움이 으뜸이요, 몸의 바름이 으뜸이며, 일(事體)의 밝음이 으뜸이다.

• 事體 : ①일의 이치와 당사자의 체면. ②사태.

〔173〕

人失鴨子하고 能找急動이나 然失良心하고 卻尋不急이라.
인실압자 능조급동 연실량심 각심 불급

사람이 오리를 잃어버리고는 능히 급하게 찾으려 움직이지만 그러나 양심을 잃고는 도리어 찾기를 급하게 아니하니라.

• 良心 : 사물의 가치를 변별하고 자기의 행위에 대하여 옳고 그름과 선과 악의 판단을 내리는 도덕적 의식.

〔174〕

一時喜心으로 勿許人請이요 一時怒氣로 勿答人書이라.
일시희심 물허인청 일시노기 물답 인서

한때 기쁜 마음으로 사람의 청함을 허락하지 말 것이요, 한때 성난 기운으로 사람의 서신(편지)에 답하지 말라.

• 喜心 : 기뻐하는 마음.
• 怒氣 : 노여운 기색(氣色).

【175】

大凡逆來거든 我入順受이요 因此順來거든 不忍心受이라.
대범역래 아입순수 인차순래 불인심수

대범 거슬려 오거든 나는 순하게 받아들일 것이요, 따라서 순하게 오거든 (나는) 차마 못하는 마음으로 받아야 한다.

【176】

大凡欲服－大衆之意인대 第一先伏－自己之心이라.
대범욕복 대중지의 제일선복 자기지심

대범 대중의 뜻을 감복(感服)시키고자 할진대, 제일 먼저 자기의 마음을 조복(調伏)시켜야 한다.

• 感服 : 마음에 깊이 느끼어 충심으로 복종함.
• 調伏 : ①마음과 몸을 고르게 하여 모든 악형(惡刑)을 제어함. ②부처에게 기도하여 불력(佛力)에 의하여 원적(怨敵)과 악마를 항복받는 일.

【177】

身中之病은 事實易瘳어니와 心中之病은 事實難療이라.
신중지병 사실역추 심중지병 사실난료

몸 가운데 병은 사실 치료하기가 쉽거니와 마음 가운데 병은 사실 치료하기가 어렵다.

• 瘳 : 나을 추. 병 나을 추.
• 療 : 병 고칠 요.

〖178〗

心大盛夠이니 盛天下事이요 口偉言美이니 準天下行이라.
심대성구 성천하사 구위언미 준천하행

마음이 크면 담는 것이 많은 것이니 천하의 일을 담을 것이요, 입이 훌륭하면 말이 아름다운 것이니 천하에 행동하는 표준이 된다.

• 夠 : 많을 구. 모을 구.

〖179〗

大凡常想－我之心者는 於斯世界에 有所用心이라.
대범상상 아지심자 어사세계 유소용심

대범 항상 나의 마음이라는 것은 이 세계에 쓰여질 바가 있는 마음이라고 생각을 해야 한다.

【180】

安貧之人은 無抑求心이요 安分之人은 無貪慾
안빈지인 무억구심 안분지인 무탐욕

心이라.
심

가난에 편안한 사람은 억지로 구하려는 마음이 없는 것이요, 분수에 편안한 사람은 탐하고 욕심내는 마음이 없는 것이다.

- 安貧 : 가난한 가운데서도 편안한 마음으로 지냄.
- 安分 : 편안한 마음으로 제 분수(分數)를 지킴.
- 貪慾 : ①사물을 지나치게 탐하는 욕심. ②삼구(三垢)의 하나, 또는 삼독(三毒)의 하나.

【181】

聞謗而怒를 盡心力壓이라도 如石壓草하야 難免
문방이노 진심력압 여석압초 난면

側延이라.
측연

비방을 듣고 성을 내는 것을 마음의 힘을 다하여 누를지라도 돌로 풀을 누름과 같아서 곁으로 뻗힘을 면하기가 어렵다.

- 謗 : 비방할 방. 헐뜯을 방.
- 壓 : 누를 압.

〔182〕

夫枉己者는 難成直人이요 反枉心者는 難爲醒人이라.
(부왕기자 난성직인 반왕심자 난위성인)

대범 몸을 굽히는 자는 곧은 사람을 이루기가 어려운 것이요, 반면 마음을 굽히는 자는 깨인 사람이 되기가 어렵다.

- 枉己 : 자기가 지키던 도를 굽히는 것.
- 枉心 : 자기가 가진 마음, 의지(意志)를 굽히는 것.
- 醒 : 깰 성.

〔183〕

大凡情執은 作苦之因이니 放下二件이라야 始成安心이라.
(대범정집 작고지인 방하이건 시성안심)

대범 감정(感情)과 집착(執着)은 고뇌를 만드는 원인이니 두 조건을 놓아버려야 비로소 평안한 마음을 이루게 된다.

- 感情 : 어떤 현상이나 일에 대하여 일어나는 마음이나 느끼는 기분.
- 執着 : 어떤 것에 늘 마음이 쏠려 잊지 못하고 매달림.

〔184〕

大凡心者는 諸行之本이라 如畵工人하야 繪世百態이라.
대범심자 제행지본 여화공인 회세 백태

대범 마음이라는 것은 모든 행위의 근본이라 그림을 그리는 사람과 같아서 세상에다 갖가지 모양을 그려놓는다.

• 畵工 : 그림 그리는 것을 업(業)으로 삼는 사람.

〔185〕

充滿內心에 嫉妬猜忌하야 誑言非行하면 勿近是人이라.
충만내심 질투시기 광언비행 물근 시인

안 마음에 질투와 시기가 충만하여 속이는 말과 그른 행동을 한다면 이런 사람은 가까이 하지 말아야 한다.

• 嫉妬 : ①자기가 사랑하는 이성이 다른 이성을 좋아하거나 호의적인 태도로 대하거나 하여 미움을 느끼고 분(憤)하게 여기는 것. 강샘. ②잘나거나 앞선 사람을 시기(猜忌)하고 미워하는 것.
• 猜忌 : 어떤 사람이 자기보다 뛰어난 사람을, 또는 그의 뛰어난 능력 등을 샘하여 미워하는 것.

〔186〕

夫騙世人은 尙有所易어니와 唯瞞良心은 最爲
부 편 세 인 상 유 소 이 유 만 양 심 최 위

所難이라.
소 난

대범 세상과 사람을 속이는 것은 오히려 쉬운 바가 있으려니와 오직 양심을 속인다는 것은 가장 어려운 바가 된다.

• 騙 : 속일 편.
• 瞞 : 속일 만.

〔187〕

夫人能捨一利己之心하고 用力助人하면 價値在
부 인 능 사 이 기 지 심 용 력 조 인 가 치 재

此이라.
차

대범 사람이 능히 자기만을 이롭게 하려는 마음을 놓고 힘써서 사람을 도우면 보람됨이 여기에 있다.

• 價値 : ①보람. ②값, 값어치. ③욕망을 충족시키는 재화(財貨)의 중요 정도. ④주관의 뜻을 만족시키는 객관적 당위(當爲).

〔188〕

易見別人의 眼中小塵이요 難見自己의 心中大巖이라.
이견별인 안중소진 난견자기 심중대암

다른 사람의 눈 가운데 작은 티끌은 보기가 쉬운 것이요, 자기의 마음 가운데 큰 바위는 보기가 어렵다.

〔189〕

夫如微笑는 室內燈光이요 又似淸心은 行照明鏡이라.
부여미소 실내등광 우사청심 행조명경

대범 미소는 방 안의 등불 빛과 같은 것이요, 또한 맑은 마음은 행실을 비추는 밝은 거울과 같은 것이다.

• 微笑 : 소리를 내지 않고 빙긋이 웃는 것, 또는 그 웃음.

〔190〕

雖爲破甁이라도 酒盛寶玉이요 又虛心裏라도 乃充煩惱이라.
수위파병 내성보옥 우허심리 내충번뇌

비록 부서진 병이라 할지라도 이에 보배의 구슬이 담길 수 있는 것이요, 또한 텅 빈 마음속이라도 이에 번뇌가 채워질 수 있다.

• 煩惱 : 마음이 시달려 괴로움.

【191】

大凡心靈(대범심령)이 不爲統一(불위통일)하면 隨而精神(수이정신)은 卽成分裂(즉성분렬)이라.

대범 심령이 통일되지 아니하면, 따라서 정신은 곧 분열을 이루게 된다.

• 心靈 : 정신(精神)의 근원이 되는 의식의 본바탕, 곧 마음속의 영혼(靈魂). 육체를 떠나서 존재한다는 마음의 주체. 과학으로는 풀이할 수 없는 신비하고 불가사의(不可思議)한 심적(心的) 현상.
• 精神 : ①마음이나 생각, 또는 영혼(靈魂). 신사(神思). 성령(聖靈). ②의식(意識). ③사물에 접착하는 마음. 근기(根氣). 기력(氣力). ④물질 · 육체에 대하여 마음의 일컬음. ⑤지성적 · 이성적인, 능동적 · 목적 의식적인 능력. ⑥형이상학(形而上學)에서 상정(想定)되어 있는 비물질적(非物質的) 실체(實體). 만물의 이성적인 근원력(根源力)이라고 생각되는 헤겔의 절대적 정신은 그 대표적인 것임.
• 裂 : 찢을 열(렬).
• 分裂 : ①찢어져 나뉨. '갈라짐' 으로 순화. ②집단이나 단체, 사상 따위가 갈라져 나뉨.

〔192〕

世上之人이 色也相異하고 形也相異이나 心也無異이라.
세상지인 색야상이 형야상이 심야무이

세상의 사람이 색깔은 서로 다르고 모양은 서로 다른 것이지만 마음만은 다름이 없다.

〔193〕

夫多知見하면 迺易擾搖이니 是緣妄心하야 不息現故이라.
부다지견 내이요요 시연망심 불식현고

대범 알거나 보는 것이 많으면 어지럽고 흔들리기가 쉬운 것이니, 이는 망령된 마음이 인연이 되어서 쉬어지지 아니하고 나타나기 때문이다.

〔194〕

夫自下心하면 自然人尊이요 亦自下氣하면 自然身安이라.
부자하심 자연인존 역자하기 자연신안

대범 스스로 마음을 내리면 자연히 사람들이 존경하는 것이요, 또한 스스로 기운을 내리면 자연히 몸이 편안하게 된다.

• 下心 : 불교에서, 자기 자신을 낮추고 남을 높이는 마음.
• 下氣 : ①기운을 내리게 함. ②흥분을 가라앉힘.

【195】

夫起之心은 謹微之時이니 若發於外하야 遇境即觸이라.
부기지심 근미지시 약발어외 우경 즉촉

대범 일어나는 마음은 은미(隱微)할 때에 삼갈지니, 만일 밖으로 발현되어 경계를 만나면 바로 부딪치게 된다.

• 隱微 : 겉으로 그리 드러나지 않음. 작아서 알기 어려움.

【196】

等待時機는 人之耐心이니 我無機會는 弱者套語이라.
등대시기 인지내심 아무기회 약자투어

시기를 기다리는 것은 사람의 견디는 마음이니, 나는 기회가 없다고 하는 것은 약한 자의 상투적인 말이다.

• 套語 : 생동하는 맛이 없어 버릇이 되어 예사로운 말. 신통하지 못한 틀에 박힌 말.

〔197〕

大凡世上(대범세상)에 兩點之間(양점지간)의 最短距離(최단거리)는 是心與意(시심여의)이라.

대범 세상에 두 점 사이의 가장 짧은 거리는 이에 마음과 뜻이다.

• 距 : 거리 거. 떨어질 거.

〔198〕

對少數人(대소수인)하야는 推心盛腹(추심성복)이요 對多衆人(대다중인)하야는 一視同仁(일시동인)이라.

적은 수의 사람을 대해서는 마음을 미루어서 뱃속에 담을 것이요, 많은 사람을 대해서는 하나로 보아 모두 사랑해야 한다.

• 腹 : 배 복.
• 一時同仁 : ①모두를 평등하게 보아 똑같이 사랑함. ②멀고 가까운 사람을 친함에 관계없이 똑같이 대하여 준다는 뜻.

〖199〗

人之疏通은 在貴相知이니 人之相知는 在貴知心이라.
인지소통 재귀상지 인지상지 재귀지심

사람의 소통은 서로를 아는데 귀함이 있는 것이니, 사람이 서로 안다는 것은 마음을 아는데 귀함이 있다.

• 疏通 : ①막히지 아니하고 서로 통함. ②뜻이 서로 통함. ③속이 트임. 도리(道理)와 조리(條理)에 밝음.

〖200〗

大凡自身의 最大之敵은 不在外敵이요 唯在心敵이라.
대범자신 최대지적 부재외적 유재심적

대범 자신의 가장 큰 적은 밖에 있는 적이 아니요, 오직 마음에 있는 적이다.

• 敵 : 원수 적. 상대할 적.

II

顧己編(고기편)

자기를 돌아봄

Ⅱ

顧己編 고기편

자기를 돌아봄

【001】

捨己從人을 古云美德이나 然善治己가 立身爲礎이라.
사기종인 고운미덕 연선치기 입신위 초

자기를 놓고 사람을 따름을 옛날에는 아름다운 덕이라고 일렀지만, 그러나 자기를 다스리길 잘하는 것이 자신을 세우는 기초(基礎)가 된다.

- 美德 : 아름답고 갸륵한 덕행.
- 礎 : 주춧돌 초.
- 基礎 : ①사물의 밑바닥. ②건물, 다리, 탑 같은 건조물이나 안벽(岸壁), 방파제와 같은 구축물의 무게를 받치기 위해 만든 바닥.

【002】

不守自身하면 一作妄行하고 二受人憚하며 三沒惡坑이라.
불수자신 일작망행 이수인탄 삼몰악갱

자기의 몸을 지키지 아니하면, 첫째 망령된 행동(妄動)을 짓게 되고, 둘째 사람의 지탄을 받게 되며, 셋째 악의 구덩이로 빠져들게 된다.

• 妄動 : 분수(分數)없이 망령되이 행동함. 망령되이 하는 행동.
• 坑 : 구덩이 갱.

【003】

道善聞人은 不聽持耳이요 道善見者는 不睹持眼이라.
도선문인 불청지이 도선견자 부도지안

도를 잘 듣는 사람은 귀를 가지고 듣는 것이 아니요, 도를 잘 보는 사람은 눈을 가지고 보는 것이 아니다.

• 睹 : 볼 도.

【004】

荊山埋玉이나 不知掘取이요 四大藏金이나 不識鑿用이라.
형산매옥 부지굴취 사대장금 불식 착용

형산에 옥이 묻혔으나 파내어 취할 줄을 알지 못하는 것이요, 사대(색신)에 금을 갈무렸으나 캐내어 쓸 줄을 알지 못한다.

- 荊 : 가시 형. 모형나무 형.
- 荊山 : 중국 호북성(湖北省) 서부에 있는 산, 또는 산맥으로 옥(玉)이 많이 남. 형산백옥(荊山白玉).
- 掘 : 팔 굴.
- 四大 : 흙(地), 물(水), 불(火), 바람(風)의 네 가지 원소를 일컬음. 이 넷은 만물에 두루 퍼져 있으므로 사대라 하고, 만물을 낳는 원소이므로 대종이라고도 한다.
- 鑿 : 팔 착. 뚫을 착.

【005】

早起朝淸하고 朝淸日樂하며 日安寢安하고 寢安無夢이라.
조기조청 조청일락 일안침안 침안 무몽

일찍 일어나면 아침이 맑고, 아침이 맑으면 하루가 즐거우며, 하루가 즐거우면 잠자리가 편안하고, 잠자리가 편안하면 꿈이 없다.

• 寢 : 잠잘 침.

【006】

行不放肆하면 每無差過이요 心不怠忽하면 常無逸失이라.
행불방사 매무차과 심불태홀 상무일실

행동을 제멋대로 아니하면 매양 어긋나거나 지나침이 없는 것이요, 마음을 게으르고 소홀하게 아니하면 항상 방일(放逸)하는 실수가 없다.

• 肆 : 방자할 사. 가게 사.
• 放肆 : 거리낌 없이 제멋대로 하여 어려움성이 없음.
• 放逸 : 제멋대로 난봉이나 부리고 함부로 놂.

【007】

宇宙之理는 當於人道하야는 運用社會의 最高禮範이라.
우주지리 당어인도 운용사회 최고예범

우주의 이치(理致)는 사람의 도리에 당하여서는 사회를 운용하는 최고 예의범절(禮儀凡節)이다.

• 宇宙 : ①천지 사방과 고왕(古往) 금래(今來). ②세계 또는 천지간. 만물을 포

용하고 있는 공간. 자연, 두우(斗宇). ③질서 있는 통일체로서의 세계. ④가운데 물질과 복사(輻射)가 포함한 전공간(全空間).

• 理致 : 사물의 정당한 조리(條理), 또는 도리에 맞는 취지(趣旨).

• 禮範＝禮儀凡節 : 모든 예의와 절차.

【008】

接事勤行은 是事業人이요 對理深究는 是功夫人이라.
접사근행 시사업인 대이심구 시공부인

일을 접하여 부지런히 행하는 것은 이에 사업하는 사람이요, 이치를 대하여 깊게 궁구(窮究)하는 것은 이에 공부하는 사람이다.

• 窮究 : 속속들이 깊이 연구함.

【009】

大凡人樂은 有爲之樂이요 反面天樂은 無爲之樂이라.
대범인락 유위지락 반면천락 무위지락

대범 사람의 즐김은 함이 있는 즐거움이요, 반면 하늘의 즐김은 함이 없는 즐거움이다.

• 人樂 : 사람의 도리에 화하여 즐김.

• 有爲 : ①재능이 있음. ②쓸모 있음. ③여러 인연이 화합하여 생기는 생멸무상(生滅無常) 현상.

• 天樂 : 하늘의 도리에 화하여 즐김.

• 無爲 : ①자연 그대로 되어 있고, 사람이 힘들여 함이 없음. ②인연에 의하여 이루어진 것이 아닌 생멸불변(生滅不變)의 것.

【010】

若捨自己(약사자기)하면 易受人忠(이수인충)이요 反立自己(반립자기)하면 難受人忠(난수인충)이라.

만일 자기를 놓으면 사람의 충고(忠告)를 받아드리기가 쉬운 것이요, 반면 자기를 세우면 사람의 충고를 받기가 어렵다.

• 忠告 : ①충심으로 남의 허물을 경계함. ②남의 잘못을 고치도록 타이름.

【011】

大凡路者(대범노자)는 非有正路(비유정로)하고 迺有曲路(내유곡로)이니 正行人道(정행인도)이라.

대범 길이라는 것은 바른길만 있는 것이 아니고, 이에 구부러진 길도 있는 것이니, 바르게 가는 것이 사람의 도리이다.

• 正路 : ①바른길. ②정도(正道).

• 曲路 : ①구부러진 길. ②사도(邪道).

【012】

是非利害는 處處恒有하나니 取捨選擇은 唯在
시 비 이 해 처 처 항 유 취 사 선 택 유 재

於己이라.
어 기

옳고 그르고 이롭고 해로움은 곳곳마다 항상 있는 것이니, 취하고 놓는 선택은 오직 자기에게 있다.

• 是非利害 : 옳고 그르고 이롭고 해로운 것. 곧 인간 세상에서 일어나는 모든 일을 말한다. 시(是)는 선 또는 정의, 비(非)는 악 또는 불의, 이(利)는 복락이나 행복, 해(害)는 죄고나 불행을 뜻한다. 인간은 이러한 시비이해 속에서 살아가기 때문에 시비이해를 잘 알아야 한다.

【013】

蓮花發沼하면 四方自淸이요 眞人留壑하면 四圍
연 화 발 소 사 방 자 청 진 인 유 학 사 위

自明이라.
자 명

연꽃이 못에서 피어나면 사방이 저절로 맑아지는 것이요, 참된 사람이 골짜기에 머물면 사방 주위가 저절로 밝아진다.

• 蓮花 : 연의 꽃. 연꽃.

• 沼 : 늪 소. 못 소.

• 眞人 : ①〈종교〉 도교에서, 도를 깨쳐 깊은 진리를 깨달은 사람을 이르는 말. ②〈불교〉 '아라한' 을 달리 이르는 말.

• 壑 : 골짜기 학.

• 四圍 : 사방의 둘레.

〖014〗

夫聰明者(부총명자)는 常戒太察(상계태찰)이요 剛强之人(강강지인)은 常儆過暴(상경과폭)이라.

대범 총명한 사람은 항상 지나치게 살핌을 경계할 것이요, 강강한 사람은 항상 지나치게 사나움을 경계해야 한다.

• 剛强 : ①강인한. ②힘센. 굳셈. ③강직하다. ④억세다.

• 儆 : 경계할 경.

• 暴 : 사나울 폭.

〖015〗

人持圓眼(인지원안)하면 見處得圓(견처득원)이요 若持方目(약지방목)하면 看物生方(간물생방)이라.

사람이 원만(圓滿)한 눈을 가지면 보는 곳마다 원만함을 얻을 것이요, 만일 모난 눈을 가지면 보는 사물에 모남이 생긴다.

• 圓滿 : ①성격이 모난 데가 없이 부드럽고 너그럽다. ②일의 진행이 순조롭다. ③서로 사이가 좋다.

【016】

人若執刃하면 手掌易傷이나 然執刀柄하면 自用無礙이라.
인약집인 수장이상 연집도병 자용무애

사람이 만일 칼날을 잡으면 손바닥이 상하기 쉬운 것이지만, 그러나 칼자루를 잡으면 자유로 쓰기에 걸림이 없다.

• 柄 : 자루 병.
• 無礙 : 하는 일에 막힘이 없이 순탄함. 거침새가 없음.

【017】

殺鷄之時에 難用牛刀이나 然善用人은 任揮不揀이라.
살계지시 난용우도 연선용인 임휘불간

닭을 잡을 때에 소의 칼을 쓰기는 어려우나, 그러나 잘 쓰는 사람은 임의로 휘둘러 가리지 않는다.

• 《논어(論語)》 양화(陽貨)에 '닭을 잡는데 어찌 소 잡는 칼을 쓰는가?(殺鷄 焉用牛刀)' 에서 나온 말이다.

【018】

論人之道는 富觀所施하고 窮觀所志하며 樂觀所守이라.
논인지도 부관소시 궁관소지 낙관소수

사람을 논하는 길은 부유함으로서 베푸는 바를 보고, 궁색함으로서 뜻하는 바를 보며, 즐거워함으로서 지키는 바를 보아야 한다.

• 論人 : 사람의 재능을 논함.

【019】

立身三路는 好學近知하고 力行近仁하며 知恥近勇이라.
입신삼로 호학근지 역행근인 지치근용

몸(마음)을 세우는 세 가지 길은 배우기를 좋아하면 지에 가깝고, 힘써 행하면 인에 가까우며, 부끄러움을 알면 용에 가깝다.

• 好學 : 학문을 좋아함.

• 力行 : ①힘써 행함. ②힘을 들여 나아감.
• 知恥 : 부끄러움을 아는 것. 부끄러워할 줄을 아는 것.
• 智仁勇 : 《중용(中庸)》에 '호학근호지 역행근호인 지치근호용(好學近乎知 力行近乎仁 知恥近乎勇)' 이라 하였다. '배우기를 좋아하는 것은 지에 가깝고, 힘써 행하는 것은 인에 가까우며, 부끄러움을 아는 것은 용에 가깝다.' 는 의미로 '지혜' 와 '어짊' 과 '용기' 를 통틀어 이르는 말이다.

【020】

夫懷一人(부회일인)하면 得一人力(득일인력)이요 反懷衆人(반회중인)하면 得衆人力(득중인력)이라.

대범 한 사람을 품으면 한 사람의 힘을 얻는 것이요, 반면 뭇 사람을 품으면 뭇 사람의 힘을 얻게 된다.

• 懷 : 품을 회.

【021】

謹愼謙退(근신겸퇴)는 保身要諦(보신요체)이요 性情安詳(성정안상)은 處事妙方(처사묘방)이라.

삼가고 겸손하며 물러나는 것은 몸을 보전하는 요체이요, 성정이 찬찬하고 자세한 것은 일을 처리하는 묘방이다.

• 謹愼 : 언행(言行)을 삼가고 조심함. 과오나 잘못에 대하여 반성하고 들어앉아 행동을 삼감.

• 謙退 : 겸손히 사양하고 물러남.

• 諦 : 살필 체.

• 保身 : 몸을 보전함.

• 要諦 : ①중요한 점. ②중요한 깨달음.

• 性情 : ①성질과 심정(心情). ②사람이 본디 가지고 있는 성질과 심정.

• 安詳 : 찬찬하고 자세함.

• 妙方 : 기묘한 방법. 효험 있는 묘한 약방문(藥方文).

〔022〕

善用心身(선용심신)하면 變苦爲樂(변고위락)하고 變災爲福(변재위복)하며 變害爲利(변해위리)이라.

마음과 몸을 잘 사용하면 괴로움이 변하여 즐거움이 되고, 재앙이 변하여 복이 되며, 해로움이 변하여 이로움이 된다.

• 苦樂 : 괴로움과 즐거움.

• 灾 : 재앙 재.

• 利害 : 이익과 손해.

【023】

改變自己하고 降伏自己하며 訓馴自己하고 判認自己이라.
개변자기 항복자기 훈순자기 판인자기

자기를 고쳐서 변화시키고, 자기를 내려서 엎드리게 하며, 자기를 가르쳐서 길들이고, 자기를 판단해서 알아차려야 한다.

• 改變 : 고치어 바꿈.
• 降伏 : ①전쟁 · 싸움 · 경기 등에서 힘에 눌려서 적에게 굴복함. ②나를 굽히어서 복종함. ③불타(佛陀)의 힘으로 악마(惡魔), 외도들을 진압함.
• 馴 : 길들일 순.

【024】

對內嚴正하야 勿淫勿縱이요 對外平等하야 勿驕勿騙이라.
대내엄정 물음물종 대외평등 물교물편

안을 대해 엄하고 발라서 넘치지 말고 방종(放縱)하지 말 것이요, 밖을 대해 평등해서 교만(驕慢)하지 말고 속이지 말아야 한다.

• 嚴正 : 엄하고 바름.
• 縱 : 늘어질 종.
• 放縱 : 아무 거리낌 없이 제멋대로 함부로 행동함.

• 驕慢 : 잘난 체하고 뽐내며 방자(放恣)함.

• 騙 : 속일 편.

【025】

大凡避境이 不如接境이요 不如接境이 對境直鍊이라.
대범피경 불여접경 불여접경 대경직련

대범 경계를 피하는 것이 경계를 접함만 같지 못한 것이요, 경계를 접하는 것이 경계를 대하여 직접 단련(鍛鍊)하는 것만 같지 못하다.

• 鍛 : 쇠 불릴 단.

• 鍊 : 쇠 불릴 연.

• 鍛鍊 : ①(쇠붙이를) 불에 달구어 두드려서 단단하게 하는 것. ②(몸을) 운동을 하거나 힘을 길러서 튼튼한 상태로 만드는 것. ③(마음이나 정신을) 강한 의지를 갖도록 수련하는 것. ④어떤 일을 여러 번 반복함으로써 견딜 수 있게 되거나 익숙하게 되는 것.

【026】

廣心受物하고 虛心懷人하며 潛心觀理하고 定心應變이라.
광심수물 허심회인 잠심관리 정심응변

넓은 마음으로 사물을 받아드리고 빈 마음으로 사람을

품으며, 가라앉은 마음으로 이치를 보고 안정된 마음으로 변화에 응해야 한다.

• 潛 : 잠길 잠.

〔027〕

> 寒節之後(한절지후)에 知始松青(지시송청)이요 過境之後(과경지후)에 顯始實力(현시실력)이라.

시절이 차가운 뒤에 비로소 솔의 푸름을 아는 것이요, 경계를 지낸 뒤에 비로소 실제의 힘이 드러난다.

〔028〕

> 守分無辱(수분무욕)이요 守己無苟(수기무구)이며 守公無私(수공무사)이요 守正無邪(수정무사)이라.

분수를 지키면 욕됨이 없는 것이요 자기를 지키면 구차함이 없는 것이며, 공도를 지키면 사사로움이 없는 것이요 바름을 지키면 삿됨이 없는 것이다.

• 無私 : 사심(私心)이 없이 공평함.
• 無邪 : 사사스러운 마음이 없음.

【029】

我之心正하면 無邪人應이요 我之行公하면 無私人近이라.
아지심정 무사인응 아지행공 무사인근

나의 마음이 바르면 삿됨이 없는 사람이 호응하는 것이요, 나의 행동이 공변되면 사사가 없는 사람이 가까이 한다.

【030】

有三種人하니 奉隨之人이요 平交之人이며 使下之人이라.
유삼종인 봉수지인 평교지인 사하지인

세 종류 사람이 있으니 받들고 따를 사람이요, 평상 교제할 사람이며, 아래에 부려야 할 사람이다.

【031】

人靜之時에는 能養一心이요 人動之時에는 能行正義이라.
인정지시 능양일심 인동지시 능행정의

사람이 고요할 때에는 능히 일심을 기를 것이요, 사람이 움직일 때에는 능히 정의를 행해야 한다.

- 一心 : ①한마음. ②한쪽에만 마음을 씀. ③여러 사람의 마음이 일치함.
- 正義 : ①진리에 맞는 올바른 도리. ②바른 뜻. ③바른 의리(義理).

〖032〗

夫人修身은 如持翠玉이니 塵裏尤顯이요 汚中尤光이라.
부인수신 여지취옥 진리우현 오중우광

대범 사람이 몸(마음)을 닦는 것은 비취옥을 가짐과 같은 것이니, 티끌 속에서 더욱 드러나고 더러운 가운데서 더욱 빛이 난다.

- 修身 : ①악을 물리치고 선을 북돋아서 마음과 행실을 바르게 닦아 수양함. ②마음을 착하게 하며 행실을 바르게 함.
- 翠玉 : ①에메랄드. ②비취옥(翡翠玉).

〖033〗

和合疏通은 個人家庭과 社會國家가 發展基底이라.
화합소통 개인가정 사회국가 발전기저

화합과 소통은 개인과 가정과 사회와 국가가 발전하는 기초의 밑바닥이 되는 것이다.

• 和合 : 화목(和睦)하여 잘 합하여짐.
• 疏通 : ①막히지 아니하고 서로 통함. ②뜻이 서로 통함. ③속이 트임. 도리와 조리에 밝음.
• 基底 : ①기초가 되는 밑바다. ②저면(底面).

【034】

夫人一忍(부인일인)하면 能撐百勇(능탱백용)이요 因此一靜(인차일정)하면 可制百動(가제백동)이라.

대범 사람이 한 번 참으면 능히 백 번의 용기를 지탱하는 것이요, 따라서 한 번 고요하면 가히 백 번의 움직임을 제어(制御)한다.

• 撐 : 버틸 탱.
• 制御 : ①통제하여 복종시킴. ②기계나 설비 등을 목적에 알맞도록 조절함.

【035】

難自見面(난자견면)이라 依鏡觀顔(의경관안)하고 艱知己力(간지기력)이라 當境識能(당경식능)이라.

스스로 얼굴을 보기가 어려움이라 거울에 의지하여 얼굴을 보게 되고, 자기의 힘을 알기가 어려움이라 경계를 당하여 능력을 알게 된다.

[036]

常聞耳中에 忤逆之言은 不成圓心하야 有揀心
상 문 이 중 오 역 지 언 불 성 원 심 유 간 심

故이라.
고

항상 귀 가운데에 거슬리는 말이 들리는 것은 뚜렷한 마음을 이루지 못하여 가려내는 마음이 있기 때문이다.

• 忤 : 거스릴 오.
• 忤逆 : 배반하여 모역(謀逆)함.
• 揀 : 가릴 간.

[037]

喜來察檢하고 怒來察檢하며 怠來察檢하고 逸來
희 래 찰 검 노 래 찰 검 태 래 찰 검 일 래

察檢이라.
찰 검

기쁨이 오더라도 살펴서 점검하고, 성냄이 오더라도 살펴서 점검하며, 게으름이 오더라도 살펴서 점검하고, 방일(放逸)이 오더라도 살펴서 점검을 해야 한다.

• 放逸=放縱 : 아무 거리낌 없이 제멋대로 함부로 행동함.

【038】

但積外功하고 不養內力하면 素雪爲米이요 畵餠充饑이라.
단적외공 불양내력 소설위미 화병충기

다만 밖으로 공력만 쌓고 안으로 힘을 기르지 아니하면, 흰 눈으로 쌀을 삼는 것이요 그림의 떡으로 주림을 채우려는 것이다.

- 畵餠 : 그림의 떡이라는 뜻으로, 그림 속의 떡은 먹을 수가 없으므로 실용적이지 못함을 비유해 이르는 말.
- 餠 : 떡 병.
- 饑 : 주릴 기.

【039】

不用規矩하면 難畵方圓이요 不蹈正路하면 難養身心이라.
불용규구 난화방원 부답정로 난양신심

규와 구를 쓰지 아니하면 모남과 동그라미를 그리기가 어려운 것이요, 바른길을 밟지 아니하면 몸과 마음을 기르기가 어렵다.

- 規矩 : 지름이나 선의 거리를 재는 도구. 그림쇠.
- 方圓 : 모진 것과 둥근 것을 아울러 이르는 말.

• 蹹 : 밟을 답.

【040】

人不修身하고 求名聞世는 猶貌很醜에 尙責照鏡이라.
인불수신 구명문세 유모흔추 상책조경

사람이 몸(마음)을 닦지 아니하고 명성이 세상에 들리기를 구하는 것은, 용모는 매우 추한데 오히려 비춰주는 거울을 책망하는 것과 같다.

• 很 : 매우 흔.
• 照鏡 : 물건을 비추어 보는 거울.

【041】

大凡見之가 不若知之이요 因此知之가 不若行之이라.
대범견지 불약지지 인차지지 불약행지

대범 보는 것이 아는 것만 같지 못한 것이요, 따라서 아는 것이 행하는 것만 같지 못한 것이다.

【042】

若塞源泉하면 流川自渴이요 反亂身心하면 前路自暗이라.
약색원천 유천자갈 반란신심 전로자암

만일에 근원이 되는 샘을 막으면 흐르는 냇물이 저절로 마르는 것이요, 반면 몸과 마음이 어지러우면 앞길이 저절로 어둡게 된다.

• 塞 : 막을 색.
• 渴 : 목마를 갈.

【043】

目妄視之하면 易爲流淫이요 耳妄聽之하면 易爲流輕이라.
목망시지 이위유음 이망청지 이위유경

눈으로 망령되게 보면 음란(淫亂)함으로 흐르기가 쉬운 것이요, 귀로 망령되게 들으면 가벼움으로 흐르기가 쉽다.

• 淫亂 : 음탕하고 난잡함.

〖044〗

時止則止하고 時行則行하야 動靜之間에 不失其時이라.
시지즉지 시행즉행 동정지간 불실 기시

때가 그치게 생겼으면 그치고, 때가 행하게 생겼으면 행하여 동하고, 정하는 사이에 그때를 잃지 않아야 한다.

• 動靜 : ①사람의 움직이는 상황. ②물질의 운동과 정지. ③어떤 행동이나 현상이 벌어지고 있는 낌새.

〖045〗

在人難處는 分配利益이요 隨在艱狀은 不守本色이라.
재인난처 분배이익 수재간상 불수본 색

사람의 어려운 처사는 이익을 분배하는데 있는 것이요, 따라서 어려운 상황은 본디 바탕을 지키지 못하는데 있다.

• 本色 : ①본디의 바탕이나 정체. ②본질. 타고난 성질.

【046】

夫居高者는 形逸神勞이요 隨處下者는 形勞神安이라.
부거고자 형일신로 수처하자 형로신안

대범 높이 거하는 사람은 형체는 편안하지만 정신은 수고로운 것이요, 따라서 아래에 처한 자는 형체는 수고로우나 정신은 편안하다.

• 逸 : 편안할 일.

【047】

源瀞流淸하고 根實枝茂하며 形端影直하고 心廉行正이라.
원정유청 근실지무 형단영직 심염행정

근원이 맑으면 흐름이 맑고 뿌리가 튼실하면 가지가 무성하며, 형상이 단정하면 그림자가 곧고 마음이 청렴(淸廉)하면 행동이 바르다.

• 淸廉 : 성품이 고결하고 탐욕이 없음.

【048】

與眼如耳하고 與耳如鼻하며 與鼻如口하야 無非
여안여이 여이여비 여비여구 무비

相通이라.
상통

눈으로 더불어 귀가 같고, 귀로 더불어 코가 같으며, 코로 더불어 입이 같아서 서로 소통하지 아니함이 없다.

【049】

大凡開門하야 受納萬物이요 反面開胸하야 受納
대범개문 수납만물 반면개흉 수납

生靈이라.
생령

대범 문을 열어서 만물을 받아드릴 것이요, 반면 가슴을 열어서 생령을 받아드려야 한다.

- 納 : 거둘 납. 바칠 납.
- 生靈 : ①생명(生命). ②생민(生民).

【050】

夫善聽者는 聽無其聲이요 亦善視者는 視無其
부선청자 청무기성 역선시자 시무기

形이라.
형

대범 잘 듣는다는 것은 그 소리가 없음을 듣는 것이요, 또한 잘 본다는 것은 그 형상이 없음을 보는 것이다.

【051】

大凡我福이 人之幸福이요 隨而我樂이 人之娛樂이라.
대범아복 인지행복 수이아락 인지오락

대범 나의 행복이 사람들의 행복이요, 따라서 나의 즐거움이 사람들의 즐거움이다.

• 娛 : 즐거워할 오.

【052】

苦中持樂을 謂之眞樂이요 貧中持富를 謂之眞富이라.
고중지락 위지진락 빈중지부 위지진부

괴로운 가운데 즐거움을 가지는 것을 일러서 참으로 즐거움이라 하는 것이요, 가난한 가운데 부유를 가지는 것을 일러서 참으로 부유한 것이라 한다.

[053]

人生之行은 不遠人心이요 人生之心은 不遠身動이라.
인 생 지 행 불 원 인 심 인 생 지 심 불 원 신 동

인생의 행동은 사람 마음과 멀어져서는 안 되는 것이요, 인생의 마음은 몸의 움직임과 멀어져서는 안 된다.

[054]

長臥戕氣하고 長坐戕肉하며 長立戕骨하고 長行戕筋이라.
장 와 장 기 장 좌 장 육 장 립 장 골 장 행 장 근

길게 누었으면 기운을 상하고, 길게 앉았으면 육신을 상하며, 길게 섰으면 뼈를 상하고, 길게 걸으면 힘줄이 상한다.

• 戕 : 상할 장. 죽일 장.

[055]

怒時氣上하고 喜時氣緩하며 悲時氣滅하고 怕時氣下이라.
노 시 기 상 희 시 기 완 비 시 기 멸 파 시 기 하

성낼 때에는 기운이 오르고, 기뻐할 때에는 기운이 느즈러지며, 슬퍼할 때에는 기운이 소멸하고, 두려워할 때에는 기운이 내려간다.

• 緩 : 느릴 완. 늦출 완.

【056】

飮食不止(음식부지)하면 迺身不輕(내신불경)이요 聲色不止(성색부지)하면 乃神不淸(내신불청)이라.

마시고 먹음을 그치지 아니하면 이에 몸은 가벼워지지 않는 것이요, 소리와 색을 그치지 아니하면 이에 정신은 맑아지지 않는다.

• 聲色 : ①목소리와 얼굴빛. ②음악과 여색(女色).

【057】

善養生者(선양생자)는 先養其形(선양기형)이니 欲養形者(욕양형자)는 先養其氣(선양기기)라.

잘 양생하는 사람은 먼저 형체를 기르는 것이니, 형체를 기르고자 하는 사람은 먼저 그 기운을 길러야 한다.

• 養生 : 오래 살기 위하여 몸과 마음을 편안히 하고 병에 걸리지 않게 노력함.
• 養形 : 양생법의 하나. 피로 회복과 건강 증진을 위하여 안마와 호흡 조절, 운동 등을 하여 의식주(衣食住)에 조심하며 섭생(攝生)을 함.

【058】

衛生三戒하니 大怒大慾과 又併大醉이니 有一損氣이라.
위생삼계 대노대욕 우병대취 유일손기

위생에 세 가지를 경계할지니 크게 성을 내는 것과, 크게 욕심을 부리는 것과, 또한 아울러 크게 취하는 것이니 하나만 있어도 기운이 손상된다.

• 大怒 : 크게 성냄.
• 大慾 : 큰 욕망이나 큰 욕심.
• 大醉 : 술이 몹시 취함.

【059】

夫薄滋味하야 能以養氣이요 亦損瞋怒하야 能以養性이라.
부박자미 능이양기 역손진노 능이양성

대범 재미를 엷게 하여 능히 기운을 기를 것이요, 또한 성냄을 덜어서 능히 성품을 길러야 한다.

• 滋 : 불을 자.

• 滋味 : 자양분(滋養分)이 많고 좋은 맛, 또는 그러한 음식.

• 養氣 : ①기력(氣力)이나 또는 원기(元氣)를 기름. ②유가(儒家)에서 맹자(孟子)가 주장한 정신(精神) 수양법(修養法). 호연(浩然)의 기를 기르는 것. ③도가(道家)에서 연단(煉丹)과 함께 연명술(延命術)을 행하는 일.

• 瞋 : 성낼 진. 부릅뜰 진.

• 瞋怒 : 성내어 노여워함.

• 養性 : 천성(天性)을 기름.

【060】

當寒氣收(당한기수)하고 當熱氣泄(당열기설)하며 當勞氣耗(당로기모)하고 當思氣結(당사기결)이라.

추움에 당하면 기운이 거둬지고, 더움에 당하면 기운이 새나가며, 수고로움에 당하면 기운이 소모되고, 생각에 당하면 기운이 맺혀진다.

• 泄 : 샐 설.

• 耗 : 줄 모. 소모할 모.

【061】

善養生者(선양생자)는 如驅羊然(여구양연)이니 視其後者(시기후자)하야 以鞭爲打(이편위타)이라.

양생을 잘 하는 사람은 양을 몰듯 그렇게 할지니, 그 뒤쳐진 자를 보아서 채찍으로써 때리면 되는 것이다.

• 養生 : 오래 살기 위하여 몸과 마음을 편안히 하고 병에 걸리지 않게 노력함.
• 驅 : 몰 구.
• 鞭 : 채찍 편.

【062】

若積於中(약적어중)이면 必形於外(필형어외)하나니 積金黃色(적금황색)이요 積炭黑色(적탄흑색)이라.

만일 가운데 쌓이면 반드시 밖으로 나타나나니 (가운데) 금이 쌓이면 노란색이 (나타나는) 것이요, (가운데) 숯이 쌓이면 검은색이 (나타나게) 된다.

【063】

大凡人也(대범인야)－心體淸靜(심체청정)하면 天地之氣(천지지기)가 悉歸身中(실귀신중)이라.

대범 사람이 마음 바탕이 맑고 고요하면 하늘과 땅의 기운이 다 몸 가운데로 돌아오게 된다.

【064】

外見其形하면 形無固形이요 內觀其心하면 心無定心이라.
외견기형 형무고형 내관기심 심무정심

밖으로 그 형상을 보면 형상은 굳어진 형상이 없는 것이요, 안으로 그 마음을 보면 마음은 고정(固定)된 마음이 없는 것이다.

• 固形 : 바탕이 단단하며 일정한 꼴을 지닌 형체.
• 固定 : ①한 곳에 움직이지 않게 붙박는 것. ②어떤 상황이나 상태가 계속해서 같은 모습으로 있는 것. ③조직(組織) · 세포(細胞) 등을 관찰할 때, 살아 있는 상태에 가깝게 유지하기 위하여 그 원형질(原形質)을 응고(凝固)시키는 일. ④고착(固着).

【065】

凡如人生은 宇宙之場에 隱顯出入하는 演劇俳優이라.
범여인생 우주지장 은현출입 연극배우

무릇 인생은 우주의 마당에 숨었다가 나타났다가 나왔다가 들어갔다가 하는 연극배우와 같은 것이다.

• 隱顯 : 숨었다 나타났다 함, 또는 숨는 일과 나타나는 일.
• 演劇 : ①배우가 연출자의 지도하에 각본에 의하여 분장하고 음악, 배경, 조명, 그 밖의 여러 가지 장치의 힘을 빌어서 어떤 사건과 인물을 구체적으로

연출하는 종합예술. ②거짓을 사실인 것처럼 그럴 듯하게 둘러맞추어 꾸며내는 일.

• 俳優 : ①연극이나 영화 속의 인물로 분장하여 연기하는 사람. ②(민속) 광대.

〖066〗

若人自滿과 自高自大와 自恃自優는 如人暗礁이라.
약인자만 자고자대 자시자우 여인암초

만일 사람이 스스로 만족하는 것과 스스로 높은 것과 스스로 큰 것과 스스로 믿는 것과 스스로 우월한 것은 사람에게 암초와 같다.

• 自滿 : ①스스로 흡족하게 여김. ②스스로 만족함.
• 自大 : 스스로 큰 체함, 또는 크게 여김.
• 自優 : 스스로 우월한 체함, 또는 우월하게 여김.
• 暗礁 : 해면(海面) 가까이 숨어 있는 보이지 않는 바위.
• 礁 : 물에 잠긴 바위 초.

〖067〗

大凡花無十日之紅이요 又非有人一日日之好이라.
대범화무 십일지홍 우비유인 일일지호

대범 꽃은 십일의 붉음이 없는 것이요, 또한 사람은 날마다 좋음만 있는 것은 아니다.

【068】

人生運退하면 黃金失色이요 因此時來하면 鐵塊出光이라.
인생운퇴 황금실색 인차시래 철괴 출광

사람이 운이 물러가면 황금이라도 색을 잃어버리는 것이요, 따라서 때가 오면 쇳덩어리라도 빛이 나온다.

• 塊 : 흙덩이 괴.

【069】

夫勿妄想이니 此想不眞이요 乃勿事着이니 此着無永이라.
부물망상 차상부진 내물사착 차착 무영

대범 망령된 생각을 말지니 이 생각은 참된 것이 아니요, 이에 사물에 집착을 말지니 이 집착은 영원할 수가 없다.

【070】

大凡有着하면 難見眼前이요 反面無着하면 能見
대범유착 난견안전 반면무착 능견
宇宙이라.
우주

대범 집착이 있으면 눈앞도 보기가 어려운 것이요, 반면에 집착이 없으면 능히 우주를 보게 된다.

【071】

鏡中之我는 實非眞我이요 鏡外之我도 亦非眞
경중지아 실비진아 경외지아 역비진
我이라.
아

거울 가운데 나는 사실 참 나가 아니요, 거울 밖의 나도 또한 참 나가 아니다.

• 眞我 : ①중생들이 있다고 집착하는 변하지 않고 소멸하지 않는 자아(自我). ② 열반의 경지에 이른 진실한 자아. 부처의 성품을 깨달아 그것을 유지하는 주체.

【072】

人生成功은 不在於人하고 不在於勢이요 唯在
인생성공 부재어인 부재어세 유재
於己이라.
어기

인생에 공을 이룸은 남에게 있는 것이 아니요, 형세에 있는 것이 아니며, 오직 자기에게 있는 것이다.

【073】

不完之器는 撫改而成이요 不完之人은 修養而成이라.
불완지기 무개이성 불완지인 수양이성

완전하지 못한 그릇은 어루만지고 고쳐서 이루는 것이요, 완전하지 못한 사람은 닦고 길러서 이루게 된다.

- 撫 : 어루만질 무.
- 修養 : 심신을 단련하여 품성이나 지식이나 도덕을 닦음.

【074】

世上之路는 無所不彎이요 人生之程은 無所不苦이라.
세상지로 무소불만 인생지정 무소불고

세상의 길은 구부러지지 아니한 바가 없는 것이요, 인생의 길은 괴롭지 아니한 바가 없는 것이다.

【075】

人生之路에 克人尙易이요 人活之程에 克己猶難이라.
인생지로 극인상이 인활지정 극기유난

사람이 사는 길에 사람을 이기기는 오히려 쉬운 것이요, 사람이 사는 길에 자기를 이기기는 오히려 어렵다.

【076】

夫人生世에 好事來時에 獨食不分하면 必至毒灾이라.
부인생세 호사내시 독식불분 필지독재

무릇 사람이 세상을 살면서 좋은 사항이 왔을 때에 홀로 먹어버리고 나누지 아니하면 반드시 독한 재앙이 이르게 된다.

• 好事 : ①좋은 일. ②일을 벌이기를 좋아함.
• 獨食 : ①혼자서 먹음. ②이익을 독차지 함.
• 灾 : 재앙 재.

【077】

對人之時에는 不分貴賤이요 交友之時에는 不揀富貧이라.
대인지시 불분귀천 교우지시 불간 부빈

사람을 대할 때에는 귀하고 천함을 나누지 아니할 것이요, 벗을 사귈 때에는 부유하고 가난함을 가리지 않아야 한다.

• 貴賤 : ①부귀와 빈천. ②귀한 사람과 천한 사람.
• 富貧 : 넉넉함과 가난함.

【078】

得安身心이라야 授安於人이요 得力身心이라야 貽力於人이라.
득안신심 수안어인 득력신심 이력어인

몸과 마음에 평안을 얻어야 편안함을 사람에게 주는 것이요, 몸과 마음에 힘을 얻어야 힘을 사람에게 주게 된다.

• 貽 : 줄 이. 끼칠 이.

【079】

照己之人은 不犯所戒이요 照心之人은 不牽所妄이라.
조기지인 불범소계 조심지인 불견소망

자기를 비춰보는 사람은 경계(警戒)하는 바를 범하지 않는 것이요, 마음을 비춰보는 사람은 망령된 바에 끌리지 아니한다.

- 警戒 : ①잘못되는 일이 일어나지 않도록 미리 조심하는 것. ②잘못이 없도록 타일러 주의시키는 것.
- 照心 : 마음을 비추는 것. 자기가 자기 마음을 비추어 보는 것.
- 牽 : 끌 견.

【080】

夫水無心하야 自成清淨이요 亦鏡虛己하야 自成明亮이라.
부수무심 자성청정 역경허기 자성명량

대범 물은 마음이 없어서 저절로 맑음을 이루는 것이요, 또한 거울은 자기를 비워서 저절로 밝음을 이루게 된다.

- 無心 : ①생각하는 마음이 없음. ②물욕에 팔리는 마음이 없고, 또 옳고 그른 것이나, 좋고 나쁜 것에 간섭이 떨어진 경계.
- 虛己 : 자신을 비우는 것.
- 亮 : 밝을 량(양).

【081】

用人勿疑이니 初選所宜이요 用人如器이니 各取所盛이라.
용인물의 초선소의 용인여기 각취소성

사람을 쓰면 의심하지 말지니 처음에 마땅한 바를 가릴 것이요, 사람 쓰기를 그릇같이 여길지니 각각 담을 바를 취해야 한다.

【082】

夫己之害는 爲人害賊이요 反人之利는 爲己利益이라.
부기지해 위인해적 반인지이 위기이익

대범 자기의 해로움은 남의 해로움이 되는 것이요, 반면 남의 이익은 자기의 이익이 되는 것이다.

【083】

善養身者는 愼居節食하고 導引關節하며 吐故納新이라.
선양신자 신거절식 도인관절 토고납신

몸을 잘 기르는 자는 거처하기를 삼가며 음식을 조절하

고 관절을 도인하며 옛것을 토해내고 새것을 들이는 것이다.

• 導引 : 도인법(導引法). 도교에서 선인이 되기 위한 양생법의 하나.
• 關節 : 뼈와 뼈를 결합하는 부분.
• 吐故納新 : 묵은 것을 토(吐)해내고 새것을 들이마신다는 뜻으로, 낡고 좋지 않은 것을 버리고 새롭고 좋은 것을 받아들이는 기공(氣功) 요법의 하나.

【084】

蒼蠅之飛(창승지비)는 不過十步(불과십보)이나 托駿馬臀(탁준마둔)하면 能到(능도) 千里(천리)이라.

쉬파리가 나는 것은 열 발에 지나지 않지만 준마의 볼기에 의탁하면 능히 천 리까지 이르게 된다.

• 蒼蠅 : 쉬파리. 쉬파릿과의 곤충을 통틀어 이르는 말.
• 蠅 : 파리 승.
• 駿 : 준마 준.
• 駿馬 : 걸음이 썩 빠른 말. 한마(汗馬).
• 臀 : 볼기 둔.

【085】

大凡本己(대범본기)는 原無所縛(원무소박)이니 莫求欲解(막구욕해)하고 莫求(막구) 欲脫(욕탈)이라.

대범 본래 자기는 원래 얽어맨 바가 없는 것이니, 풀고자 함을 구하지도 말고 벗어나고자 함을 구하지도 말라.

• 縛 : 얽을 박. 묶을 박.

【086】

人爲之行에 能知其能이요 事偕之久에 能識其心이라.
인위지행 능지기능 사해지구 능식기심

사람이 하는 행동에서 능히 그 능력을 아는 것이요, 일을 함께하는 오램에서 능히 그 마음을 알게 된다.

• 偕 : 함께 해.

【087】

夫水太淸하면 魚類難活이요 又人至察하면 輩作難偕이라.
부수태청 어류난활 우인지찰 배작난해

대범 물이 너무 맑으면 고기류가 살기 어려운 것이요, 또한 사람이 지극히 살피면 무리 지어 함께하기가 어렵다.

【088】

馬非野草하면 難成肥潤이요 人非常經이면 難活亂世이라.
마비야초 난성비윤 인비상경 난활 난세

말은 들에 풀이 아니면 살쪄 윤택(潤澤)함을 이루기 어려운 것이요, 사람은 떳떳한 도리가 아니면 어지러운 세상을 살기가 어렵다.

- 潤 : 젖을 윤. 윤택할 윤.
- 潤澤 : ①윤기(潤氣) 있는 광택. ②물건이 풍부함. 넉넉함.
- 常經 : ①영구불변(永久不變)의 도리. ②사람으로서 마땅히 지켜야 할 올바른 도리.

【089】

人生之路에 沒有追求하고 缺乏熱情하면 似車無油이라.
인생지로 몰유추구 결핍열정 사차 무유

인생의 길에 추구함이 없고 열정이 결핍이 되면 자동차에 기름이 없는 것과 같다.

- 缺乏 : ①모자람. ②부족함.
- 熱情 : 열렬(熱烈)한 애정.

【090】

> 夫如正氣는 强力洗劑하야 除滌附身의 危險汚物이라.
> 부여정기 강력세제 제척부신 위험오물

대범 바른 기운은 강력한 세정제(洗淨劑)와 같아서 몸에 붙은 위험이나 더러운 물질을 제거하고 씻어낸다.

- 正氣 : ①지공(至公)·지대(至大)·지정(至正)한 천지의 원기(元氣). ②바른 기풍(氣風). ③생명의 원기. 병에 대한 저항력.
- 洗劑=洗淨劑 : ①물에 타서 고체(固體)의 표면에 붙은 물질을 씻어 내는 데 쓰는 물질. 비누 따위. ②세척제(洗滌劑).
- 滌 : 씻을 척.
- 附 : 붙을 부.
- 汚物 : 지저분하고 더러운 물건. 쓰레기.

【091】

> 每日活去가 如昇階梯하나니 一步誤蹈하면 易入那落이라.
> 매일활거 여승계제 일보오답 이입나락

날마다 살아간다는 것이 층계나 사다리를 오르는 것과 같은 것이니 한 발만 잘못 디디면 나락으로 들어가기가 쉽다.

• 階 : 섬돌 계.

• 梯 : 사다리 제.

• 階梯 : ①계단과 사닥다리. ②일이 사닥다리 밟듯이 차차 진행되는 순서. ③벼슬이 차차 올라가는 순서. ④일이 잘 되어 가거나, 어떤 일을 행할 수 있게 된 알맞은 형편이나 좋은 기회.

• 蹹 : 밟을 답.

• 那落 : ①불교(佛敎)에서 지옥을 이르는 말. ②벗어나기 어려운 절망적 상황을 비유하여 이르는 말.

【092】

正路直活(정로직활)을 一旦選定(일단선정)하면 勇敢進去(용감진거)이요 迺勿(내물) 躊躇(주저)이라.

바른길 올곧은 삶을 한번 선정하였으면 용감하게 나아갈 것이요 이에 머뭇거리지 말아야 한다.

• 一旦 : ①한번. ②일조(一朝). ③우선, 잠깐.

• 躊 : 머뭇거릴 주.

• 躇 : 머뭇거릴 저.

• 躊躇 : (어떤 일이나 행동을) 과감하게 또는 적극적으로 하지 못하고 머뭇거리며 망설이는 것.

【093】

大凡人生은 活於斯世에 沒有停站이요 唯有出發이라.
대범인생 활어사세 몰유정참 유유출발

대범 인생은 이 세상을 살아감에 머물고 어정거림이란 없는 것이요, 오직 출발만 있는 것이다.

- 停站 : 서다. 어정거리다.
- 站 : 우두커니 설 참. 역 참.

【094】

若遇順境하면 處之淡然이요 反遇逆境하면 處之泰然이라.
약우순경 처지담연 반우역경 처지태연

만일 순경을 만나면 처하기를 맑게 할 것이요, 반면 역경을 만나면 처하기를 태연하게 해야 한다.

- 順境 : 뜻한 일이 마음먹은 대로 잘 되어 가는 경우, 또는 모든 일이 순조로운 환경.
- 淡然 : 욕심이 없고 깨끗함.
- 逆境 : ①일이 뜻대로 되지 않는 불행한 경우나 환경. ②불운한 처지.
- 泰然 : 기색(氣色)이 아무렇지도 아니하고 그냥 그대로 있는 모양.

【095】

人不妄求하면 自心成安이요 反不妄爲하면 自身成安이라.
(인불망구 자심성안 반불망위 자신성안)

사람이 망령스럽게 구하지 아니하면 자기의 마음이 편안을 이루는 것이요, 반면 망령스럽게 하지 아니하면 자기의 몸이 편안을 이룬다.

【096】

征服世界는 實不偉大이요 能降自己가 最爲偉人이라.
(정복세계 실불위대 능항자기 최위위인)

세계를 정복하는 것은 사실 위대한 것이 아니요, 능히 자기를 항복(降伏)받는 것이 가장 위대한 사람이다.

- 征服 : ①정벌하여 복종시킴. 남의 나라를 쳐서 땅을 빼앗음. ②어려운 일을 겪어 이겨냄.
- 偉 : 훌륭할 위.
- 降伏 : ①전쟁 · 싸움 · 경기 등에서 힘에 눌려서 적에게 굴복함. ②나를 굽히어서 복종함. ③불타(佛陀)의 힘으로 악마(惡魔), 외도들을 진압(鎭壓)함.

【097】

似誹別人은 含血噴人이니 先染己口이요 難汚人身이라.
사비별인 함혈분인 선염기구 난오인신

다른 사람을 비방(誹謗)하는 것은 피를 머금어 사람에게 뿌리는 것과 같은 것이니, 먼저 자기의 입이 물드는 것이요, 남의 몸을 더럽히기는 어렵다.

- 誹謗 : 남을 헐뜯어 말함.
- 噴 : 뿜을 분.
- 染 : 물들일 염.

【098】

人勝禽獸는 懷希望故이요 現理想故이며 見未來故이라.
인승금수 회희망고 현이상고 견미래고

사람이 짐승이나 새보다 수승(殊勝)함은 희망을 품었기 때문이요, 이상을 실현하기 때문이며, 미래를 보기 때문이다.

- 禽獸 : 날짐승과 길짐승이라는 뜻으로, ①즉 모든 짐승을 말함. ②무례(無禮)하고 추잡(醜雜)한 행실을 하는 사람을 빗대어 하는 말.
- 殊勝 : 특별히 뛰어남.
- 希望 : ①앞일에 대하여 기대를 가지고 바람. ②좋은 결과를 기대하는 마음. ③또는 밝은 전망.

• 理想 : ①생각할 수 있는 가장 완전한 상태. ②실현하고자 하는 궁극의 목표.
• 未來 : 아직 오지 않은 때.

【099】

人勝禽獸는 些思慮故이요 些照顧故며 些理解故이라.
(인승금수 사사려고 사조고고 사이해고)

사람이 짐승이나 새보다 수승하다는 것은 조금 더 생각하기 때문이요, 조금 더 배려(配慮=讓步)하기 때문이며, 조금 더 이해하기 때문이다.

• 些 : 적을 사. 조금 사.
• 思慮 : ①여러 가지 일에 관한 깊은 생각과 근심. ②마음속으로 분별함, 또는 그 분별.
• 配慮 : 배려. 보살펴주려고 이리저리 마음을 써 줌.
• 讓步 : ①(남에게 좌석이나 길이나 물건 따위를) 사양하여 물러나는 것. ②자기의 주장을 굽혀 남의 의견을 좇는 것. ③남을 위하여 자신의 이익을 희생하는 것.
• 理解 : ①사리(事理)를 분별하여 해석함. ②깨달아 알아들음.

【100】

飾娟己人은 去歲招醜이요 見人娟眼은 過歲益彩이라.
(식연기인 거세초추 견인연안 과세익채)

자기만을 예쁘게 꾸미는 사람은 세월이 가면 추루(醜陋) 해짐을 부르는 것이요, 남을 예쁘게 보는 눈은 세월이 지나면 더욱 빛이 난다.

• 醜陋 : 추하고 던지러움. 더럽고 지저분함.
• 醜 : 추할 추.

【101】

無怕而怕(무파이파)는 愚癡之人(우치지인)이요 有懼非懼(유구비구)는 尤癡之人(우치지인)이라.

두려울 게 없는데 두려워하는 것은 어리석은 사람이요, 두려울 게 있는데 두려워하지 않는 것은 더욱 어리석은 사람이다.

• 怕 : 두려워할 파.
• 愚癡 : 어리석고 못남. 어리석고 미욱함.
• 懼 : 두려워할 구.

【102】

因地顚者(인지전자)는 因地而起(인지이기)이니 因己造痛(인기조통)하고 因己癒痛(인기유통)이라.

땅으로 인해 넘어진 자는 땅으로 인해 일어나는 것이니, 자기로 인해 아픔을 만들고, 자기로 인해 아픔을 치유(治癒)하게 된다.

• 顚 : 넘어질 전.
• 癒 : 병 나을 유.
• 治癒 : 치료하여 병을 낫게 함.

〔103〕

> 大凡培根(대범배근)하면 枝葉自茂(지엽자무)이요 隨而氣唅(수이기함)하면 身體自健(신체자건)이라.

대범 뿌리를 북돋으면 가지와 잎이 저절로 무성한 것이요, 따라서 기운을 머금으면 몸이 저절로 건강한 것이다.

• 唅 : 머금을 함.

〔104〕

> 出心常淨(출심상정)하고 治躬恒嚴(치궁항엄)하며 爲行常正(위행상정)하고 做事恒公(주사항공)이라.

마음 내기를 항상 맑게 하고 몸 다스리기를 항상 엄하게 하며, 행동하기를 항상 바르게 하고 일하기를 항상 공변되게 해야 한다.

【105】

治躬之人은 常愼行前이요 治事之人은 恒儆始前이라.
치궁지인 상신행전 치사지인 항경시전

몸을 다스리는 사람은 항상 행하기 이전을 삼갈 것이요, 일을 다스리는 사람은 항상 시작하기 이전을 경계해야 한다.

• 儆 : 경계할 경.

【106】

人人知足하면 天下有餘이요 人人知分하면 天下無爭이라.
인인지족 천하유여 인인지분 천하무쟁

사람마다 만족(滿足)할 줄을 알면 천하에 남음이 있는 것이요, 사람마다 지분(知分)할 줄을 알면 천하에 다툼이 없다.

• 滿足 : 마음에 모자람이 없어 흐뭇함.
• 知分 : 자기의 분수(分數)나 본분을 앎.

[107]

莫望令人으로 肯定信任하고 能顧自己하야 守分行度이라.
(막망영인 긍정신임 능고자기 수분행도)

사람으로 하여금 긍정과 신임을 바라지 말고 능히 자기를 돌아보아 본분을 지키고 법도를 행해야 한다.

• 肯定 : ①그렇다고 인정함. ②사물의 일반적 관계를 나타내고 판단의 대상에 적극적 태도를 취함.
• 信任 : 믿고 맡김.

[108]

現在有享－是最好狀이라 不知自足하면 易墜劣人이라.
(현재유향 시최호상 부지자족 이추열인)

현재 누리고 있는 이것이 가장 좋은 상황이라 스스로 만족할 줄을 알지 못한다면 용열한 사람으로 떨어지기가 쉽다.

• 墜 : 떨어질 추.
• 劣 : 용열할 열. 못할 열.

【109】

若有急事하야 要做孰人인대 於人立前하야 我先爲之이라.
(약유급사 요주숙인 어인입전 아선위지)

만일에 급한 일이 있어서 누군가가 해야 한다면 남보다 앞에 서서 내가 먼저 그것을 해야 한다.

【110】

和心與行하고 和我與人하며 和利與義하고 和富與貧이라.
(화심여행 화아여인 화이여의 화부여빈)

마음이 행동으로 더불어 화합하고, 내가 남으로 더불어 화합하며, 이익이 의로 더불어 화합하고, 부유가 가난으로 더불어 화합해야 한다.

【111】

大凡人稟은 等於財物이요 因此奉公은 等於貯蓄이라.
(대범인품 등어재물 인차봉공 등어저축)

대범 인품은 재물과 같은 것이요, 따라서 봉공은 저축과 같은 것이다.

• 人稟 : 사람의 천부(天賦)된 품성.

• 奉公 : ①나라나 사회를 위하여 힘을 바침. ②공직(公職)에 종사함.

〖112〗

與人好係는 心量寬大하고 接人多納하며 衆人懷容이라.
여인호계 심량관대 접인다납 중인회용

사람과 더불어 좋은 관계는 심량이 너그러우며 커야 하고 남을 접하여 많이 받아들이며 뭇 사람을 품고 용서해야 한다.

• 心量 : 오직 마음이 작용하여 대상을 분별하고 차별한다는 뜻.

• 寬大 : 마음이 너그럽고 큼.

〖113〗

人與人間은 疏通第一이요 妥協第一이며 包容第一이라.
인여인간 소통제일 타협제일 포용제일

사람과 사람 사이는 소통이 으뜸이요, 타협이 으뜸이며, 포용이 으뜸이다.

• 疏通 : ①막히지 아니하고 서로 통함. ②뜻이 서로 통함. ③속이 트임. 도리와 조리에 밝음.
• 妥協 : 두 편이 서로 좋도록 양보하여 협의함.
• 包容 : ①휩싸서 들임. ②도량(度量)이 넓어서 남의 잘못을 이해하여 싸 덮어 줌.

〖114〗

> 世上夢幻(세상몽환)이요 亦如苦海(역여고해)이나 入者自身(입자자신)이요 脫者自己(탈자자기)이라.

세상이 꿈이며 허깨비요 또한 괴로운 바다와 같다고 하지만, 들어가는 사람도 자신이요 벗어나는 자도 자기이다.

• 夢幻 : ①(꿈과 환상이라는 뜻으로) 허황한 생각을 뜻하는 말. ②이 세상의 일체의 사물이 덧없음을 비유한 말.
• 苦海 : 고통의 세계라는 뜻으로, 괴로움이 끝이 없는 인간 세상을 이르는 말.

〖115〗

> 榮譽到時(영예도시)에 要檢己心(요검기심)이니 否我慢高(부아만고)하야 對人下視(대인하시)이라.

영예가 이를 때에는 자기의 마음을 점검하는 것이 중요하나니, 아니하면 아만이 높아져서 사람을 대해 얕잡아 보게 된다.

- 榮譽 : 빛나는 명예(名譽).
- 檢 : 검사할 검. 단속할 검.
- 我慢 : ①네 번뇌(煩惱)의 하나. 자기를 자랑하고 남을 업신여기는 번뇌. ②사만의 하나. 아와 아소가 있다고 집착(執着)하는 마음이 큰 것.
- 下視 : ①(남을) 얕잡아 낮추어 봄. 멸시함. ②아래를 봄.

〔116〕

> 夫人生中(부인생중)에 一時經驗(일시경험)은 都做前進(도주전진)하는 正勁撑石(정경탱석)이라.

대범 사람이 사는 가운데 한때의 경험은 모두가 앞으로 나아가는 바르고 굳센 버팀 돌이 된다.

- 經驗 : ①실제로 보고 듣고 겪은 일. ②감관(感官)을 통하여 얻은 지각(知覺), 또는 그 지각으로 결합된 지식.
- 勁 : 굳셀 경.
- 撑 : 버틸 탱.

〔117〕

> 夫人生中(부인생중)에 一次成敗(일차성패)는 都做未來(도주미래)의 明光照鏡(명광조경)이라.

대범 사람이 살아가는 가운데 일차의 이루고 실패하는 것은 미래를 밝은 빛으로 비춰주는 거울이 된다.

• 成敗 : 성공과 실패.

[118]

對於衆人하야 些無所侵이니 若侵別人하면 後受棄人이라.
대어중인 사무소침 약침별인 후수기인

여러 사람을 대하여 조금이라도 침해(侵害)하는 바가 없을지니, 만일 다른 사람을 침해하면 뒤에는 사람들에게 버림을 받게 된다.

• 侵害 : 불법적으로 남을 해침.

[119]

有責負責이요 不爲人諉이니 若推責任하면 難獲信人이라.
유책부책 불위인위 약추책임 난획신인

책임이 있으면 책임을 질 것이요 남을 핑계해서는 안 될 것이니, 만일 책임을 (다른 사람에게) 미룬다면 사람에게 믿음을 얻기가 어렵다.

• 負責 : 스스로 책임을 지는 것.

〔120〕

不尊自己하면 易邂所蔑이요 不畏自己하면 易遇所輕이라.
부존자기 이해소멸 불외자기 이우소경

자기를 존중하지 아니하면 업신여기는 바를 만나기가 쉬운 것이요, 자기를 두려워하지 아니하면 가벼운 바를 만나기가 쉽다.

• 邂 : 만날 해.
• 蔑 : 업신여길 멸.

〔121〕

豁達之人은 其氣博大이요 放蕩之人은 其氣散小이라.
활달지인 기기박대 방탕지인 기기산소

활달한 사람은 그 기운이 넓고 큰 것이요, 방탕하는 사람은 그 기운이 흩어지고 작다.

• 豁 : 뚫린 골 활. 통할 활.
• 豁達 : ①(작은 일에 거리끼지 않고) 도량(度量)이 너그럽고 큼. 광달(曠達). ② 활발하고 의젓함. ③ 시원스럽게 탁 트임.

• 放蕩 : ①주색잡기(酒色雜技)에 빠져서 행실이 좋지 못한 것. ②(마음이) 들떠 걷잡을 수 없는 것.

〖122〗

莫謂我身이 比他人好하라 有人比我가 實尤多好이라.
막위아신 비타인호 유인비아 실우다호

내 몸이 다른 사람에 비하여 좋다고 이르지 말라, 사람이 나에 비하여 실로 더 많은 좋음이 있는 것이다.

〖123〗

自我反省은 進步之路이요 自我侮賤은 墮落之程이라.
자아반성 진보지로 자아모천 타락지정

자아를 돌이켜 살피는 것은 진보하는 길이요, 자아를 업신여기고 천하게 하는 것은 타락하는 길이다.

• 自我 : 자기 자신에 대한 의식이나 관념(觀念).
• 進步 : ①더욱 발달함. ②차차 더 좋게 되어 나아감.
• 墮 : 떨어질 타.
• 墮落 : ①품행이 나빠서 못된 구렁에 빠짐. ②도심(道心)을 잃고 속심(俗心)으로 떨어짐. ③죄(罪)를 범하여 불신(不信)의 생활에 빠짐.

〔124〕

不知原己는 人之大陷이요 不知明理는 人之大癡이라.
부지원기 인지대함 부지명리 인지대치

원래 자기를 알지 못하는 것은 사람의 큰 결함(缺陷)이요, 밝은 이치를 알지 못하는 것은 사람의 큰 어리석음이다.

• 陷 : 빠질 함.
• 缺陷 : 흠이 있어 완전하지 못함.

〔125〕

對人之路에 少一點瞋하고 多一點忍하면 其德日增이라.
대인지로 소일점진 다일점인 기덕일증

사람을 대하는 길에 한 점 성냄을 적게 하고 한 점 참음을 많이 한다면 그 덕이 날로 증장(增長)하게 된다.

• 瞋 : 성낼 진. 부릅뜰 진.
• 增長 : 힘을 도와 전보다 더 잘하게 함.

〔126〕

自重之人은 自己心身을 不弄隨便하야 不取做辱이라.
(자중지인 자기심신 불롱수편 불취주욕)

자중하는 사람은 자기의 마음과 몸을 함부로 놀리지 아니하여 욕이 되는 것을 취하지 않는다.

- 弄 : 희롱할 롱.
- 自重 : 자기의 말과 행동을 신중하게 함.
- 隨便 : ①마음대로. ②자유로이. ③함부로.

〔127〕

當勝能負하면 是眞勝人이요 當負强勝하면 迺眞負人이라.
(당승능부 시진승인 당부강승 내진부인)

당연히 이기는데 능히 져주면 이것이 참으로 이기는 사람이요, 당연히 지는데 억지로 이기면 이것이 참으로 지는 사람이다.

【128】

人間之路는 在於自律이요 在於自由이며 在於自在이라.
인간지로 재어자율 재어자유 재어자재

인간의 길은 자율에 있는 것이요, 자유에 있는 것이며, 자재에 있는 것이다.

- 自律 : ①스스로 자기의 방종을 억제함. ②실천 이성이 스스로 보편적 도덕법(道德法)을 세워 이에 따르는 일. 이성 이외의 외적 권위나 초자연적(超自然的) 욕망에는 구속되지 않음.
- 自由 : ①남의 구속을 받지 않고, 자기 마음대로 함. ②자기가 뜻하는 대로 함. 마음 내키는 대로 함. ③법률의 범위 안에서 마음대로 하는 행위. 권리, 의무를 가지는 일. ④소극적으로는 외계의 구속으로부터 독립하고, 적극적으로는 자기의 본성을 좇음.
- 自在 : ①자유자재의 준말. ②제 스스로 존재함. ③구속과 방해가 없음. ④나아가고 물러감에 아무런 장애가 없고, 번뇌의 속박에서 벗어나 걸리고 막힘이 없이 통달 자재하는 것.

【129】

在人眞價는 淸明眞理하고 覺得眞理하며 施行眞理이라.
재인진가 청명진리 각득진리 시행진리

사람의 참된 값어치는 진리를 맑히고 밝히며, 진리를 깨닫고 얻으며, 진리를 베풀고 실행하는데 있다.

• 眞價 : 참된 값어치.

【130】

大凡人生의 最大之長은 不在別人이요 唯在自己이라.
대범인생 최대지장 부재별인 유재자기

대범 인생의 가장 큰 장점은 다른 사람에게 있는 것이 아니요, 오직 자기에게 있다.

【131】

大凡人生의 最大勝利는 不在勝敵이요 唯在剋己이라.
대범인생 최대승리 부재승적 유재극기

대범 인생 가장 큰 승리는 적(相對)을 이기는데 있는 것이 아니요, 오직 자기를 이기는데 있다.

【132】

實用有用－比於理論이요 實行有力－比於空談
실용유용 비어이론 실행유력 비어공담
이라.

실제의 소용은 쓸모가 이론보다는 있는 것이요, 실제의 행동은 힘이 쓸데없는 말보다는 있는 것이다.

• 實用 : ①실제로 소용됨. ②실제로 이용 또는 사용함.
• 空談 : 쓸데없거나 실행이 불가능한 헛된 이야기.

【133】

夫若欲遮－他人之眼인대 確實莫好－自己愼行
부약욕차 타인지안 확실막호 자기신행
이라.

대범 만일에 다른 사람의 눈을 가리고자 할진대, 정말로 자기가 행하는 것을 삼가는 것보다 더 좋은 것이 없다.

【134】

功名富貴는 人世虛影이요 胸襟浩大가 人生眞
공명부귀 인세허영 흉금호대 인생진
面이라.
면

공명과 부귀는 인간 세상의 헛된 그림자이요, 흉금이 넓고 큰 것이 인생의 참된 면목이다.

- 虛影 : 헛된 그림자.
- 胸襟 : 가슴속에 품은 생각.
- 襟 : 옷깃 금.
- 眞面目 : 사물이나 사람이 본래 가지고 있는 훌륭하거나 좋은 점으로서의 진짜 모습. 참모습.

【135】

凡知謙退는 保身好法이요 隨而虛傲는 憚身難安이라.
범지겸퇴 보신호법 수이허오 탄신난안

대범 겸손하고 물러날 줄을 아는 것은 몸을 보전하는 좋은 방법이요, 따라서 허황(虛荒)하고 거만(倨慢)한 것은 자신을 (대중이) 꺼려하여 편안하기가 어렵다.

- 謙退 : 겸손히 사양하고 물러남.
- 虛荒 : ①사람됨이 들떠서 황당함. ②헛되고 미덥지 못함.
- 倨慢 : 젠체하는 건방진 태도.

【136】

於此世上에 無小人物이라 能發大心하면 是大人物이라.
어차세상 무소인물 능발대심 시대인물

이 세상에 작은 인물은 없는 것이라, 능히 크게 마음을 발하면 이것이 큰 인물이다.

【137】

以誠對人하고 以實對人하면 人受感化하야 前路被助이라.
이성대인 이실대인 인수감화 전로피조

정성으로써 사람을 대하고 진실로써 사람을 대하면, 사람들이 감화를 받아서 앞길에 도움을 입게 된다.

• 感化 : 남의 마음을 감동하게 하여 착하게 만들다. 다른 사물의 영향을 받아 마음이 변함.

【138】

人授利益하면 我受倍益이요 人遺損害하면 我被幾損이라.
인수이익 아수배익 인유손해 아피기손

사람에게 이익을 주면 나는 곱 배의 이익을 받을 것이요, 사람에게 손해를 끼치면 나는 몇 배의 손해를 입게 된다.

• 倍 : 곱 배.

【139】

> 人生之世에 處己何位라도 事上臨下를 唯誠爲主이라.
> 인생지세 처기하위 사상임하 유성위주

사람의 세상에서 자기가 어느 위치에 처하더라도 위를 섬기고, 아래에 다다르기를 오직 정성으로써 주체를 삼아야 한다.

【140】

> 樂觀之人은 自己比下하야 有所足餘하면 知爲慶幸이라.
> 낙관지인 자기비하 유소족여 지위경행

낙관적인 사람은 자기를 아래에 견주어 넉넉하고 남는 바가 있으면 경사와 다행으로 삼을 줄을 안다.

• 樂觀 : ①인생을 즐겁게 여기거나 세상을 밝고 좋게 생각함. ②일이 잘 되어 갈 것으로 봄.

• 慶幸 : 경사스럽고 다행한 일.

〖141〗

悲觀之人은 自己比上하야 有所不足하면 乃爲
비관지인 자기비상 유소부족 내위

遺憾이라.
유감

비관적인 사람은 자기를 위에 견주어 넉넉하지 못한 바가 있으면 이에 유감으로 삼는다.

• 悲觀 : 인생을 슬프게 보거나 세상을 어둡고 쓸쓸하게 생각함. 일이 잘 안될 것으로 봄.
• 遺憾 : ①마음에 남는 섭섭함. ②생각한 대로 되지 않아 아쉽거나 한스러운 것. ③언짢게 여기는 마음.
• 遺 : 끼칠 유.
• 憾 : 한할 감. 서운함. 섭섭함.

〖142〗

凡眼欲看이니 別邪與正이요 又耳欲聽이니 分是
범안욕간 별사여정 우이욕청 분시

與非이라.
여비

대범 눈은 보고자 하는 것이니 샷됨과 바름을 분별할 것이요, 또한 귀는 듣고자 하는 것이니 옳음과 그름을 구분해야 한다.

• 邪正 : ①그릇됨과 올바름. ②간사(奸邪)함과 올바름.

• 是非 : ①시(是)와 비(非). 잘잘못. ②옳으니 그르니 하는 말다툼.

〔143〕

> 鄙劣之人은 能蹹他人의 殘害之事하야 完成自
> 비 열 지 인　능 답 타 인　잔 해 지 사　완 성 자
>
> 利이라.
> 리

비열한 사람은 능히 다른 사람의 잔악하고 해로운 처지를 밟고 자기의 이익을 성취시킨다.

• 鄙劣=卑劣 : ①성품이나 하는 짓이 천하고 용렬(庸劣)함. ②사람 됨됨이가 못나고 어리석으며 지저분함.

• 殘害=殘人害物 : 사람에게 인정이 없이 아주 모질게 굴고 물건을 해침.

〔144〕

> 讚己毁他하면 必遭反感이요 謙己崇人하면 必得
> 찬 기 훼 타　필 조 반 감　겸 기 숭 인　필 득
>
> 和諧이라.
> 화 해

자기를 칭찬하고 남을 헐면 반드시 반감을 만나게 되는 것이요, 자기를 겸손히 하고 남을 높이면 반드시 화해를 얻게 된다.

• 反感 : 반대하거나 반항하는 감정.

• 和諧=和合 : 화목하게 어울림.

• 諧 : 화할 해.

〖145〗

大凡活世에 益友結交이니 如近朱赤하야 終做好人이라.
대범활세 익우결교 여근주적 종주호인

대범 세상을 살아감에 유익한 벗을 맺고 사귀어야 하나니, 붉음을 가까이 하면 붉어지는 것과 같아서 마침내 좋은 사람이 되어진다.

• 近朱者赤 : 붉은빛에 가까이 하면 반드시 붉게 된다는 뜻으로, 주위 환경이 중요하다는 것을 이르는 말.

〖146〗

明道導人이요 施惠行善이며 修心銷業이요 逮愛和世이라.
명도도인 시혜행선 수심소업 체애화세

도를 밝히는 것은 사람을 인도하자는 것이요, 은혜를 베푸는 것은 선을 행하자는 것이며, 마음을 닦는 것은 업장을 녹이자는 것이요, 사랑을 미치는 것은 세상을 평화롭게 하자는 것이다.

• 銷 : 녹일 수.
• 逮 : 미칠 체.

〖147〗

見人之長이거든 普揚社會하고 能效其長하며 勿
견 인 지 장 보 양 사 회 능 효 기 장 물

忘其長이라.
망 기 장

사람의 장점(長點)을 보았거든 널리 사회에 드러내고 능히 그 장점을 본받으며 그 장점을 잊어버리지 않아야 한다.

• 長點 : ① 좋은 점. 보다 뛰어난 점. ② 특히 잘하는 점.

〖148〗

他人不欲이거든 迺勿强施이요 他人不事거든 乃
타 인 불 욕 내 물 강 시 타 인 불 사 내

勿强使이라.
물 강 사

다른 사람이 하고자 아니하거든 이에 억지로 베풀지 말 것이요, 다른 사람이 일하고자 아니하거든 이에 억지로 부리지 말라.

【149】

迷途知返(미도지반)하면 不流邪辟(불류사벽)이요 錯行知改(착행지개)하면 前程直開(전정직개)이라.

미혹한 길에 돌이킬 줄을 알면 사벽에 흐르지 아니할 것이요, 그릇된 행위를 고칠 줄을 안다면 앞길이 곧게 열린다.

• 邪辟 : (마음이) 사사(邪邪)스럽고 편벽(偏僻)함.
• 辟 : 허물 벽.

【150】

夫勝人者(부승인자)는 但有力故(단유력고)이니 能勝自己(능승자기)라야 其力尤强(기력우강)이라.

대범 사람을 이기는 자는 다만 힘이 있기 때문이니, 능히 자기를 이겨야 그 힘이 더욱 강한 것이다.

【151】

人不修身(인불수신)하고 求名於世(구명어세)는 猶不長罐(유부장관)으로 欲汲深泉(욕급심천)이라.

사람이 몸(마음)을 닦지 아니하고 명성을 세상에 구하는 것은, 길지 않은 두레박으로 깊은 샘물을 기르고자 하는 것과 같다.

• 罐 : 두레박 관.
• 汲 : 물 길을 급.

【152】

夫勿要人一適應自己하고 迺恐自己一不應別人이라.
부 물 요 인 적 응 자 기 내 공 자 기 불 응 별 인

대범 남이 자기에게 적응하기를 요구하지 말고, 이에 자기가 다른 사람에게 적응하지 못할까 저어해야 한다.

【153】

人字易寫이나 實爲人難이라 然心修瀞하면 亦不所難이라.
인 자 역 사 실 위 인 난 연 심 수 정 역 불 소 난

"사람 인"자를 쓰기는 쉽지만 사실 사람이 되기는 어려운 것이라, 그러나 마음을 닦고 맑히면 또한 어려운 바도 아니다.

• 寫 : 베낄 사.

[154]

人心變怪는 內有自己이요 實非在外의 與件契機이라.
(인심변괴 내유자기 실비재외 여건계기)

사람의 마음이 이상야릇한 것은 안으로 자기에게 있는 것이요, 사실 밖의 여건이나 계기에 있는 것은 아니다.

- 變怪 : ①이상야릇한 재변(災變). ②마땅한 도리에 벗어난 못된 짓.
- 契 : 맺을 계.
- 契機 : 일이 일어나거나 결정되는 근거.

[155]

人怕二氣이니 邪氣傲氣이요 人需二心이니 誠心虛心이라.
(인파이기 사기오기 인수이심 성심허심)

사람은 두 기운을 두려워할지니 사사로운 기운과 거만한 기운이요, 사람은 두 마음을 수용할지니 정성의 마음과 텅 빈 마음이다.

- 邪氣 : ①요망스럽고 간악한 기운. ②병이 나게 하는 나쁜 기(氣).
- 傲 : 거만할 오.
- 傲氣 : ①힘은 모자라면서도 남에게 지기 싫어하는 마음. ②오만(傲慢)스러운 기운.

• 需 : 구할 수.
• 誠心 : ①정성어린 마음. ②성실(誠實)한 마음. ③참된 마음.
• 虛心 : 마음속에 아무 망상(妄想)이 없음.

【156】

不自私敷하면 身心淨化이요 不望求得하면 知足人生이라.
부자사부 신심정화 불망구득 지족 인생

스스로 사사를 펼치지 아니하면 몸과 마음이 정화가 된 것이요, 구하고 얻어지기를 바라지 아니하면 만족을 아는 사람의 삶이다.

• 敷 : 펼 부.
• 淨化 : 깨끗하게 함.

【157】

勿患人們－不重自己이요 應患我先－不重別人이라.
물환인문 부중자기 응환아선 부중별인

남들이 자기를 중히 여기지 않음을 걱정하지 말 것이요, 응당 내가 먼저 다른 사람을 중히 여기지 못했음을 근심해야 한다.

• 們 : 들 문. 무리.

【158】

知己直己는 立身要道이요 容他扶他는 接人要方이라.
지기직기 입신요도 용타부타 접인요방

자기를 알아서 자기를 곧게 하는 것은 몸을 세우는 요긴한 길이요, 남을 포용하고 남을 붙잡아줌은 사람을 접하는 요긴한 방법이다.

• 要道 : ①요긴한 길. ②중요한 길.

【159】

迷人之癡는 不知其緖이요 不知其行이며 不知其果이라.
미인지치 부지기서 부지기행 부지기과

미혹한 사람의 어리석음은 그 실마리를 알지 못하는 것이요, 그 행함을 알지 못하는 것이며, 그 결과를 알지 못하는 것이다.

• 緖 : 실마리 서.

【160】

木經雨曬라야 能長喬樹이요 人經難痛이라야 能成剛稟이라.
목경우쇄 능장교수 인경난통 능성강품

나무는 비 오고 햇볕 쬠을 지내야 능히 높은 나무로 자라나는 것이요, 사람은 어렵고 아픔을 지내야 능히 굳센 품성을 이루게 된다.

• 曬 : 쬘 쇄.
• 喬 : 높을 교.

【161】

察己之人은 不犯小非이요 侮人之者는 難受小歡이라.
찰기지인 불범소비 모인지자 난수소환

자기를 살피는 사람은 작은 그름을 범하지 않는 것이요, 남을 업신여기는 사람은 작은 환영도 받기가 어렵다.

〔162〕

用人莫求-一人多能하고 但只選取-其人之能이라.
용인막구 일인다능 단지선취 기인지능

사람을 쓰는데 한 사람에게서 많은 능력을 구하지 말고, 다만 그 사람의 능력만을 가려서 취해야 한다.

〔163〕

大凡整路라도 人過埃起이요 因此直木이라도 墨線曲顯이라.
대범정로 인과애기 인차직목 묵선곡현

대범 정리된 길이라도 사람이 지나가면 먼지가 일어나는 것이요, 따라서 곧은 나무라도 먹줄을 놓으면 구부러짐이 드러난다.

• 埃 : 티끌 애. 먼지 애.
• 墨 : 먹 묵.

【164】

鳥也無翼하고 魚也無鰭하며 人也無足하면 難行寸尺이라.
조야무익 어야무기 인야무족 난행촌척

새가 날개가 없고, 고기가 지느러미가 없으며, 사람이 발이 없다면 한 치 한 자도 가기가 어렵다.

- 翼 : 날개 익.
- 鰭 : 지느러미 기.

【165】

大凡多聞은 不如多見이요 亦是多言은 不如多行이라.
대범다문 불여다견 역시다언 불여다행

대범 많이 듣는 것은 많이 보는 것만 같지 못한 것이요, 또한 많이 말하는 것은 많이 실행하는 것만 같지 못하다.

【166】

人不治身거든 莫望稱譽는 亦不修心거든 莫望賢聖이라.
인불치신 막망칭예 역불수심 막망현성

사람이 몸을 다스리지 아니하거든 칭송과 명예를 바라지 말 것이요, 또한 마음을 닦지 아니하거든 어진 이와 성인을 바라지 말라.

• 稱譽 : (사람이 다른 사람을) 좋은 일을 한다거나 했다고, 또는 어떤 일을 잘 한다거나 했다고 말하거나 높이 평가하는 것. 또는 (사람이 다른 사람의 행동이나 특성, 또는 이룬 일을) 좋거나 훌륭하다고 말하거나 높이 평가하는 것.

【167】

人生路上에 外飾虛僞는 於人於己에 無益有害이라.
인생로상 외식허위 어인어기 무익유해

인생의 길 위에 밖으로 헛되고 거짓으로 꾸미는 것은 남이나 자기에게 이익은 없고 해로움만 있다.

• 飾 : 꾸밀 식.
• 僞 : 거짓 위.

【168】

人生之路에 誠勤眞實은 爲人爲己에 多有補幇
인생지로 성근진실 위인위기 다유보방

이라.

인생의 길에 정성스럽고 부지런하고 참되고 실다움은 남을 위하고 자기를 위함에 많은 기움과 도움이 있다.

• 幇 : 도울 방.

【169】

若閉自心하면 難容事物이요 不制自行하면 難免
약폐자심 난용사물 부제자행 난면

放恣이라.
방자

만일 자기 마음을 닫으면 사물을 용납하기 어려울 것이요, 또한 자기 행동을 통제하지 아니하면 방자함을 면하기 어렵다.

• 放恣 : 어려워하거나 삼가는 태도가 없이 건방짐.

• 恣 : 방자할 자.

【170】

大凡人也－擧手動足에 無益於人이거든 寧捲勿爲이라.
대범인야 거수동족 무익어인 영권물위

대범 사람이 손을 들고 발을 움직임에 사람에게 이익됨이 없거든 차라리 거두어서 하지 말라.

• 捲 : 거둘 권. 말 권.

【171】

寧可自己가 原諒他人이언정 莫望他人이 原諒自己이라.
영가자기 원량타인 막망타인 원량자기

차라리 가히 자기가 다른 사람을 용서할지언정 다른 사람이 자기를 용서해주기를 바라지 말라.

• 原諒 : 용서(容恕)의 뜻으로, 편지 등에 쓰는 말.
• 諒 : 믿을 량(양).

【172】

每事求人하면 難得成功이요 反求自己하면 容易成就이라.
매사구인 난득성공 반구자기 용이 성취

번번이 일을 사람에게 구하면 성공을 얻기가 어려운 것이요, 돌이켜 자기에게 구하면 성취하기가 용이하다.

• 容易 : 아주 쉬움.

【173】

夫知己者는 亦能知彼이요 不知己者는 亦不知彼이라.
부지기자 역능지피 부지기자 역부지 피

대범 자기를 아는 자는 또한 능히 저편도 아는 것이요, 자기를 알지 못하는 자는 또한 저편도 알지 못한다.

【174】

於世最要는 有諸角度이나 對於自己하야 徹底瞭解이라.
어세최요 유제각도 대어자기 철저 료해

세상에서 가장 중요한 것은 여러 각도가 있겠지만 자기에 대하여 철저히 밝게 아는 것이다.

• 角度 : ①각의 크기. ②일이 전개되는 방면이나 면모, 관점(觀點), 방면.
• 瞭 : 밝을 료(요).

〔175〕

人生如雪하야 人爐無迹이요 人生如風하야 時吹無留이라.
인생여설 입로무적 인생여풍 시취무유

인생이란 눈과 같아서 화로에 들어가면 자취가 없는 것이요, 인생이란 바람과 같아서 때에 불어서 머묾이 없는 것이다.

• 爐 : 화로 로(노).

〔176〕

耳不亂聽하면 自成聰耳이요 眼不亂看하면 自成明眼이라.
이불난청 자성총이 안불난간 자성명안

귀로 어지러움을 듣지 아니하면 저절로 밝은 귀를 이루는 것이요, 눈으로 어지러움을 보지 아니하면 저절로 밝은 눈을 이룬다.

[177]

喜樂人活은 不在山海－珍味之嘗이요 在今淸和이라.
희락인활 부재산해 진미지상 재금청 화

기쁘고 즐거운 사람의 삶은 산해와 진미를 맛보는데 있는 것이 아니요, 지금 청아(淸雅)하고 화해(和諧)로움에 있는 것이다.

• 山海珍味 : 산과 바다의 산물(產物)을 다 갖추어 아주 잘 차린 진귀한 음식이란 뜻으로, 온갖 귀한 재료로 만든 맛. 좋은 음식.
• 淸雅 : 맑고 아름다움.
• 和諧 : 화목함.

[178]

喜樂人活은 不在遼遠－未來之計이요 在今安分이라.
희락인활 부재요원 미래지계 재금안 분

기쁘고 즐거운 사람의 삶은 요원한 미래의 계획에 있는 것이 아니요, 지금 분수에 편안함에 있다.

• 遼 : 멀 요.
• 安分 : 편안한 마음으로 제 분수를 지킴.

【179】

安分守己하면 諸禍自遠이요 始終如一하면 群功自成이라.
안분수기 제화자원 시종여일 군공자성

분수에 편안하여 자기를 지키면 모든 재앙이 저절로 멀어지는 것이요, 시작과 끝이 한결 같으면 여러 공이 저절로 이루어진다.

• 始終如一 : 처음이나 나중이 한결같아서 변함없음.

【180】

爲己很易이나 爲人實難이요 處華很易이나 處閑實難이라.
위기흔이 위인실난 처화흔이 처한실난

자기를 위하기는 매우 쉬우나 사람을 위하기는 사실 어려운 것이요, 화려함에 처하기는 매우 쉬우나 한가로움에 처하기는 사실 어렵다.

〔181〕

有用之人은 不難何事이요 無用之人은 有難己事이라.
유용지인 불난하사 무용지인 유난기사

쓸모가 있는 사람은 무슨 일이라도 어렵지 아니한 것이요, 쓸모가 없는 사람은 자기 일도 어려움이 있다.

〔182〕

不要對己하야 好與不好이요 重要別人을 好與不好이라.
불요대기 호여불호 중요별인 호여불호

자기(자신)를 대해 좋아하는 것과 좋아하지 않음이 중요한 것이 아니요, 다른 사람을 좋아하였는가 좋아하지 않았는가가 중요한 것이다.

〔183〕

不要對己하야 親與不親이요 重要別人에 親與不親이라.
불요대기 친여불친 중요별인 친여불친

자기(자신)를 대해 친절한 것과 친절하지 않음이 중요한 것이 아니요, 다른 사람에게 친절하였는가 친절하지 않았는가가 중요한 것이다.

〔184〕

大凡人者는 不活過去와 兼併未來이요 活於現在이라.
대범인자 불활과거 겸병미래 활어현재

대범 사람은 과거와 아울러 미래를 사는 것이 아니요, 현재에 사는 것이다.

〔185〕

大凡驕傲는 使人落後이요 因此謙虛는 使人進前이라.
대범교오 사인낙후 인차겸허 사인진전

대범 교만하고 거만한 것은 사람으로 하여금 뒤로 떨어지게 하는 것이요, 따라서 겸허함은 사람으로 하여금 앞으로 나아가게 한다.

- 驕 : 교만할 교.
- 傲 : 거만할 오.
- 驕傲 : ①젠체하여 남을 업신여길 만큼 건방짐. ②칠죄종(七罪宗)의 한 가지.

• 謙虛 : 스스로 자신을 낮추고 비우는 태도가 있음.

【186】

大凡人也－活於斯世에 寧爲碎玉이언정 不爲全瓦이라.
대범인야 활어사세 영위쇄옥 불위전와

대범 사람이 이 세상에 살면서 차라리 부스러진 옥은 될지언정 온전한 기와는 되지 않아야 한다.

• 碎 : 부술 쇄.

【187】

飮水之時에 常思其源이요 乾飯之際에 恒念其農이라.
음수지시 상사기원 흘반지제 항념기농

물을 마실 때에 항상 그 근원을 생각할 것이요, 밥을 먹을 즈음에 항상 그 농사꾼을 생각해야 한다.

• 乾 : 배부르게 먹을 흘.

【188】

大凡自己가 輕視自己하면 隨而別人은 實草芥對이라.
대범자기 경시자기 수이별인 실초개대

대범 자기가 자기를 가볍게 본다면, 따라서 다른 사람은 참으로 하찮게 대하게 된다.

• 草芥 : 풀과 티끌이라는 뜻으로, 하찮은 사물을 이르는 말.
• 芥 : 겨자 개.

【189】

世事顚倒는 成功之資이요 勢權浮沉은 立身之準이라.
세사전도 성공지자 세권부침 입신지준

세상일이 넘어지고 거꾸러짐은 성공하는 자뢰(資賴)가 되는 것이요, 세력과 권력이 뜨고 가라앉음은 몸을 세우는 기준이 된다.

• 顚倒 : ①엎어져서 넘어짐. ②위와 아래를 바꾸어서 거꾸로 함.
• 勢權 : 세력(勢力)과 권력(權力).
• 浮沈 : ①위에 떠올랐다 잠겼다 함. ②시세(時勢)나 세력(勢力) 등의 현상이 성(盛)하였다 쇠하였다 함. ③편지가 받아 볼 사람에게 이르지 못하고 도중에서 없어짐.
• 資賴 : 밑천으로 삼음.

【190】

謙退之行이 保身善法이요 安詳之路가 處事善法이라.
(겸퇴지행 보신선법 안상지로 처사선법)

겸손하고 물러나는 행동이 몸을 보존하는 최선의 방법이요, 찬찬하고 자세한 길이 일을 처리하는 최선의 방법이다.

- 謙退 : 겸손히 사양하고 물러남.
- 安詳 : 성질이 찬찬하고 자세함.

【191】

涵容之行은 對人實法이요 恬澹之路는 養心實法이라.
(함용지행 대인실법 념담지로 양심실법)

두루 포용하는 행동은 사람을 대하는 실다운 방법이요, 또한 조용하고 담담함은 마음을 기르는 실다운 방법이다.

- 涵 : 젖을 함.
- 涵容 : ①너그럽게 용서하다. ②관용하다. ③포용하다.
- 恬 : 편안할 념(염).
- 澹 : 담박할 담.

【192】

欲知度量인대 觀喜怒時이요 欲知鎭定인대 觀震驚時이라.
욕 지 도 량 관 희 로 시 욕 지 진 정 관 진 경 시

도량을 알고자 할진대 기쁘고 성낼 때를 볼 것이요, 진정을 알고자 할진대 두렵고 놀랄 때를 보아야 한다.

- 度量 : ①너그러운 마음과 깊은 생각. ②일을 알고 잘 다루는 품성. ③도(度)와 양(量), 곧 길이와 용적(容積). 길이를 재는 자와 양을 재는 되.
- 喜怒 : 기쁨과 노여움.
- 鎭定 : 반대 세력이나 기세를 강압적인 힘으로 억눌러 편안하게 함.
- 震 : 벼락 진.
- 震驚 : 떨며 놀람.

【193】

人生之路에 何重何輕하며 何貴何賤하며 何辱何榮이리요.
인 생 지 로 하 중 하 경 하 귀 하 천 하 욕 하 영

사람이 살아가는 길에 무엇이 무겁고 무엇이 가벼우며, 무엇이 귀하고 무엇이 천하며, 무엇이 욕되고 무엇이 영화로운 것이리요?

〔194〕

無垢眞人은 害也不及하고 邪也不及하며 妄也不及이라.
무구진인 해야불급 사야불급 망야불급

티끌이 없는 참사람은 해독이 미치지 아니하고, 삿됨이 미치지 아니하며, 망령이 미치지 아니한다.

- 無垢 : ①유마(維摩). ②잡물(雜物)이 섞이지 않고 순수함. ③마음이나 몸이 깨끗함. ④꾸밈새 없이 자연 그대로 순후(醇厚)함. ⑤죄가 없음.
- 眞人 : 깊은 진의(眞義)를 닦은 사람.

〔195〕

大凡能忍-人不可忍이요 亦是能行-人不可行이라.
대범능인 인불가인 역시능행 인불가행

대범 능히 사람이 가히 참지 못하는 것을 참을 것이요, 또한 능히 가히 행하지 못하는 것을 행해야 한다.

〔196〕

人活備道하면 雖深山谷과 草衣木實이라도 晏然自得이라.
인활비도 수심산곡 초의목실 안연자득

사람이 도를 갖추면 깊은 산의 계곡과, 풀로 만든 옷과, 나무의 열매로 살아갈지라도 편안하고 자득하게 된다.

• 晏 : 늦을 안.
• 晏然 : 마음이 편안하고 침착한 모양.
• 自得 : ①스스로 터득함. ②스스로 만족함. ③스스로 뽐내어 우쭐거림. ④자기가 자기의 한 일에 대하여 갚음을 받는 일.

〖197〗

迷人難脫(미인난탈)-自己之身(자기지신)과 自己之意(자기지의)와 自己之知(자기지지)이라.

미혹한 사람은 자기의 몸과, 자기의 의식(意識)과, 자기의 알음알이를 벗어나기가 어렵다.

• 意識 : ①(어떤 일 · 현상 · 대상 등을) 생각이 미치어 대상으로서 알거나 깨닫거나 느끼는 것. ②(어떤 대상을) 특별히 두드러지게 느끼거나 마음에 두는 것. ③사람이 깨어 있을 때 자기 자신이나 사물에 대해 알거나 깨닫거나 느끼게 되는 정신의 상태나 작용. ④개인 · 집단 · 민족 등이 사회 · 역사 속에서 생활하거나 생존하는 동안에 형성되는 사물에 대한 견해나 사상이나 감정. ⑤육식(六識), 또는 팔식(八識)의 하나. 분별하여 생각하는 마음. ⑥(어떤 일 · 현상 · 대상 등을) 생각이 미치어 대상으로서 알거나 깨닫거나 느낌. ⑦(어떤 대상을) 특별히 두드러지게 느끼거나 마음에 둠.

【198】

名顯身卑이요 功成身退하며 施德身隱이요 得利身謙이라.
(명현신비 공성신퇴 시덕신은 득리신겸)

명성(名聲)이 드러나면 몸(마음)을 낮출 것이요, 공을 이뤘으면 몸(마음)이 물러날 것이며, 덕을 베풀었으면 몸(마음)을 숨길 것이요, 이익을 얻었으면 몸(마음)을 겸손하게 해야 한다.

【199】

大凡孤單하면 易被截親이요 因此衆多하면 難到截緣이라.
(대범고단 이피절친 인차중다 난도절연)

대범 외롭고 홀로이면 친함이 끊어짐을 입기가 쉬운 것이요, 따라서 여럿이요 많으면 인연이 끊어짐에 이르기 어렵다.

• 孤單 : 번성하지 못하여 외로움.
• 截 : 끊을 절.

【200】

大凡世上은 我遊之場이니 善遊者昌하고 不遊
대 범 세 상 아 유 지 장 선 유 자 창 불 유

者敗이라.
자 패

대범 세상은 우리들의 노니는 마당이니 잘 노는 사람은 창성할 것이요, 놀지 못하는 자는 패하게 된다.

III

言行編(언행편)

말과 행실

Ⅲ
言行編 언행편
말과 행실

〔001〕

夫言顧行(부언고행)하고 亦行顧言(역행고언)하야 言行一致(언행일치)를 謂之(위지) 眞人(진인)이라.

대범 말은 행실을 돌아보고 또한 행실은 말을 돌아보아서 말과 행실이 일치됨을 일러서 참된 사람이라 한다.

- 言行一致 : ①말과 행동이 같음. ②말한 대로 행동함.
- 眞人 : 도를 깨쳐 깊은 진리를 깨달은 사람을 이르는 말.

〔002〕

凡有於人(범유어인)에 不過言辭(불과언사)는 爲主行動(위주행동)하야 隱顯影子(은현영자)이라.

대범 사람에 있어서 말은 행동의 주체가 되어서 숨었다 나타났다 하는 그림자에 지나지 않는다.

- 言辭 : 사람의 생각이나 느낌을 입으로 나타내는 소리, 또는 그 행위나 내용.
- 隱顯 : 숨었다 나타났다 함, 또는 숨는 일과 나타나는 일.

【003】

萬謗艱擋(만방간당)이니 寧好卽避(영호즉피)이요 衆口難防(중구난방)이니 寧勝卽默(영승즉묵)이라.

뭇 비방은 막기가 어려운 것이니 차라리 바로 피하는 것이 좋을 것이요, 여러 입은 막기가 어려운 것이니 차라리 곧 침묵하는 것이 수승한 것이다.

- 艱 : 어려울 간.
- 擋 : 막을 당.
- 衆口難防 : 여러 사람의 입을 막기 어렵다는 뜻으로, 막기 어려울 정도로 여럿이 마구 지껄임을 이르는 말.

【004】

夫發內心(부발내심)하는 眞實之話(진실지화)는 能入人心(능입인심)의 甚深之處(심심지처)이라.

대범 안 마음에서 발현하는 진실의 말은 능히 사람 마음의 매우 깊은 곳까지 들어가게 된다.

• 內心 : 속마음. 외상에 상대하여 '마음'을 일컫는 말.

【005】

大凡言語(대범언어)는 屬於一時(속어일시)이요 反面思想(반면사상)은 屬於長歲(속어장세)이라.

대범 말은 한 시대에 소속하는 것이요, 반면에 사상은 긴긴 세월에 소속하는 것이다.

• 言語 : ①사람이 생각이나 느낌을 소리나 글자로 나타내는 수단. ②사람의 생각이나 느낌을 입으로 나타내는 소리, 또는 그 행위나 내용.
• 思想 : ①사유(思惟)를 통하여 생겨나는 생각. ②사고(思考) 작용의 결과로 생기는 의식 내용. ③논리적 정합성을 가진 판단 체계. ④사회와 인생에 대한 원리적으로 통일된 견해나 관점, 또는 태도.

【006】

有雙耳目(유쌍이목)하고 反有一舌(반유일설)은 多聽多見(다청다견)하되 開口少說(개구소설)이라.

(사람에) 두 귀와 눈이 있고 반면에 혀가 하나 있는 것

은, 많이 듣고 많이 보되 입을 열어 적게 말하라는 것이다.

〔007〕

大凡衣者(대범의자)는 爲身之表(위신지표)이요 反面言者(반면언자)는 做心之(주심지)聲(성)이라.

대범 옷이라는 것은 몸의 거죽이 되는 것이요, 반면에 말이라는 것은 마음의 소리가 되는 것이다.

〔008〕

汚穢之衣(오예지의)는 爲濯卽潔(위탁즉결)이나 出言之誤(출언지오)는 無爲復(무위부)回(회)이라.

더러워진 옷은 빨면 곧 깨끗하게 되는 것이지만 (입에서) 나와 버린 말의 잘못은 다시 돌이킬 수가 없다.

• 穢 : 더러울 예.
• 濯 : 씻을 탁.

【009】

> 大凡言語가 卽是文字이니 文藏思想하고 字凝歷史이라.
> 대범언어 즉시문자 문장사상 자응 역사

대범 언어가 곧 문자이니, '문'에는 사상이 갈무렸고 '자'에는 역사가 어린 것이다.

- 凝 : 엉길 응.
- 歷史 : ①지난날, 오랜 세월에 걸쳐 세계나 국가, 민족 등이 겪어 온 정치적 · 사회적 · 문화적 변천의 과정이나 중요한 사실 · 사건의 자취, 또는 그에 대한 비판적 조사나 연구. 춘추(春秋). ②사물이 과거로부터 변천하고 발전해 온 과정이나 자취.

【010】

> 大凡言語란 一塊琥珀이라 有保珍貴-絕妙思想이라.
> 대범언어 일괴호박 유보진귀 절묘사상

대범 언어란, 한 덩어리 호박이라 진귀하고 절묘한 사상이 보전(保全)되어 있는 것이다.

- 塊 : 흙덩이 괴.
- 琥 : 호박 호.
- 珀 : 호박 박.
- 琥珀 : 지질시대의 나무의 송진 따위가 땅속에 파묻혀서 수소, 산소, 탄소 따

위와 화합하여 돌처럼 굳어진 광물. 대개 누른빛을 띠고 윤이 나며 투명함. 불에 타기 쉽고 마찰시키면 전기가 생김. 여러 가지 장식으로 쓰임.

- 絕妙 : 아주 기묘(奇妙)함.
- 保全 : 보호하여 유지함.

【011】

大凡言語의 擧本質言건대 是乃一種-公衆事物이라.
대범언어 거본질언 시내일종 공중사물

대범 언어의 본질을 들어 말하건대, 이에 일종의 공중의 사물이다.

- 本質 : 사물이나 현상에 내재하는 근본적인 성질, 본바탕.
- 公衆 : 사회를 이루는 일반 사람. 주로, 다른 말과 합성어를 이루어 쓰임.
- 事物 : ①모든 일과 물건의 총칭. ②사건과 목적물(目的物).

【012】

若時腐敗하면 招言腐敗이요 反言腐敗하면 召時腐敗이라.
약시부패 초언부패 반언부패 소시부패

만일 시대가 부패하면 언어의 부패를 부르는 것이요, 반면에 언어가 부패하면 시대의 부패를 부르게 된다.

• 腐 : 썩을 부.

• 腐敗 : ①부패균(腐敗菌)에 의해 단백질(蛋白質) 및 유기물(有機物)이 유독한 물질과 악취를 발생하게 되는 변화. ②법규(法規), 제도(制度) 등이 문란해 바르지 못함. ③정신이 타락함.

〔013〕

夫爲言語(부위언어)를 謂吹喇叭(위취나팔)이니 好吹爲善(호취위선)이요 醜吹(추취) 爲惡(위악)이라.

대범 말하는 것을 나팔을 부는 것이라 이르나니 좋게 불면 선이 되는 것이요, 추하게 불면 악이 되는 것이다.

• 喇 : 나팔 나.

• 叭 : 나팔 팔. 입 벌릴 팔.

• 喇叭 : ①금속(金屬)으로 만든 관악기(管樂器)의 한 가지. 군대에서 행군할 때 부는 데, 모양이 대개 몸을 꼬부려 감아 짧게 만들었음. ②끝이 나팔꽃 모양으로 생긴 악기를 통틀어 일컫는 말. ③나팔꽃 모양의 확성기.

〔014〕

出言之時(출언지시)에 常愼飾語(상신식어)와 欺語妄說(기어망설)과 惡語離言(악어이언)이라.

말을 낼 때에 항상 꾸미는 말과 속이는 말과 망령된 말과 악한 말과 이간(離間)하는 말을 삼가야 한다.

• 離間 : 두 사람 사이에 하리를 놓아 서로 멀어지게 함. 양설(兩說).

【015】

大凡人也－聽仁人言하면 尙勝十年의 盡力讀書이라.
(대범인야 청인인언 상승십년 진력독서)

대범 사람이 어진 사람의 말을 들으면, 오히려 10년을 힘을 다해 글을 읽는 것보다 수승한 것이다.

【016】

酎遇知己하면 千盃猶少이요 反語不通하면 半句尙多이라.
(주우지기 천배유소 반어불통 반구상다)

진한 술은 자기를 알아주는 이를 만나면 일천 잔이라도 오히려 적은 것이요, 반면 말이 소통되어지지 않으면 반구라도 오히려 많은 것이다.

• 酎 : 진한 술 주.
• 知己 : 知己之友 ; 자기의 속마음을 참되게 알아주는 친구.
• 疏通 : ①막히지 아니하고 서로 통함. ②뜻이 서로 통함. ③속이 트임. 도리(道理)와 조리(條理)에 밝음.
• 半句 : ①한 구절의 반. ②적은 말.

【017】

大凡言者는 我心之聲이요 隨而行者는 我心之跡이라.
대범언자 아심지성 수이행자 아심지 적

대범 말이라는 것은 내 마음의 소리이요, 따라서 행이라는 것은 내 마음의 자취이다.

【018】

苦口之藥은 利於疾也이요 逆耳之言은 利於行也이라.
고구지약 이어질야 역이지언 이어행 야

입에 쓴 약은 병에는 이로운 것이요, 귀에 거슬리는 말은 행동에는 이로운 것이다.

【019】

夫言行者는 君子樞機이니 樞機之發에 榮辱自臻이라.
부언행자 군자추기 추기지발 영욕자 진

대범 말과 행동이라는 것은 군자의 추기이니, 추기가 발함에 영화(榮華)와 치욕(恥辱)이 저절로 이르게 된다.

• 樞 : 지도리 추.

• 樞機 : ①중추(中樞)가 되는 기관. ②천하의 대정(大政). ③몹시 중요한 사물, 또는 그 중요 부분.

• 榮辱 : 영화(榮華)와 치욕(恥辱).

• 臻 : 이를 진.

【020】

大凡人間에 適時沈默은 一種卓越한 會話之術이라.
대범인간 적시침묵 일종탁월 회화지술

대범 사람에 시의(時宜)에 맞는 침묵은 일종의 탁월한 회화(會話)의 수단이다.

• 沈默 : ①아무 말도 없이 잠잠히 있음, 또는 그런 상태. ②정적(靜寂)이 흐름, 또는 그런 상태.

• 時宜 : 그 당시의 사정에 알맞음, 또는 그런 요구.

• 會話 : 서로 마주 대하고 이야기함, 또는 그런 이야기. 외국 말로 이야기함, 또는 그런 이야기나 말.

• 術 : 꾀 술. 수단. 방법. 계략. 법칙. 길.

【021】

大凡知者는 無禮不言이요 無禮言者는 確然不知이라.
대범지자 무례불언 무례언자 확연부지

대범 아는 자는 함부로 말을 하지 않는 것이요, 함부로 말하는 자는 확연히 알지 못한 것이다.

• 無禮 : ①함부로. ②예의가 없음.

【022】

大凡微笑는 沈默之言이요 反面激話는 理論之弱이라.
대범미소 침묵지언 반면격화 이론지 약

대범 미소는 침묵하는 말이 되는 것이요, 반면에 격렬(激烈)한 말은 이론의 박약(薄弱)함이 되는 것이다.

• 微笑 : 소리를 내지 않고 빙긋이 웃는 것, 또는 그 웃음.
• 沈默 : 잠잠하게 아무 말도 하지 않음.
• 激 : 물결 부딪쳐 흐를 격.
• 激烈 : 지극히 맹렬(猛烈)함.
• 理論 : 지식을 법칙적, 통일적으로 인식시키기 위한 다소 정합적(整合的)인 원리적(原理的) 인식의 체계. 순(純) 관념적으로 조직된 논리. 실제(實際).
• 薄弱 : ①굳세지 못하고 여림. ②불충분하거나 모자람. ③얇고 여림.

【023】

以刀傷人하면 坐待瘳時이나 然語傷人하면 鐫恨難滅이라.
이도상인 좌대추시 연어상인 전한 난멸

칼로써 사람을 상하게 하면 앉아서 나을 때를 기다리지만, 그러나 말로 사람을 상하게 하면 한이 새겨져 소멸하기가 어렵다.

• 瘳 : 병 나을 추.
• 鐫 : 새길 전.

【024】

刻玉之瑕(각옥지하)는 爲磨還本(위마환본)이거니와 出言之玷(출언지점)은 實難(실난) 無磨(무마)이라.

옥에 새겨진 티는 갈게 되면 본래로 돌아오려니와, 말에서 나온 흠집은 사실 갈아서 없애기가 어렵다.

• 瑕 : 티 하.
• 玷 : 이지러질 점. 흠. 옥에 티.

【025】

謹愼言行(근신언행)하면 須是養德(수시양덕)이요 節制飮食(절제음식)하면 乃是(내시) 養身(양신)이라.

말하고 행함을 삼가면 모름지기 이에 덕이 길러지는 것

이요, 마시고 먹음을 절제하면 이에 몸이 길러진다.

【026】

夫言也者는 不過其實이요 亦是行者는 不踰其度이라.
부언야자 불과기실 역시행자 불유기도

대범 말이라는 것은 그 실정(實情)을 지나쳐서는 안 되는 것이요, 또한 행이라는 것은 그 법도(法度)를 넘어서는 안 된다.

• 實情 : 실제의 사정이나 정세(情勢).
• 踰 : 넘을 유.
• 法度 : ①생활상의 예법과 제도. ②법률과 제도.

【027】

口裏語少하고 腹裏食少하며 心裏思少하고 神裏耗少이라.
구리어소 복리식소 심리사소 신리모소

입속은 말이 적어야 하고, 뱃속은 음식이 적어야 하며, 마음속은 생각이 적어야 하고, 정신 속은 소모가 적어야 한다.

• 腹 : 배 복.

• 耗 : 소모할 모. 줄 모.

〖028〗

大凡言行(대범언행)에 先言後行(선언후행)하거나 先行後言(선행후언)은 彼此(피차) 適度(적도)이라.

대범 말과 행동에 먼저 말하고 뒤에 실행하거나 먼저 실행하고, 뒤에 말하는 것은 이것이나 저것이나 법도에 맞아야 한다.

〖029〗

氣不和說(기불화설)은 其說必失(기설필실)이요 心不順行(심불순행)은 其行必乖(기행필괴)이라.

기운이 화하지 않는 말은 그 말이 반드시 실수를 하는 것이요, 마음이 순응하지 않는 행동은 그 행동이 반드시 어그러지게 된다.

• 乖 : 어그러질 괴.

【030】

白珪之瑕는 尙可磨滅이요 一言之誤는 實難可返이라.
백규지하 상가마멸 일언지오 실난가반

하얀 옥의 티는 오히려 가히 갈아서 소멸시키는 것이요, 한 말의 그름은 실로 가히 돌이키기가 어렵다.

- 白珪 : 《시전(詩傳)》 대아(大雅) 억(抑)에 "백규지점 상가마야 사언지점 불가위야(白圭之玷 尙可磨也 斯言之玷 不可爲也)."라 하였다. '하얀 옥의 티는 오히려 가히 갈아버리지만, 말의 결함은 가히 돌이키지 못하나니라.' 고 하였다.
- 瑕 : 티 하.

【031】

一約如符하니 不可變易이요 一言如金하니 不可輕許이라.
일약여부 불가변역 일언여금 불가경허

한 번의 약속은 병부(兵符)와 같은 것이니 가히 변경하고 바꿔서는 안 되는 것이요, 한 번의 말은 황금과 같은 것이니 가히 가볍게 허여(許與)해서는 안 된다.

- 符 : 부신 부.
- 兵符 : 예전에, 군사를 일으키는 일을 신중하고 확실하게 하기 위하여 왕과 지방관 사이에 미리 나눠 갖는 신표를 이르던 말.
- 許與 : ①허락하여 줌. ②마음으로 허락하여 칭찬함.

【032】

大凡百里에 不同颯風이요 亦是千里에 不同習俗이라.
(대범백리 부동삽풍 역시천리 부동습속)

대범 백 리에 부는 바람은 같지를 않는 것이요, 또한 천 리에 익혀진 습속(傳統이나 民俗)은 같지 않는 것이다.

• 颯 : 바람 소리 삽.
• 習俗 : 습관된 풍속.

【033】

勿輕小事이니 小隙沈船이요 勿忽小言이니 小窗入飄이라.
(물경소사 소극침선 물홀소언 소창입표)

작은 일이라 하여 가볍게 여기지 말지니 작은 틈의 (물로) 배가 가라앉는 것이요, 작은 말이라 하여 소홀하게 여기지 말지니 작은 창으로 회오리바람이 들어온다.

• 隙 : 틈 극.
• 飄 : 회오리 바람 표.

【034】

傾盆瀉水는 不可再收이요 開口吐言은 不可復入이라.
경분사수 불가재수 개구토언 불가부입

동이가 기울어 쏟아진 물은 가히 다시 거두지 못하는 것이요, 입이 열려 토해진 말은 가히 다시 들이지 못한다.

• 盆 : 동이 분.
• 瀉 : 쏟을 사.

【035】

夫以外言으로 責人甚易이요 反以內心으로 責己實難이라.
부이외언 책인심이 반이내심 책기실난

대범 외형적인 말로써 사람을 책망하는 것은 매우 쉬운 것이요, 반대로 안의 마음으로써 자기를 책망하는 것은 사실 어렵다.

【036】

易成之事는 不足賴也이요 易諾之言은 不足信也이라.
이성지사 부족뢰야 이락지언 부족신 야

쉽게 이뤄지는 일은 족히 힘입을만한 게 안 되는 것이요, 쉽게 승낙하는 말은 족히 믿을만한 게 못된다.

• 賴 : 힘입을 뢰.

【037】

能行之人은 未必能言이요 能言之人은 未必能行이라.
능행지인 미필능언 능언지인 미필능 행

능히 행하는 사람은 반드시 능히 말하지 아니하는 것이요, 능히 말하는 사람은 반드시 능히 행하지 않는 것이다.

【038】

知者不言하고 言者不知이요 知者不癡하고 癡者不知이라.
지자불언 언자부지 지자불치 치자 부지

아는 자는 말하지 아니하고 말하는 자는 알지 못하는 것이요, 아는 자는 어리석지 아니하고 어리석은 자는 알지 못한 것이다.

• 癡 : 어리석을 치.

【039】

有錢之人은 假言眞語이요 反是無錢하면 眞語不恃이라.
유전지인 가언진어 반시무전 진어 불시

돈이 있는 사람은 거짓말이라도 참말이 되는 것이요, 반대로 돈이 없으면 참말이라도 믿어주지 아니한다.

【040】

夫人力微하면 難負重物이요 亦是言輕하면 艱貽人信이라.
부인역미 난부중물 역시언경 간이 인신

대범 사람의 힘이 미약하면 무거운 물건을 짊어지기가 어려운 것이요, 또한 말이 가벼우면 사람에게 믿음을 주기가 어렵다.

【041】

有人言多는 不如言少이요 因此言少는 不如言無이라.
유인언다 불여언소 인차언소 불여언무

사람에 있어서 말이 많음은 말이 적음만 같지 못한 것이요, 따라서 말이 적음은 말이 없음만 같지 못하는 것이다.

【042】

眞情聾者는 耳聞善言하야 盛意不著라도 無非藏心이라.
진정농자 이문선언 성의부저 무비장심

진정으로 귀머거리는, 귀로는 착한 말을 들어서 뜻에 담아 나타내지는 못할지라도 마음에는 갈마두지 아니함이 없는 것이다.

• 聾 : 귀먹을 롱(농).

【043】

眞情盲人은 眼見人好하야 好點不言이라도 無非藏心이라.
진정맹인 안견인호 호점불언 무비장심

진정으로 눈이 어둔 사람은, 눈으로 사람의 좋음을 보아서 좋은 점을 말하지는 못할지라도 마음에는 갈마두지 아니함이 없는 것이다.

【044】

眞情啞者는 口開難說하야 盛言不吐라도 無非藏心이라.
진정아자 구개난설 성언불토 무비장심

진정으로 벙어리는, 입을 열어 말하기가 어려워 말을 담아 토해내지는 못할지라도 마음에는 갈마두지 아니함이 없는 것이다.

• 啞 : 벙어리 아.

【045】

夫若欲杜－他人之口인대 確實莫好－自己謹言이라.
부약욕두 타인지구 확실막호 자기근언

대범 만일에 다른 사람의 입을 막고자 할진대, 정말 자기가 말하는 것을 삼가는 것보다 더 좋음이 없다.

【046】

大凡人也－不爲反省하면 難看永遠－自己缺點
대 범 인 야　불 위 반 성　난 간 영 원　자 기 결 점

이라.

대범 사람이 반성을 하지 아니하면 영원히 자기의 결점을 보기가 어려운 것이다.

- 反省 : ①(자기가 한 일이나 행동을) 잘못이나 허물이 없었는지 돌이켜 생각하는 것. ②(자신의 잘못이나 허물을) 돌이켜 생각하여 깨닫는 것.
- 缺 : 이지러질 결.
- 缺點 : ①모자라는 점(點). ②잘못되거나 완전하지 못한 점.

【047】

大凡人也－不懋發能하면 難顯永遠－自己長點
대 범 인 야　불 무 발 능　난 현 영 원　자 기 장 점

이라.

대범 사람이 능함을 발하기에 힘쓰지 아니하면 영원히 자기의 장점을 드러내기 어렵다.

【048】

病從口入이나 然我善節하야 不亂自口하면 病無入路이라.
병종구입 연아선절 불난자구 병무입로

병은 입으로 좇아 들어오는 것이지만, 그러나 내가 잘 조절하여 자신의 입을 어지럽히지(더럽게) 아니하면 병이 들어올 길이 없다.

【049】

禍從口出이나 然我善制하야 口能愼言하면 禍無起件이라.
화종구출 연아선제 구능신언 화무기건

재앙은 입으로 좇아 나오는 것이지만, 그러나 내가 잘 절제하여 입으로 능히 말을 삼가면 재앙이 일어날 조건이 없는 것이다.

【050】

一言之失은 甚痛割肉이요 一語之善은 實貴千金이라.
일언지실 심통할육 일어지선 실귀천금

한마디 말의 실수는 심하기가 살을 베인 것보다 아픈 것이요, 한마디 말의 선함은 진실로 일천의 금보다 귀중한 것이다.

• 割 : 베일 할. 나눌 할.

〖051〗

多說之人은 爲失手多이요 少說之人은 做失手少이라.
다설지인 위실수다 소설지인 주실수소

많은 말을 하는 사람은 실수를 하는 것이 많은 것이요, 적게 말을 하는 사람은 실수를 하는 것이 적은 것이다.

〖052〗

不知而言은 是妄言者이니 寧可不言이 猶爲好方이라.
부지이언 시망언자 영가불언 유위호방

알지도 못하고 말하는 것은 이것이 망령된 말이 되는 것이니, 차라리 말하지 않는 것이 오히려 좋은 방법이 된다.

• 寧可 : 차라리.

【053】

吐信純言하고 吐柔和言하며 吐潔淨言하고 吐正
토신순언 토유화언 토결정언 토정

直言이라.
직언

믿어지고 순수한 말을 토해내고 부드럽고 화합하는 말을 토해내며, 깨끗하고 조촐한 말을 토해내고 바르고 곧은 말을 토해내야 한다.

【054】

人活斯世하야 口出好言하고 心出好想하며 身出
인활사세 구출호언 심출호상 신출

好行이라.
호행

사람이 이 세상을 살아가면서 입으로는 좋은 말을 내고, 마음으로는 좋은 생각을 내며, 몸으로는 좋은 행실을 내야 한다.

【055】

若眞不一하면 吐言難行이요 亦誠不一하면 計事
약진불일 토언난행 역성불일 계사

艱成이라.
간성

만일 진실이 한결되지 아니하면 토해낸 말을 실행하기가 어려운 것이요, 또한 정성이 한결되지 아니하면 계획한 일을 이루기가 어렵다.

【056】

耳中設聞－忤逆之言이라도 頰無怒色하면 做修身基이라.
이중설문 오역지언 협무노색 주수 신기

귀 가운데 설혹 거슬리는 말이 들릴지라도 뺨에 성냄의 빛깔이 없으면 몸을 닦는 기초가 된다.

• 忤逆 : 배반하여 모역(謀逆)함.
• 頰 : 뺨 협.
• 怒色 : 성이 난 얼굴빛.

【057】

良藥苦口라도 癒病癒痛이요 骨言刺痛이라도 利自利他이라.
양약고구 유병유통 골언자통 이 자이타

좋은 약은 입에 쓸지라도 병을 낫게 하고 아픔을 낫게 하는 것이요, 뼈있는 말은 아픔을 찌를지라도 자기도 이롭고 다른 이도 이롭게 된다.

• 良藥苦口 : 좋은 약은 입에 쓰다는 뜻으로, 충언(忠言)은 귀에 거슬린다는 말.
• 癒 : 병 나을 유.
• 刺 : 찌를 자.

〚058〛

一言誠信(일언성신)하면 必深人感(필심인감)이요 言不誠信(언불성신)하면 不深感動(불심감동)이라.

한 말이 정성스럽고 믿어지면 반드시 사람의 느낌이 깊을 것이요, 말이 정성스럽고 믿어지지 아니하면 감동되는 것이 깊지를 않는다.

〚059〛

言行一致(언행일치)하고 先後一致(선후일치)하며 內外一如(내외일여)하고 表裏一如(표리일여)이라.

말과 행동을 일치하게 하고 먼저와 뒤를 일치하게 하며, 안과 밖을 일여하게 하고 겉과 속을 일여하게 해야 한다.

• 一致 : 어긋남이 없이 한결같게 서로 맞음. 한결같음.
• 表裏 : 속과 겉. 안팎. 표면과 내심. 표면(表面)과 이면(裏面).
• 一如 : 진여(眞如)의 이치가 평등무차별(平等無差別)하여 둘이 아니고 하나임.

【060】

守口修身하야 不犯過誤이요 守意修心하야 不侵妄念이라.
수구수신 불범과오 수의수심 불침망념

입을 지키고 몸을 닦아서 허물과 잘못을 범하지 아니할 것이요, 뜻을 지키고 마음을 닦아서 망령된 생각이 침노하지 않도록 해야 한다.

- 過誤 : 잘못, 그릇된 짓.
- 妄念 : 이치에 어긋나는 헛된 생각. 이것이 지나치면 병적인 것으로 되어 피해망상(被害妄想), 과대망상(誇大妄想) 따위의 정신 이상이 일어남.

【061】

不要謊言은 易招怨恨이요 不宜妄言은 易惹殃禍이라.
불요황언 이초원한 불의망언 이야앙화

요긴하지 않는 잠꼬대 말은 원한을 부르기가 쉬운 것이요, 맞지 않는 망령된 말은 재앙을 이끌어내기가 쉬운 것이다.

- 謊 : 잠꼬대 황.
- 怨恨 : 원통(寃痛)하고 한 되는 생각.
- 惹 : 이끌 야.
- 殃禍 : 죄악의 과보로 받는 재앙. 어떤 일로 말미암아 생기는 근심이나 재난.

【062】

言不及行하고 行不及言은 癡人所行이요 迷人
언불급행 행불급언 치인소행 미인

所言이라.
소언

말이 행동에 미치지 못하고 행동이 말에 미치지 못하는 것은, 어리석은 사람의 행하는 바이요 미혹한 사람의 말하는 바이다.

【063】

大凡吐語란 如旣射箭하야 一發不收하나니 閉口
대범토어 여기사전 일발불수 폐구

愼言이라.
신언

대범 토해버린 말이란, 이미 쏘아버린 화살과 같아서 한번 발하면 거두지 못하나니 입을 닫아서 말을 삼가야 한다.

• 箭 : 화살 전.

【065】

看人之僞라도 不形於色이요 見人之虧라도 不出於口이라.
간인지위 불형어색 견인지휴 불출어구

사람의 거짓을 보았을지라도 얼굴에 나타내지 아니할 것이요, 사람의 이지러짐을 보았을지라도 입에서 내지 않아야 한다.

• 僞 : 거짓 위.
• 虧 : 이지러질 휴.

【066】

大凡人也 - 開口拔舌에 無益於人이거든 寧閉勿言이라.
대범인야 개구발설 무익어인 영폐물언

대범 사람이 입을 열고 혀를 뺌에 사람에게 이익되는 것이 없거든 차라리 닫고 말하지 말아야 한다.

• 拔 : 뺄 발.
• 拔舌 : 혓바닥을 집게로 집어서 끊임없이 뽑는 고통을 겪는 곳.

【067】

人人勿爲 – 極端之辭이요 人人勿做 – 不正之行이라.
인인물위 극단지사 인인물주 부정지 행

사람사람이 극단적인 말은 하지 말 것이요, 사람사람이 부정적인 행위는 짓지 말아야 한다.

• 極端 : ①맨 끝. 맨 끄트머리. ②몹시 궁하여 여지가 없음. 극도(極度)에 이르러 어찌할 수 없음. ③중용(中庸)을 잃고 한쪽으로 치우침.

【068】

口不亂說하면 自成正口이요 心不亂想하면 自成淸心이라.
구불난설 자성정구 심불난상 자성 청심

입으로 어지럽게 말하지 아니하면 저절로 바른 입을 이루는 것이요, 마음으로 어지러운 생각을 아니하면 저절로 맑은 마음을 이룬다.

• 亂想 = 胡思亂想 : 몹시 뒤섞이고 착잡하여 어수선하게 생각함, 또는 그 생각.

【069】

自重行爲는 一擧一動이요 宜合言笑는 一時一處이라.
자중행위 일거일동 의합언소 일시일처

행위는 한 번 들고 한 번 움직일지라도 자중할 것이요, 말하고 웃음은 한때요 한 곳이라도 알맞고 걸맞게 해야 한다.

- 自重 : ①말이나 행동, 몸가짐 따위를 신중하게 함. ②자기를 소중히 함.
- 一擧一動 : 손놀림과 몸놀림 사소한 동작 하나하나. 일거수일투족(一擧手一投足).
- 宜合 : 알맞고 걸맞음.

【070】

一說不行하면 易失信用이니 吐言須行하면 必得信任이라.
일설불행 이실신용 토언수행 필득신임

한마디 말이라도 실행하지 아니하면 신용을 잃어버리기가 쉬운 것이니, 토한 말을 모름지기 실행하면 반드시 신임을 얻게 된다.

【071】

夫人加言이 卽是信字이니 吐言無信하면 難云人行이라.
부인가언 즉시신자 토언무신 난운 인행

대범 "사람 인"에 "말씀 언"을 더한 것이, 곧 이에 「믿을 신」의 글자이니, 토해낸 말에 믿음이 없으면 사람의 행세를 하는 것이라 이르기가 어렵다.

【072】

一葉遮目하면 難見泰山이요 兩豆塞耳하면 難聞雷聲이라.
일엽차목 난견태산 양두색이 난문 뇌성

한 이파리로 눈을 가리면 태산을 보기가 어려운 것이요, 두 콩으로 귀를 막으면 우레 소리를 듣기가 어렵다.

【073】

覆盆之水는 不可收盛이요 已出之言은 不可納入이라.
복분지수 불가수성 이출지언 불가납 입

엎어진 동이의 물은 가히 거두어 담지 못하는 것이요, 이미 나와 버린 말은 거두어들이지 못한다.

【074】

夫戒妄動이니 妄動亂神이요 又儆多言이니 多言損神이라.
부계망동 망동란신 우경다언 다언손신

대범 망령된 움직임을 경계할지니 망령되게 움직이면 정신이 어지럽게 되는 것이요, 또한 말이 많음을 경계할지니 말을 많이 하면 정신이 덜어진다.

• 妄動 : 아무 분별없이 망령되이 행동함, 또는 그 행동.
• 儆 : 경계할 경.

【075】

放言之人은 矯以沈默이요 好動之人은 矯以鎭靜이라.
방언지인 교이침묵 호동지인 교이진정

함부로 말을 하는 사람은 침묵으로써 교정(矯正)을 해야 할 것이요, 움직이기를 좋아하는 사람은 진정으로써 교정을 해야 한다.

• 放言 : 방어(放語). 거리낌 없이 함부로 내놓는 말.

• 沈默 : ①아무 말도 없이 잠잠히 있음, 또는 그런 상태. ②정적(靜寂)이 흐름, 또는 그런 상태.

• 矯 : 바로잡을 교.

• 矯正 : 좋지 않은 버릇이나 결점 따위를 바로잡음.

• 鎭靜 : ①시끄럽고 요란한 일이나 상태를 조용하게 가라앉히는 것. ②흥분되거나 격앙된 마음을 차분하게 가라앉히는 것.

[076]

大凡安莫-安於知足이요 亦是過莫-過於多言이라.
대범안막 안어지족 역시과막 과어다언

대범 편안함은 만족을 아는 것보다 더 편안함이 없는 것이요, 또한 허물은 말을 많이 하는 것보다 더 허물됨이 없다.

• 知足 : 제 분수를 알아 마음에 불만함이 없음, 곧 무엇이 넉넉하고 족(足)한 줄을 앎.

[077]

勿吐身心에 無益之語이요 勿爲身心에 無益之事이라.
물토신심 무익지어 물위신심 무익지사

몸과 마음에 이익이 없는 말은 토하지 말 것이요, 몸과 마음에 이익이 없는 일은 하지 말아야 한다.

【078】

數躍之獸는 易中速箭이요 輕口之人은 易聽誹嘲이라.
삭약지수 이중속전 경구지인 이청비조

자주 뛰는 짐승은 빠른 화살에 맞기가 쉬운 것이요, 입(말)이 가벼운 사람은 헐뜯음과 비웃음을 듣기가 쉽다.

- 數 : 자주 삭.
- 躍 : 뛸 약.
- 箭 : 화살 전.
- 誹 : 헐뜯을 비.
- 嘲 : 비웃을 조.

【079】

能堅閉口하야 藏三寸舌하면 便是安身하는 第一方法이라.
능견폐구 장삼촌설 변시안신 제일방법

능히 굳게 입을 닫아서 세 치의 혀를 갈무리하면 문득 이것이 몸을 편안하게 하는 으뜸가는 방법이다.

- 三寸舌 : 길이가 세 치밖에 안 되는 사람의 짧은 혀.

【080】

夫人說得도 亦是我行이요 乃說不得도 亦是我
부 인 설 득 역 시 아 행 내 설 부 득 역 시 아

行이라.
행

대범 사람이 말하여 얻는 것도 또한 나의 행위이요, 이에 말하여 얻지 못하는 것도 또한 나의 행위이다.

【081】

夫見人時에 守口攝意하야 或見過失이라도 不說
부 견 인 시 수 구 섭 의 혹 견 과 실 불 설

對人이라.
대 인

대범 사람을 볼 때에 입을 지키고 뜻을 추어 잡아, 혹 과실이 보일지라도 남을 대해서는 말을 하지 않아야 한다.

- 攝 : 당길 섭. 추어 잡다. 끌어당기다. 굳게 지키다.
- 過失 : ①조심을 하지 않거나 부주의로 저지른 잘못이나 실수. 허물. ②부주의로 인하여 어떤 결과의 발생을 예견(豫見)하지 못한 일.

【082】

一字不可-輕忽施人이요 一言不可-妄忤吐人
일 자 불 가 경 홀 시 인 일 언 불 가 망 오 토 인

이라.

한 글자라도 가히 가볍고 소홀하게 사람에게 베풀어서는 안 되는 것이요, 한 말이라도 가히 망령되고 거슬리게 사람에게 토해서는 안 된다.

【083】

口說不如－以身逢接이요 耳聞不如－以眼見識이라.
구설불여 이신봉접 이문불여 이안견식

입으로 말하는 것이 몸으로써 만나고 접하는 것만 같지 못한 것이요, 귀로 듣는 것이 눈으로써 보고 아는 것만 같지 못하다.

【084】

人人對話하고 人物對話하며 人師對話하고 人理對話이라.
인인대화 인물대화 인사대화 인리대화

사람과 사람의 대화가 (필요하고) 사람과 만물의 대화가 (필요하며) 사람과 스승(선지식, 선지자)의 대화가 (필요하고) 사람과 진리의 대화가 (필요)한 것이다.

【085】

盡日能愼－口言眼見이요 終日能察－身行心起
진일능신 구언안견 종일능찰 신행심기

이라.

해가 다하도록 능히 입으로 말하고 눈으로 보는 것을 삼갈 것이요, 해가 마치도록 몸으로 행하고 마음이 일어남을 살펴야 한다.

【086】

弗躬親踏하고 弗躬親行하며 弗躬親醒하면 庶人
불궁친답 불궁친행 불궁친성 서인

弗信이라.
불신

몸소 친히 밟지 아니하고 몸소 친히 행하지 아니하며, 몸소 친히 깨어나지 아니하면 뭇 사람이 믿어주지 아니한다.

• 躬 : 몸 궁.
• 踏 : 밟을 답.

[087]

苦藥利病이요 苦言利行이며 苦誨利活이요 苦修利心이라.
고약이병 고언이행 고회이활 고수이심

쓴 약은 병증에 이로운 것이요, 쓴 말은 행동에 이로운 것이며, 쓴 가르침은 삶에 이로운 것이요, 쓴(괴로운) 닦음은 마음에 이로운 것이다.

• 誨 : 가르칠 회.

[088]

古之賢人이 忍言不出은 只今躬行이 恥不逮故이라.
고지현인 인언불출 지금궁행 치불체고

옛날에 어진 사람이 차마 말을 내지 않음은 지금에 몸과 행동이 미치지 못함을 부끄러워했었기 때문이다.

• 逮 : 미칠 체.

【089】

大凡一字가 實如千金이요 亦是一言이 實如萬金이라.
대범일자 실여천금 역시일언 실여만금

대범 한 글자가 사실 천금과 같아야 하는 것이요, 또한 한 말이 만금과 같아야 한다.

【090】

凡人一言이 自口而出하면 設使駟馬라도 實難追及이라.
범인일언 자구이출 설사사마 실난추급

무릇 사람의 한 말이 입으로부터 나가게 되면, 설사 네 마리의 말이라도 사실 따라서 미치기가 어렵다.

• 駟 : 사마 사.
• 駟馬 : ①한 채의 수레를 끄는 네 필의 말. ②네 필의 말이 끄는 수레.

【091】

人也寡言이니 多言多失이요 亦是寡儲이니 多儲多憂이라.
인야과언 다언다실 역시과저 다저다우

사람은 말을 적게 할지니 말이 많으면 실수도 많은 것이요, 또한 쌓기를 적게 할지니 쌓음이 많으면 걱정도 많아진다.

• 寡 : 적을 과.

【092】

五刃被傷(오인피상)이라도 依藥可瘳(의약가추)이요 一言成痾(일언성아)하면 智難好解(지난호해)이라.

다섯 칼날에 상처를 입었다 할지라도 약에 의하여 가히 낫는 것이요, 한 말로 병증을 이루면 지혜로도 좋게 풀어내기가 어렵다.

• 瘳 : 병 나을 추.
• 痾 : 숙병 아. 병 아.

【093】

人也乘喜(인야승희)하야 不可多言(불가다언)이요 反面乘快(반면승쾌)하야 不可易事(불가이사)이라.

사람이 기쁨을 타서 가히 말을 많이 하지 아니할 것이요, 반면에 상쾌함을 타서 가히 일을 쉽게 하지 않아야 한다.

【094】

白玉小玷은 尙可磨無어니와 吐言小玷은 不可磨滅이라.
백옥소점 상가마무 토언소점 불가마멸

흰 옥의 작은 이지러짐은 오히려 가히 갈아서 없애려니와, 말로 토해진 작은 이지러짐은 가히 갈아서 없애지 못한다.

• 玷 : 이지러질 점.

【095】

夫耳聆聞하고 又聽傳音이라도 目不親見이어든 不隨便言이라.
부이령문 우청전음 목불친견 불수편언

대범 귀로 소문을 듣고 또한 전해지는 소리를 들었을지라도 눈으로 친히 보지 아니하였거든 함부로 말하지 않아야 한다.

• 聆 : 들을 령.
• 隨便 : 함부로.

【096】

大凡於人에 兩耳有以는 一耳聽己하고 一耳聞人이라.
대범어인 양이유이 일이청기 일이문인

대범 사람에 두 귀가 있는 까닭은 한 귀로는 자기의 (소리를) 듣고, 한 귀로는 남의 (소리를) 들으라는 것이다.

【097】

發言於邇하야 無非遠聞이요 現行於身하야 無非普及이라.
발언어이 무비원문 현행어신 무비보급

말은 가까이에서 발하여 멀리 소문나지 아니함이 없는 것이요, 행동은 몸에서 나타나서 널리 미치지 아니함이 없는 것이다.

• 邇 : 가까울 이.

【098】

夫人不知라도 不爲擅行이요 又人不聞이라도 不吐譭言이라.
부인부지 불위천행 우인불문 불토훼언

대범 사람이 알지 못할지라도 멋대로 행동을 해서는 안 되는 것이요, 또한 사람이 듣지 아니할지라도 헐뜯는 말을 토해서는 안 된다.

• 擅 : 멋대로 천.
• 譭 : 헐뜯을 훼. 미울 훼.

【099】

諂慝之言이 無入人耳이요 暴惡之聲이 不出人口이라.
첨특지언 무입인이 포악지성 불출인구

아첨하고 사특한 말이 사람의 귀에 들어가는 것이 없게 할 것이요, 사납고 악한 소리가 사람의 입에서 나오지 않게 해야 한다.

• 諂 : 아첨할 첨.
• 慝 : 사특할 특.

【100】

大凡人也－口吐好言하고 心存好念하며 身行好事이라.
대범인야 구토호언 심존호념 신행호사

대범 사람은 입은 좋은 말을 토해내고, 마음은 좋은 생각을 간직하며, 몸은 좋은 일을 실행해야 한다.

【101】

口出好話(구출호화)하면 如吐蓮華(여토련화)이요 口出惡話(구출악화)하면 如吐鴆毒(여토짐독)이라.

입으로 좋은 말을 내면 연꽃을 토해내는 것과 같은 것이요, 입으로 악한 말을 내면 짐조의 독을 토해내는 것과 같은 것이다.

- 鴆 : 짐새 짐.
- 鴆毒 : 짐새의 깃에 있다는 맹렬한 독, 또는 독한 기운.

【102】

常思己是(상사기시)이요 莫言人非(막언인비)하며 恒念心喜(항념심희)이요 莫羨人樂(막선인락)이라.

항상 자기의 옳음을 생각할 것이요 다른 사람의 그름은 말하지 말 것이며, 항상 마음의 기쁨을 생각할 것이요 남의 즐거움은 부러워하지 말라.

• 羨 : 부러워할 선.

〖103〗

顔面笑顣과 言談吐止가 日常生活에 修養忍辱
안면소축 언담토지 일상생활 수양인욕

이라.

얼굴의 웃고 찡그림과 말을 토하고 그침이 일상의 생활에 수양이요 인욕이 되는 것이다.

• 顣 : 찡그릴 축.
• 修養 : 심신을 단련하여 품성이나 지식이나 도덕을 닦음.
• 忍辱 : 어떤 모욕이나 박해에도 견디어 마음을 움직이지 아니함.

〖104〗

爲一千言하고 做一萬說이라도 唯隨己知하야 開
위일천언 주일만설 유수기지 개

口而已이라.
구이이

일 천의 말을 하고 일 만의 말을 할지라도 오직 자기의 알음알이를 따라서 입을 여는 것일 뿐이다.

〔105〕

若說人誹는 含墨噴人이라 先黑自口이요 難黑別人이라.
약설인비 함묵분인 선흑자구 난흑별인

만일 사람을 비방(誹謗)하는 것은 먹물을 머금어 사람에게 뿜는 것이라, 먼저 자기 입이 검어지는 것이요 다른 사람을 검게 하기는 어려운 것이다.

• 謗 : 헐뜯을 방.
• 噴 : 뿜을 분.

〔106〕

言多必失하고 行多必過하며 願多必苦하고 念多必亂이라.
언다필실 행다필과 원다필고 염다필란

말이 많으면 반드시 실수를 하고, 행함이 많으면 반드시 허물이 되며, 원함이 많으면 반드시 괴롭게 되고, 생각이 많으면 반드시 어지럽게 된다.

【107】

人活於世에 言也顧行하고 行也返言하면 迺無所過이라.
인활어세 언야고행 행야반언 내무소과

사람이 세상을 살아감에 말은 행동을 돌아보고, 행동은 말을 돌이키면 이에 허물되는 바가 없다.

【108】

人取歡樂은 哀之橋也이요 人好聲名은 謗之媒也이라.
인취환락 애지교야 인호성명 방지매야

사람이 환락을 취함은 슬픔의 다리가 되는 것이요, 사람이 성명을 좋아함은 비방의 매개가 된다.

• 歡樂 : 기쁘고 즐거움, 또는 기뻐하고 즐거워함.
• 聲名=名聲 : 세상에 떨친 이름.
• 媒 : 중매 매.

【109】

夫人沈默은 比於何言보다 實最强烈한 抗議表示이라.
부인침묵 비어하언 실최강렬 항의표시

대범 사람이 침묵한다는 것은 어떤 말보다도 실로 가장 강렬한 항의의 표시가 되는 것이다.

- 强烈 : 세차고 맹렬(猛烈)함.
- 抗 : 막을 항.
- 抗議 : 반대하는 뜻을 폄.

【110】

苦口之狀은 是良藥故이요 逆耳之狀은 是忠言故이라.
고구지상 시량약고 역이지상 시충언고

입이 쓴 상태는 이에 좋은 약이기 때문이요, 귀에 거슬리는 상태는 이에 충성스런 말이기 때문이다.

【111】

聞謗不怒이니 熾焰熏天하고 熾火焚空이라도 結不燒熄이라.
(문방불노 치염훈천 치화분공 결불소식)

비방을 들을지라도 성내지 말 것이니 치성한 불꽃으로 하늘을 그을리고 치성한 불로 허공을 태우려해도 결국 태우지 못하고 꺼지게 된다.

• 熾 : 성할 치.
• 焰 : 불꽃 염.
• 熏 : 연기 낄 훈.
• 熄 : 꺼질 식.

【112】

稱讚他人하면 反讚自己이요 誹謗別人하면 反謗自己이라.
(칭찬타인 반찬자기 비방별인 반방자기)

다른 사람을 칭찬하면 도리어 자기를 칭찬하는 것이요, 다른 사람을 비방하면 도리어 자기를 비방하는 것이다.

〔113〕

大凡人也－對於誹謗하야 守默無言이 最好對法이라.
대범인야 대어비방 수묵무언 최호대법

대범 사람이 비방함을 대하여 침묵을 지켜서 말이 없는 것이 가장 좋은 대치의 방법이다.

〔114〕

傷身之語와 逆意之行은 如水覆地하야 實難復盛이라.
상신지어 역의지행 여수복지 실난부성

몸을 상하게 하는 말과 뜻(마음)을 거슬리는 행동은 물을 땅에 엎어버린 것과 같아서 진실로 다시 담기가 어렵다.

• 覆 : 뒤집힐 복.
• 盛 : 담을 성.

〔115〕

聽言能察이니 能察能知이요 能知能揀이라 揀絕是非이라.
(청언능찰 능찰능지 능지능간 간절 시비)

말을 들으면 능히 살필지니, 능히 살피면 능히 알 것이요, 능히 알면 능히 가릴 것이라, 가리면 시비가 끊어지게 된다.

• 揀 : 가릴 간.

〔116〕

夫人能辯으론 不勝沈默이요 亦人借口론 不當眞實이라.
(부인능변 불승침묵 역인차구 부당 진실)

대범 사람이 능한 변론으로 침묵을 이기지 못하는 것이요, 또한 사람이 핑계 대는 것으로 진실을 당하지 못한다.

• 借口 : ①핑계. 구실. ②구실로 삼다. 핑계를 대다. 빙자하다.

【117】

與其望穀으론 不如種田이요 與其空說으론 不如先行이라.
여기망곡 불여종전 여기공설 불여선행

그 곡식을 바라는 것으론 밭에 심는 것만 같지 못한 것이요, 그 빈말을 하는 것으론 먼저 행하는 것만 같지 못한 것이다.

【118】

大凡嘉言이라도 無行隨來하면 風吹河邊하야 如搖蘆叢이라.
대범가언 무행수래 풍취하변 여요로총

대범 아름다운 말이라도 실행이 따라옴이 없으면 바람이 물가에 불어서 갈대 떨기를 흔드는 것과 같다.

- 嘉言 : 본받을 만한 좋은 말.
- 蘆 : 갈대 로.
- 叢 : 떨기 총.

【119】

吐說以前에는 迺爲說主이요 吐說以後에는 爰爲行僕이라.
토설이전 내위설주 토설이후 원위 행복

말을 토해내기 이전에는 이에 말하는 주인이 될 것이요, 말을 토해낸 이후에는 이에 실행하는 종이 되어야 한다.

• 僕 : 종 복.

【120】

大凡人也－眼見耳聞과 口說身動에 不惑假象이라.
대범인야 안견이문 구설신동 불혹가상

대범 사람은 눈으로 보고 귀로 듣는 것과, 입으로 말하고 몸으로 움직임에 거짓 환상에 미혹되지 않아야 한다.

• 假象 : 객관적 실재성(實在性)이 없는 주관적 환상(幻想).

【121】

大凡活世에 一句眞言은 勝超千字로 解釋之語이라.
대범활세 일구진언 승초천자 해석지어

대범 세상을 살아감에 한 귀의 참된 말은 일천 글자로 풀이하는 말보다 수승하고 뛰어난다.

〔122〕

假令蹉足하면 可以復齊이나 然一失言은 無補救法이라.
가령차족 가이부제 연일실언 무보구법

가령 발이 넘어지면 가히 써 다시 가지런히 하면 되는 것이지만, 그러나 한번 말을 실수하는 것은 보충하고 구제할 방법이 없다.

• 蹉 : 넘어질 차.

〔123〕

若有刀傷하면 必有藥醫이나 然舌劍傷은 迺無藥醫이라.
약유도상 필유약의 연설검상 내무약의

만일 칼로 상함이 있으면 반드시 약으로 나을 수가 있는 것이지만, 그러나 혀의 칼로 상하면 이에 약으로 낫게 할 수가 없다.

• 舌劍 : ①찌를 듯이 날카로운 말. ②남을 해(害)하려는 뜻이 담긴 말을 칼에

비유해서 일컫는 말.

〔124〕

凡如言語는 一種蜂蜜이라 故藏蜜語에는 銳刀
범여언어 일종봉밀 고장밀어 예도

尖針이라.
첨침

대범 말이라는 것은 일종에 벌꿀과 같은 것이라, 그러므로 꿀처럼 하는 말에는 날카로운 칼과 뾰쪽한 침이 감추어진 것이다.

• 銳刀 : ①군도의 한 가지. 환도와 비슷한 데, 끝이 매우 뾰족하며 날의 길이 1m, 자루 길이 33cm쯤이고 코등이가 있으며, 무게가 모두 900g 정도. ②보졸이 환도를 가지고 있던 십팔기(十八技), 또는 24반(二十四般) 무예(武藝)의 한 가지.

〔125〕

大凡人也－若有稱讚은 於其中間에는 有所視
대범인야 약유칭찬 어기중간 유소시

鄙이라.
비

대범 사람이 만일에 칭찬이 있다는 것은 그 가운데나 사이에는 비루(鄙陋)하게 보는 바도 있다는 것이다.

• 鄙陋 : ①(행동이나 성질이) 더럽고 추저분함. ②행실이 야하고 더러움.

• 鄙 : 더러울 비.

〔126〕

出口之言도 多吐生厭하고 虛吐生薄하며 輕吐生侮이라.
(출구지언 다토생염 허토생박 경토생모)

입에서 나오는 말도 많이 토해내면 싫어함이 생기고, 허황하게 토해내면 깔봄이 생기며, 가볍게 토해내면 업신여김이 생긴다.

• 薄 : 엷을 박. 깔보다. 싫어하다.

〔127〕

一句之話로 溫和人心이요 一句之語로 刺傷人心이라.
(일구지화 온화인심 일구지어 자상인심)

한마디의 말로 사람의 마음을 따뜻하고 화하게 하는 것이요, 한마디의 말로 사람의 마음을 찌르고 상하게 한다.

• 刺 : 찌를 자.

〔128〕

流盆之水는 難盛其盆이요 出口之言은 難收其口이라.
유분지수 난성기분 출구지언 난수기구

동이에서 흘러버린 물은 그 동이에다 담기가 어려운 것이요, 입에서 나온 말은 그 입에다 거두기가 어렵다.

〔129〕

口出法言은 有於個人하야 學問稟德으로 似整衣冠이라.
구출법언 유어개인 학문품덕 사정의관

입에서 나오는 법된 말은 개인에 있어서 학문과 품덕으로 의관을 정제(整齊)한 것과 같은 것이다.

• 學問 : 어떤 분야를 체계적으로 배워서 익힘, 또는 그런 지식.
• 稟 : 인품 품.
• 稟德 : 인품과 덕성.
• 衣冠 : ①남자의 웃옷과 갓이라는 뜻으로, 남자가 정식으로 갖추어 입는 옷차림을 이르는 말. ②문물이 열리고 예의가 바른 풍속.
• 整齊 : 정돈하여 가지런히 함. 정정제제.

【130】

開口譏人하면 輕薄第一이라 不啻喪德이요 終乃傷身이라.
개구기인 경박제일 불시상덕 종내 상신

입을 열어서 사람을 나무라는 것은 경솔하고 천박한 것의 첫째이라 덕을 잃을 뿐만 아니라 마침내 몸까지 상하게 된다.

• 譏 : 나무랄 기.
• 輕薄 : 언행(言行)이 경솔(輕率)하고 천박(淺薄)함.
• 啻 : 뿐 시.

【131】

若人厭聽-他人吐聲하면 正是心靈의 封閉徵兆이라.
약인염청 타인토성 정시심령 봉폐징 조

만일에 사람이 다른 사람의 토하는 소리를 듣기 싫어하면, 정말로 이는 심령이 봉해지고 닫혀지는 징조이다.

• 心靈 : 정신(精神)의 근원이 되는 의식의 본바탕, 곧 마음속의 영혼. 육체를 떠나서 존재한다는 마음의 주체. 과학으로는 풀이할 수 없는 신비하고 불가사의(不可思議)한 심적(心的) 현상.
• 封閉 : ①굳게 문호(門戶)를 닫아 사람의 출입을 금함. ②가두거나 감금함.
• 徵兆 : 어떤 일이 생길 기미.
• 兆 : 조짐 조.

[132]

培人以言은 貴如金玉이요 傷人以言은 銳似劍
배인이언 귀여금옥 상인이언 예사검

戟이라.
극

사람을 말로써 북돋아주는 것은 귀중하기가 금과 구슬 같은 것이요, 사람을 말로써 상하는 것은 예리하기가 칼과 창 같은 것이다.

• 戟 : 창 극.

[133]

大凡人也－對於自己하야 確立信心－然後發言
대범인야 대어자기 확립신심 연후발언

이라.

대범 사람은 자기에 대하여 믿는 마음이 확실하게 선 뒤에 말을 발해야 한다.

[134]

最好疏通은 對人之言을 除先入見하고 傾聆開
최호소통 대인지언 제선입견 경령개

始이라.
시

가장 좋은 소통은 상대 사람의 말을 선입견을 제거하고 기울여 듣는 데서 열리고 시작이 된다.

- 疏通 : ①막히지 아니하고 서로 통함. ②뜻이 서로 통함. ③속이 트임. 도리(道理)와 조리(條理)에 밝음.
- 先入見 : 선입관(先入觀). 사람, 사물, 주의 등에 대하여 실제의 경험보다 앞서, 미리 마음속에 부정확하게 알고 있는 것으로 해서 형성된 고정적인 관념이나 견해.
- 聆 : 들을 령(영).

〖135〗

人生路上에 一句之話가 可以改易-人之一生
인 생 노 상 일 구 지 화 가 이 개 역 인 지 일 생
이라.

사람이 살아가는 길 위에 한 마디의 말이 가히 써 사람의 일생을 고치고 바꾸어 놓는다.

- 改易 : 고치어 바꿈.

〖136〗

交談之中에 淸心緘默과 愼行謙虛가 最做貴重
교 담 지 중 청 심 함 묵 신 행 겸 허 최 주 귀 중
이라.

교담하는 가운데 맑은 마음과 함묵하는 것과 삼가는 행

실과 겸허하는 것이 가장 귀하고 중요함이 된다.

- 交談 : 서로 말을 주고받음.
- 緘 : 봉할 함.
- 緘默＝緘口 : 입을 다문다는 뜻으로, 말하지 아니함을 이르는 말. 두구(杜口).
- 謙虛 : ①잘난 체하지 않고 겸손하다. ②잘난 체하거나 아는 체하지 아니하고 자기를 낮추고 내세우지 않음.

〖137〗

大概人喜(대개인희)하면 其言易入(기언이입)이요 亦是發怒(역시발로)하면 其言(기언) 難食(난식)이라.

대개 사람이 기쁘면 그 말이 들어가기가 쉬운 것이요, 또한 성냄이 발하면 그 말이 먹히기가 어렵다.

〖138〗

別人不樂(별인불락)하면 己口少開(기구소개)이요 他人不納(타인불납)하면 己語(기어) 少吐(소토)이라.

다른 사람이 즐겁지 아니하면 자기의 입을 적게 열 것이요, 다른 사람이 받아들이지 아니하면 자기의 말을 적게 토해야 한다.

【139】

口過易損이요 身過難損이며 身過易損이요 心過難損이라.
구과이손 신과난손 신과이손 심과난손

입의 허물을 덜기는 쉬운 것이요, 몸의 허물을 덜기는 어려운 것이며, 몸의 허물을 덜기는 쉬운 것이요, 마음의 허물을 덜기는 어렵다.

【140】

一句好話는 口發香花이요 一口醜語는 口吐毒蛇이라.
일구호화 구발향화 일구추어 구토독사

한 귀의 좋은 말은 입에서 향기로운 꽃이 피어나는 것이요, 한 귀의 더러운 말은 입에서 독사를 토해내는 것이다.

- 香花 : ①향과 꽃. ②향기로운 꽃.
- 醜 : 추할 추.
- 毒蛇 : 이빨에 독액(毒液) 분비선을 갖는 뱀의 총칭. 보통 두부(頭部)가 삼각형(三角形)이고 몸이 굵으며, 꼬리가 짧은 것이 많음. 물 때 독액을 냄. 살무사 · 코브라 등.

【141】

頭腦回轉이 速成之人은 稍微多言이요 稍微輕行이라.
두뇌회전 속성지인 초미다언 초미경행

두뇌의 회전이 빠르게 이루어지는 사람은 자칫 말이 많은 것이요, 자칫 행동이 가볍게 된다.

• 腦 : 뇌 뇌.
• 稍微 : 자칫하면.

【142】

大凡人也－心氣不平하면 出言多失이요 發行夠乖이라.
대범인야 심기불평 출언다실 발행구괴

대범 사람이 마음과 기운이 평안하지 아니하면 말을 냄에 실수가 많은 것이요, 행동을 발함에 어그러짐이 많게 된다.

• 心氣 : ①마음과 기운. ②마음으로 느끼는 기분.
• 夠 : 많을 구. 모을 구.
• 乖 : 어그러질 괴.

【143】

多門之屋은 易入風氣이요 開口之人은 易入口舌이라.
다문지옥 이입풍기 개구지인 이입구설

문이 많은 집은 바람기운이 들기가 쉬운 것이요, 입을 (자주) 여는 사람은 구설에 들기가 쉬운 것이다.

• 口舌 : 공연히 시비하거나 헐뜯는 말.

【144】

言語手段은 傳達意見이니 能足一言이요 不好多言이라.
언어수단 전달의견 능족일언 불호다언

말의 수단은 의견을 전달하는 것이니, 능히 한 말이면 족한 것이요 많은 말이 좋은 것만은 아니다.

【145】

大凡爲事－衆人之先이요 亦是做言－衆人之後이라.
대범위사 중인지선 역시주언 중인지후

대범 일을 하는 것은 모든 사람의 먼저가 될 것이요, 또 한 말을 하는 것은 뭇 사람의 뒤가 되어야 한다.

〖146〗

夫人少言하면 隨而不爲-衆人所忌이니 一言如
부 인 소 언 수 이 불 위 중 인 소 기 일 언 여
金이라.
금

대범 사람이 말이 적으면 따라서 뭇 사람의 꺼려하는 바가 되지 않는 것이니 한 말이 금과 같아야 한다.

〖147〗

大凡信言은 別無飾美이요 因此嘉言은 別艱篤
대 범 신 언 별 무 식 미 인 차 가 언 별 간 독
信이라.
신

대범 믿음의 말은 별로 아름답게 꾸밈이 없는 것이요, 따라서 아름다운 말은 별로 믿음을 도탑게 하기가 어렵다.

• 篤 : 도타울 독.

【148】

夫人吐言에 不可妄發이니 隨意出言하면 難免賤様이라.
부인토언 불가망발 수의출언 난면천양

대범 사람이 말을 토함에 가히 망령되게 발하지 아니할 지니, 함부로 말을 내면 천한 모습을 면하기가 어렵다.

- 隨意 : ①함부로. ②자기 마음대로 함.

【149】

夫人出言에 必主信實이요 亦是動身에 必主正直이라.
부인출언 필주신실 역시동신 필주정직

대범 사람이 말을 냄에 반드시 믿음과 실다움을 위주로 할 것이요, 또한 몸을 움직임에 반드시 바르고 곧음을 위주로 해야 한다.

- 信實 : 믿음직하고 착실함.
- 正直 : 마음에 거짓이나 꾸밈이 없이 바르고 곧음.

〔150〕

爲言也易이요 爲行也難이며 做散也易이요 做會也難이라.
위언야이 위행야난 주산야이 주회야난

말을 하기는 쉬운 것이요, 행하기는 어려운 것이며, 흩어버리기는 쉬운 것이요, 모으기는 어렵다.

〔151〕

言也必行이요 行也可言이며 公也必行이요 行也可公이라.
언야필행 행야가언 공야필행 행야가공

말한 것은 반드시 행할 것이요, 행한 것을 가히 말할 것이며, 공변된 것은 반드시 행할 것이요, 행한 것은 가히 공변되어야 한다.

〔152〕

言必主信이요 行必主誠이라 言行信誠하면 不受指指이라.
언필주신 행필주성 언행신성 불수지지

말은 반드시 믿음을 주로 할 것이요, 행동은 반드시 성실을 주로 할 것이니, 말과 행동이 믿어지고 성실하면 손가락의 가리킴을 받지 않게 된다.

• 指 : 가리킬 지. 손가락 지.

【153】

一流不返은 槪爲水然이요 一吐難斂은 槪爲言然이라.
(일류불반 개위수연 일토난렴 개위언연)

한 번 흘러가서 돌아오지 못하는 것은 대개 물이 그러한 것이요, 한 번 토해져서 거두기 어려운 것은 대개 말이 그러한 것이다.

【154】

大凡人也－人贈法言은 重於金玉이요 勝於名利이라.
(대범인야 인증법언 중어금옥 승어명리)

대범 사람이 사람에게 법다운 말을 주는 것은 금과 옥보다 귀중한 것이요, 명예와 이익보다 수승한 것이다.

• 法言 : 법도(法度)가 될 만한 말.

【155】

夫人遲步하면 猶有可追어니와 若有失言하면 實難挽回이라.
부인지보 유유가추 약유실언 실난만회

대범 사람이 걸음이 더디면 오히려 가히 따름이 있으려니와, 만일 말을 실수함이 있으면 사실 만회하기가 어렵다.

• 遲 : 더딜 지. 늦을 지.
• 挽 : 당길 만.
• 挽回 : 바로잡아 회복함.

【156】

若持誤見은 不如不見이요 亦吐僞言은 不如不言이라.
약지오견 불여불견 역토위언 불여불언

만일 그르게 보는 것을 가짐은 보지 않는 것만 같지 못한 것이요, 또한 거짓말을 토하는 것은 말을 안 함만 같지 못한 것이다.

• 僞 : 거짓 위.
• 僞言 : 거짓말. 허언(虛言).

【157】

大凡沈默은 不是怯弱이요 對於何人하야 透視心窩이라.
대범침묵 불시겁약 대어하인 투시심와

대범 침묵하는 것은 이에 겁약한 것이 아니요, 어떠한 사람을 대하든지 마음속을 투시하는 것이다.

• 怯 : 겁낼 겁.
• 怯弱 : 겁이 많고 마음이 약하다.
• 透視 : 막힌 물체를 환히 꿰뚫어 봄, 또는 대상의 내포된 의미까지 봄.
• 心窩 : ①심중(心中). ②명치. ③사람의 가슴뼈 아래 한가운데의 오목하게 들어간 곳.
• 窩 : 움집 와.

【158】

傷人之言과 刺心之話는 似水瀉地하야 難復匯盛이라.
상인지언 자심지화 사수사지 난부회성

사람을 상하는 말과 심장을 찌르는 말은 물을 땅에 쏟음과 같아서 다시 모아 담기 어렵다.

• 瀉 : 쏟을 사.
• 匯 : 물 합할 회. 모이다. 모으다.

〔159〕

人活於世에 善言善應하고 惡言惡應하나니 出言必察이라.
인활어세 선언선응 악언악응 출언 필찰

사람이 세상에 살아감에 선한 말은 선으로 응하고, 악한 말은 악으로 응하나니 내는 말을 반드시 살펴야 한다.

〔160〕

大凡欲止一惡聞四方인대 先除己非하야 片言非流이라.
대범욕지 악문사방 선제기비 편언비 류

대범 악한 소문이 사방으로 나는 것을 그치게 하고자 할진대, 먼저 자기의 그름을 제거하여 한마디 말도 흘리지 않아야 한다.

• 片言 : ①한마디의 말, 또는 간단한 말. ②한쪽 사람이 하는 말.

〔161〕

喜時之言은 爲易失信이요 怒時之言은 做易失禮이라.
희시지언 위이실신 노시지언 주이실 례

기쁠 때의 말은 믿음을 잃기가 쉬운 것이요, 성낼 때의 말은 예를 잃기가 쉽다.

〔162〕

不可人也－多言取厭하고 虛言取薄하며 輕言取侮이라.
불가인야 다언취염 허언취박 경언취모

가히 사람은 많은 말로 싫음을 취하고, 헛된 말로 엷음을 취하며, 가벼운 말로 업신여김을 취하지 않아야 한다.

• 侮 : 업신여길 모.

〔163〕

時然後笑하면 不厭其笑이요 時然後言하면 不厭其言이라.
시연후소 불염기소 시연후언 불염기언

때인 연후에 웃으면 그 웃음을 싫어하지 아니 하는 것이요, 때인 연후에 말하면 그 말을 싫어하지 아니한다.

〔164〕

大凡人也－實可與言이나 不與之言하면 結爲失
대범인야 실가여언 불여지언 결위실
人이라.
인

대범 사람이 실로 가히 더불어 말을 할 만하지만 더불어 말하지 아니하면 결국 사람을 잃게 된다.

〔165〕

大凡人也－不可與言이나 迺與之言하면 結爲失
대범인야 불가여언 내여지언 결위실
言이라.
언

대범 사람이 가히 더불어 말 할만하지 않지만, 이에 더불어 말을 하게 되면 결국 말을 잃게 된다.

〔166〕

大凡言語는 如樹枝葉이요 因此行爲는 似懸果
대범언어 여수지엽 인차행위 사현과
實이라.
실

대범 말이라는 것은 나무의 가지나 잎과 같은 것이요, 따라서 행위는 매달린 과실과 같은 것이다.

【167】

大凡無言－人之短點이요 亦是無說－己之長點
대 범 무 언 　 인 지 단 점 　 　 역 시 무 설 　 기 지 장 점

이라.

대범 남의 단점을 말함이 없어야 할 것이요, 또한 자기의 장점을 말함이 없어야 한다.

【168】

大凡莫謂－有輕一言이니 旣知暗聽－前後左右
대 범 막 위 　 유 경 일 언 　 　 기 지 암 청 　 전 후 좌 우

이라.

대범 한 말을 가볍게 할 수 있다 이르지 말지니, 이미 앞과 뒤, 왼편과 오른편에서 가만히 듣는 줄을 알아야 한다.

【169】

語不忠信하면 下等之人이요 行不篤敬하면 劣等
어 불 충 신 　 　 하 등 지 인 　 　 행 불 독 경 　 　 열 등

之人이라.
지 인

말이 충성스럽고 믿음직하지 아니하면 하등의 사람이요, 행동이 돈독하고 공경스럽지 아니하면 열등의 사람이다.

• 忠信 : 충성(忠誠)과 신의(信義).
• 下等 : 낮은 등급이나 수준이나 정도.
• 篤敬 : 말과 행실이 도탑고 공손함.
• 劣等 : 낮은 등급. 평균적인 수준의 것과 비교해서 뒤떨어져 있음.

【170】

不足威嚴하면 易發多怒이요 不足信行하면 易吐多言이라.
(부족위엄 이발다노 부족신행 이토다언)

위엄이 넉넉하지 아니하면 많은 성냄을 발하기가 쉬운 것이요, 신행이 넉넉하지 아니하면 많은 말을 토해내기가 쉽다.

• 威嚴 : 위세가 있어 의젓하고 엄숙한 태도나 기세.
• 信行 : 성실한 행위.

【171】

夫莫言有－我先行者하라 自古至今－然人無數이라.
(부막언유 아선행자 자고지금 연인무수)

무릇 나보다 먼저 행한 자가 있다고 말하지 말라, 예로부터 지금에 이르도록 그런 사람을 셀 수가 없었다.

〚172〛

一言一行을 有益於人이니 若有損人하면 不積福德이라.
일언일행 유익어인 약유손인 부적복덕

한 말, 한 행동을 사람에게 이익이 있게 할 것이니 만일 사람에게 손해가 있게 된다면 복과 덕이 쌓이지 아니한다.

〚173〛

法言贈人하면 貴於寶珠이요 傷言吐人하면 烈於銳戟이라.
법언증인 귀어보주 상언토인 열어예극

법다운 말을 사람에게 주면 보배로운 구슬보다 귀중한 것이요, 상하는 말을 사람에게 토해내면 날카로운 창보다 매서운 것이다.

• 贈 : 보낼 증.
• 戟 : 창 극.

〔174〕

對人相話에 勿言我長하고 勿言我持하며 勿言
대인상화 물언아장 물언아지 물언

我遊이라.
아유

사람을 대하여 서로 이야기함에 나의 장점을 말하지 말고, 나의 가짐(富裕, 權利 등)을 말하지 말며, 나의 노는 것(蕩遊. 奢侈 등)을 말하지 말아야 한다.

〔175〕

使人無聽이거든 莫若不言이요 使人無知거든 莫
사인무청 막약불언 사인무지 막

若不爲이라.
약불위

사람으로 하여금 들음이 없게 하려면 말을 않음만 같음이 없는 것이요, 사람으로 하여금 앎이 없게 하려면 하지 않음만 같음이 없다.

〔176〕

愼語養氣하고 愼念養神하며 愼散養精하고 愼意
신어양기 신념양신 신산양정 신의

養性이라.
양성

말을 삼가서 기운을 기르고, 생각을 삼가서 정신을 기르며, 흘음을 삼가서 정력을 기르고, 뜻(마음)을 삼가서 성품을 길러야 한다.

【177】

勿吐多言(물토다언)이니 多言多失(다언다실)이요 莫行多事(막행다사)이니 多事多憂(다사다우)이라.

많은 말을 토해내지 말지니 많은 말은 실수가 많은 것이요, 많은 일을 행하지 말지니 많은 일은 근심이 많게 된다.

【178】

莫行動身(막행동신)－無益於人(무익어인)이요 莫現起念(막현기념)－無益於己(무익어기)이라.

몸을 움직임에 사람에게 이익이 없거든 행하지 말 것이요, 생각을 일으키되 자기에게 이익이 없거든 나타내지 말라.

【179】

夫人開口하야 吐激烈語는 事實其理ー表示薄弱이라.
부인개구 토격렬어 사실기리 표시박약

대범 사람이 입을 열어서 격렬한 말을 토해내는 것은 사실 그 이유가 박약함을 표시하는 것이다.

• 激烈 : 지극히 맹렬(猛烈)함.
• 薄弱 : ①굳세지 못하고 여림. ②불충분하거나 모자람. ③얇고 여림.

【180】

夫人口說은 不如身行이요 因此耳聞은 不如眼見이라.
부인구설 불여신행 인차이문 불여안견

대범 사람이 입으로 말하는 것은 몸으로 행하는 것만 같지 못한 것이요, 따라서 귀로 듣는 것은 눈으로 보는 것만 같지 못한 것이다.

〔181〕

大凡話多가 不如話少이요 反面行少가 不如行多이라.
대범화다 불여화소 반면행소 불여행다

대범 말이 많은 것이 말이 적음만 같지 못한 것이요, 반면 실행이 적은 것이 실행이 많은 것만 같지 못하다.

〔182〕

語多之人은 易招是非이요 語少之人은 易招鬱悶이라.
어다지인 이초시비 어소지인 이초울민

말이 많은 사람은 시비를 부르기가 쉬운 것이요, 말이 적은 사람은 갑갑함을 부르기가 쉬운 것이다.

- 鬱 : 자기 답답할 울. 막힐 울.
- 悶 : 번민할 민.
- 鬱悶 : 갑갑하다.

〖183〗

夫不飽魚하면 口中不腥이요 亦不含惡하면 口不出暴이라.
부불흘어 구중불성 역불함악 구불출포

대범 생선을 먹지 않으면 입 가운데서 비린내가 나지 않는 것이요, 또한 악을 머금지 않으면 입에서 포악(暴惡)한 (말이) 나오지 않는다.

- 飽 : 배부르게 먹을 흘.
- 腥 : 비릴 성.
- 暴惡 : 사납고 악함.

〖184〗

冷粥冷菓는 人人好吃이나 冷言冷嘲는 人人厭受이라.
냉죽냉과 인인호흘 냉언냉조 인인염수

차가운 죽, 차가운 (얼음) 과자는 사람마다 먹기를 좋아하는 것이지만, 차가운 말, 차가운 비웃음은 사람마다 받기를 싫어한다.

- 粥 : 죽 죽.
- 冷嘲 : 냉정(冷情)한 비웃음.
- 嘲 : 비웃을 조.

【185】

多言之人은 難可遠謀이요 多輕之人은 艱可同事이라.
다언지인 난가원모 다경지인 간가동사

말이 많은 사람과는 가히 원대함을 꾀하기가 어려운 것이요, 가벼움이 많은 사람과는 가히 일을 함께하기가 어렵다.

- 遠謀 : 장래를 생각하는 먼 계책(計策).
- 同事 : ①공동으로 영업을 경영함. 같이 장사함. 동업. ②사섭법(四攝法)의 하나. 보살이 중생을 가까이 하여 고락을 함께 하며 인도함.

【186】

衆人同居에는 守口第一이요 亦是獨坐에는 防心第一이라.
중인동거 수구제일 역시독좌 방심제일

뭇 사람이 함께 사는 데는 입을 지킴이 으뜸이요, 또한 홀로 앉음에는 마음을 막음이 제일이다.

【187】

不可乘喜하야 重言復言이요 不可乘爽하야 起事作件이라.
(불가승희 중언부언 불가승상 기사작건)

가히 기쁨을 타서 거듭 한 말을 다시 말하지 아니할 것이요, 가히 상쾌함을 타서 일을 일으키고 건수를 짓지 않아야 한다.

• 重言復言 : 거듭 한 말을 또 말한다. 똑같은 말을 자꾸 되풀이 함.

【188】

夫人思少하면 是夢亦少이요 因此言寡하면 是過亦寡이라.
(부인사소 시몽역소 인차언과 시과역과)

대범 사람이 생각이 적으면 이에 꿈도 또한 적은 것이요, 따라서 말이 적으면 이에 허물도 또한 적게 된다.

【189】

夫多言者는 自行而少이니 迺言與行이 必成一致이라.
(부다언자 자행이소 내언여행 필성일치)

대범 말이 많은 사람은 스스로 행함이 적은 것이니, 이에 말과 더불어 행동이 반드시 일치를 이루어야 한다.

【190】

光明正大이니 存心如是이요 吐言如是이며 行事如是이라.
광명정대 존심여시 토언여시 행사여시

빛나고 밝고 바르고 크게 할지니 마음가짐을 이와 같이 할 것이요, 말 토해내기를 이와 같이 할 것이며, 일행하기를 이와 같이 해야 한다.

• 光明正大 : 언행(言行)이 떳떳하고 정당함.

【191】

言也宜實이요 行也宜正이며 念也宜清이요 心也宜明이라.
언야의실 행야의정 염야의청 심야의명

말은 의당 실답게 할 것이요, 행동은 의당 바르게 할 것이며, 생각은 의당 맑게 할 것이요, 마음은 의당 밝게 해야 한다.

【192】

啓口之說이 不如足踏이요 開耳之聽이 不如眼
계구지설 불여족답 개이지청 불여안

看이라.
간

입을 열어 말해줌이 발로 밟는 것만 같지 못한 것이요, 귀를 열어 듣는 것이 눈으로 보는 것만 같지 못한 것이다.

【193】

夫有三勿이니 勿聽耳非이요 勿看眼短이며 勿言
부유삼물 물청이비 물간안단 물언

口過이라.
구과

대범 세 가지 말아야 할 것이 있으니 귀로 (남의) 그름을 듣지 말 것이요, 눈으로 (남의) 단점을 보지 말 것이며, 입으로 (남의) 허물을 말하지 말아야 한다.

【194】

勝者之言은 復爲挑戰이요 敗者之言은 盡力不
승자지언 부위도전 패자지언 진력불

爲이라.
위

승자의 말은 "다시 도전을 한다."는 것이요, 패자의 말은 "힘을 다해도 되지 않는다."는 것이다.

- 挑 : 휠 도.
- 挑戰 : ①싸움을 걸거나 돋움. ②비유적으로, 어려운 사업이나 기록 경신에 맞섬.

【195】

盛名之下(성명지하)는 其實難副(기실난부)이라 하니 言行一致(언행일치)가 宜人踏路(의인답로)이라.

"왕성한 이름의 뒤에는 그 실제에 부합되기가 어렵다." 하였으니, 말과 행동이 일치하는 것이 마땅히 사람의 밟아야할 길이다.

- 盛名之下 其實難副 : 범엽(范曄)의 《후한서(後漢書)》 황경전(黃瓊傳)에 실려 있다.

【196】

大凡人間(대범인간)에 一句嘉言(일구가언)은 如暖紅爐(여난홍로)하야 能鎔冬寒(능용동한)이라.

대범 인간에 한마디 아름다운 말은 따뜻하기가 붉은 화

로와 같아서 능히 겨울의 차가움을 녹여 준다.

• 爐 : 화로 노(로).

• 鎔 : 녹일 용.

【197】

大凡世上(대범세상)에 最好之話(최호지화)는 不吐自口(불토자구)－半之半口(반지반구)이라.

대범 세상에 가장 좋은 말은, 입으로부터 반의 반구도 토해내지 않는 것이다.

【198】

若見人短(약견인단)하면 我有爲短(아유위단)이요 隨見人長(수견인장)라면 我有爲長(아유위장)이라.

만일 사람의 단점만 보이면 나에게 단점이 될 만한 게 있는 것이요, 따라서 사람의 장점만 보이면 나에게 장점이 될 만한 게 있는 것이다.

【199】

大凡開口하면 形氣自散이요 因此意靜하면 火血自寒이라.
대범개구 형기자산 인차의정 화혈자한

대범 입을 열면(말이 많으면) 형체의 기운이 저절로 흩어지는 것이요, 따라서 뜻(생각, 마음)이 고요하면 뜨거운 피가 저절로 차가워진다.

- 形氣 : 형상과 기운.
- 火血 : 불같이 뜨거운 피.

【200】

不說逢人 - 人間之事하면 便於人間에 無事之人이라.
불설봉인 인간지사 변어인간 무사지인

사람을 만나더라도 인간의 일을 말하지 아니하면 문득 인간에 일이 없는 사람이다.

Ⅳ

過恥編(과치편)

허물과 부끄러움

IV

過恥編과치편

허물과 부끄러움

【001】

夫人改過하면 自遷於善이요 亦是知恥하면 自移於廉이라.
부인개과 자천어선 역시지치 자이어염

대범 사람이 허물을 고치면 저절로 선에 옮겨가는 것이요, 또한 부끄러움을 알면 저절로 염치(廉恥)에 옮겨 가게 된다.

- 改過遷善 : 지난날의 잘못을 고치어 착하게 됨.
- 廉恥 : 남에게 신세를 지거나 폐를 끼치거나 할 때 부끄럽고 미안한 마음을 가지는 상태.

【002】

知過之人은 自爲淸人이요 知恥之人은 自做廉人이라.
지과지인 자위청인 지치지인 자주염인

허물을 아는 사람은 저절로 맑은 사람이 되는 것이요, 부끄러움을 아는 사람은 저절로 청렴한 사람이 된다.

• 淸廉 : 성품과 행실이 높고 맑으며, 탐욕이 없음.

【003】

若謗他人하고 又妬他人하면 他人及前에 先餘己汚이라.
약방타인 우투타인 타인급전 선여기오

만일 다른 사람을 비방(誹謗)하고 또한 다른 사람을 강샘하면, 다른 사람에게 미치기 이전에 먼저 몸에 더러움이 남겨지게 된다.

• 誹謗 : 남을 헐뜯어 말함.
• 妬 : 강샘할 투.

【004】

莫說他人의 短與汚點이니 說來說去에 自招患禍이라.
막설타인 단여오점 설래설거 자초환화

다른 사람의 단점과 더불어 더러운 점을 말하지 말지니, 말이 오고 말이 감에 저절로 근심과 재앙을 부르게 된다.

• 汚點 : ①더러운 점. ②명예를 더럽히는 점.

【005】

絶不責人이니 故責其事이요 亦責其行이며 亦責
절불책인　고책기사　역책기행　역책

其誤이라.
기오

절대로 사람을 꾸짖어서는 안 되는 것이니, 그러므로 그 일을 꾸짖을 것이요, 또한 그 행함을 꾸짖을 것이며, 또한 그 잘못을 꾸짖어야 한다.

【006】

大凡不責-人之小過이요 亦是不顯-人之陰私
대범불책　인지소과　역시불현　인지음사

이라.

대범 사람의 작은 허물을 책망하지 아니할 것이요, 또한 남의 비밀을 드러내지 않아야 한다.

• 陰私 : 개인의 비밀.

【007】

人能改過하면 衆人不忌이요 亦能安分하면 鬼神無害이라.
인능개과 중인불기 역능안분 귀신 무해

사람이 능히 허물을 고치면 뭇 사람이 꺼려하지 않는 것이요, 또한 능히 분수에 편안하면 귀신도 해침이 없다.

• 改過 : 잘못이나 허물을 뉘우쳐 고침.
• 安分 : 편안한 마음으로 제 분수(分數)를 지킴.

【008】

責己而嚴하면 犯過自寡이요 立志而正하면 成功自多이라.
책기이엄 범과자과 입지이정 성공 자다

자기를 책망함이 엄하면 허물을 범함이 저절로 적어지는 것이요, 뜻을 세움이 바르면 공을 이룸이 저절로 많아진다.

• 責己 : 자기가 자기를 꾸짖음.
• 犯過 : 잘못을 저지름.
• 立志 : 뜻을 세움.

[009]

知足不辱하고 知廉不耻하며 知止不殆하고 知己不咎이라.
지족불욕 지염불치 지지불태 지기불구

만족함을 알면 욕되지 아니하고, 청렴을 알면 부끄럽지 아니하며, 그칠 줄을 알면 위태롭지 아니하고, 자기를 알면 허물되지 아니한다.

• 辱 : 욕되게 할 욕.
• 咎 : 허물 구.

[010]

知過必改하고 見義必行하며 解業必鑠하고 到慾必斷이라.
지과필개 견의필행 해업필삭 도욕필단

허물을 알아서 반드시 고치고, 의를 보면 반드시 행하며, 업을 풀어서 반드시 녹이고, 욕심이 이르면 반드시 끊어야 한다.

• 鑠 : 녹일 삭.

【011】

於人急事는 尋過改過이요 於人大事는 知非正非이라.
어인급사 심과개과 어인대사 지비정비

사람에 급한 일은 허물을 찾아서 허물을 고치는 것이요, 사람에 큰일은 그름을 알아서 그름을 바루는 것이다.

【012】

大凡勿治-小事疏忽이요 因此勿踰-小過總是이라.
대범물치 소사소홀 인차물유 소과총시

대범 작은 일이라도 소홀하게 다스리지 말 것이요, 따라서 작은 허물이라도 그냥 넘어가지 말라.

- 疏忽 : ①데면데면하고 가벼움. ②대수롭지 않고 예사임. ③하찮게 여겨 관심을 두지 않음.
- 踰 : 넘을 유.
- 總是 : 그냥.

【013】

見過察己하면 近於無過이요 見過察人하면 近於積過이라.
견과찰기 근어무과 견과찰인 근어적과

허물을 보고 자기를 살피면 허물이 없음에 가까운 것이요, 허물을 보고 남을 살피면 허물이 쌓임에 가깝게 된다.

【014】

外來境界(외래경계)는 或有避回(혹유피회)이나 內起疚過(내기구과)는 實難癒改(실난유개)이라.

밖에서 오는 경계는 혹 피하고 돌릴 수도 있으나, 안에서 일어나는 병증이나 허물은 사실 치유(治癒)하고 고치기가 어렵다.

• 癒 : 병 나을 유.
• 治癒 : 치료하여 병을 낫게 함.

【015】

包腥之褓(포성지보)는 常放惡臭(상방악취)이요 包香之褓(포향지보)는 常嗅馨氣(상후형기)이라.

비린 것을 싼 보자기는 항상 나쁜(고약한) 냄새를 풍기는 것이요, 향을 싼 보자기는 항상 향기로운 기운(냄새)이 맡아진다.

• 腥 : 비릴 성.

• 褓 : 포대기 보.

• 惡臭 : ①불쾌(不快)한 냄새. ②고약한 냄새.

• 嗅 : 맡을 후.

【016】

夫至淸者는 超越淸濁이요 反淸行者는 云不犯
부 지 청 자 초 월 청 탁 반 청 행 자 운 불 범

過이라.
과

대범 지극히 맑다는 것은 맑음과 흐림을 초월한 것이요, 반면 행동이 맑다는 것은 허물을 범하지 않음을 이름이다.

【017】

平日之夜거든 一切反省하고 決算所行하야 放念
평 일 지 야 일 체 반 성 결 산 소 행 방 념

入寢이라.
입 침

평일의 저녁이거든 일체를 돌이켜 살피고 행한 바를 결산하여 생각을 놓아버리고 잠자리에 들어가야 한다.

• 放念 : 걱정이 없이 마음을 편안히 가짐.

• 寢 : 잠잘 침.

【018】

人生之路는 提高素質이요 反面艱狀은 改變習慣이라.
인생지로 제고소질 반면간상 개변습관

인생의 길은 (자기의) 소질을 제고시키는 것이요, 반면에 어려운 상황은 (자기의) 습관을 개변시키는 것이다.

- 提高 : ①쳐들어 높임. ②정도를 높임. ③돋워 올림.
- 改變 : 고치어 바꿈.
- 習慣 : ①여러 번 되풀이함으로써 저절로 익고 굳어진 행동. ②치우쳐서 고치기 어렵게 된 성질.

【019】

用得正人하면 善者皆勸이요 用得邪人하면 惡者皆進이라.
용득정인 선자개권 용득사인 악자개진

바른 사람을 얻어서 쓴다면 선한 것을 다 권장함이 되는 것이요, 삿된 사람을 얻어서 쓴다면 악한 것을 다 나아가게 함이 된다.

【020】

好聞己過하면 消過至眞이요 好聞己譽하면 損譽臻灾이라.
호문기과 소과지진 호문기예 손예 진재

자기의 허물 듣기를 좋아하면 허물이 소멸하여 참됨이 이를 것이요, 자기의 기림 듣기를 좋아하면 기림이 덜어져서 재앙이 이른다.

- 譽 : 기릴 예.
- 臻 : 이를 진.

【021】

夫痛莫大－不聞己過이요 亦辱莫大－不知己恥이라.
부통막대 불문기과 역욕막대 부지기치

대범 아픔이란, 자기의 허물을 듣지 못하는 것보다 더 큼이 없는 것이요, 또한 욕됨이란 자기의 부끄러움을 알지 못하는 것보다 더 큼이 없다.

[022]

知過非難이요 改過實難이며 言善非難이요 行善誠難이라.
지과비난 개과실난 언선비난 행선성난

허물을 아는 것이 어려운 것이 아니요, 허물을 고치는 것이 사실 어려운 것이며, 선을 말하는 것이 어려운 것이 아니요, 선을 행하는 것이 참으로 어려운 것이다.

[023]

責他人心으로 責己無過이요 恕自己心으로 恕人無怨이라.
책타인심 책기무과 서자기심 서인무원

다른 사람을 책망하는 마음으로 자기를 책망하면 허물이 없을 것이요, 자기를 용서하는 마음으로 남을 용서하면 원망이 없게 된다.

[024]

人也忍耐－一時憤氣하면 能得免脫－千日起憂이라.
인야인내 일시분기 능득면탈 천일기우

사람이 한때의 분한 기운을 참고 견디면, 능히 일 천 날의 일어나는 근심을 면하고 벗어남을 얻게 된다.

• 忍耐 : 참고 견딤. 감인(堪忍). 내인(耐忍).
• 憤氣 : 분(憤)한 생각이나 기운.

〔025〕

人也閑坐에 常思己過이요 與人閑談에 莫論人非이라.
인야한좌 상사기과 여인한담 막론인비

사람이 한가롭게 앉음에 항상 자기의 허물을 생각할 것이요, 사람과 더불어 한가하게 말함에 남의 그름을 논하지 말라.

〔026〕

有人至非는 好談人過이요 有人至癡는 好蓋己過이라.
유인지비 호담인과 유인지치 호개기과

사람이 지극히 그른 것은 남의 허물 말하기를 좋아하는데 있는 것이요, 사람이 지극히 어리석은 것은 자기의 허물 덮기를 좋아하는데 있다.

• 蓋 : 덮을 개.

〖027〗

不妒他長하면 酒少己短이요 不護己短하면 乃養己長이라.
불투타장 내소기단 불호기단 내양기장

남의 장점을 시기하지 아니하면 이에 자기의 단점이 적어지는 것이요, 자기의 단점을 두호하지 아니하면 이에 자기의 장점이 길러진다.

• 妒 : 시기할 투. 투기할 투.

〖028〗

人生最過는 唯在己欺이요 人生最壞는 唯存自絕이라.
인생최과 유재기기 인생최괴 유존자절

인생에 최대의 허물은 오직 자기를 속이는데 있는 것이요, 인생에 최대의 무너짐은 스스로 절망(絕望)하는데 있다.

• 絕望 : 바라볼 것이 없게 되어 모든 희망을 끊어 버림, 또는 그런 상태.

【029】

與人謀事에 有咎歸己하고 有善歸人하면 相和功成이라.
여인모사 유구귀기 유선귀인 상화공성

사람과 더불어 일을 도모함에 허물이 있으면 자기에게 돌리고, 선이 있으면 남에게 돌린다면 서로 화합해서 공을 이루게 된다.

• 謀事 : 일을 꾀함.

【030】

不在容恕－授傷人懷이라 於己深心에 自放怨憎이라.
부재용서 수상인회 어기심심 자방원증

용서는 상처를 준 사람을 품어주는데 있는 것이 아니라 자기의 깊은 마음에서 스스로 원망과 증오를 놓아버리는 것이다.

• 容恕 : ①관용(寬容)을 베풀어 벌하지 않음. ②꾸짖지 아니함. ③놓아 줌.
• 怨憎 : 원망(怨望)과 증오(憎惡).

【031】

明心淸眼으로 常省己過언정 暝心昧眼으로 不見人過이라.
명심청안 상성기과 명심매안 불견인과

밝은 마음, 맑은 눈으로 항상 자기의 허물을 살필지언정 어둔 마음, 어둔 눈으로 남의 허물은 보지 않아야 한다.

• 暝 : 어두울 명.
• 昧 : 어두울 매.

【032】

或看人非라도 勿其人嘲이요 或見人過라도 莫向人吐이라.
혹간인비 물기인조 혹견인과 막향인토

혹 남의 그름(잘못)을 볼지라도 그 사람을 비웃지 말 것이요, 혹 남의 허물을 볼지라도 남을 향해 토해내지 말라.

• 嘲 : 비웃을 조.

[033]

見過於人거든 省自己過이요 見過於事거든 察自己事이라.
견과어인 성자기과 견과어사 찰자기사

허물이 사람에게서 보이거든 자기 허물을 살필 것이요, 허물(잘못)이 일에서 보이거든 자기의 일을 살펴야 한다.

[034]

認識內己하고 省察內己하며 改變內己하고 登高內己이라.
인식내기 성찰내기 개변내기 등고내기

안의 자기를 인식하고 안의 자기를 성찰하며, 안의 자기를 개변하고 안의 자기를 등고해야 한다.

- 認識 : ①사물을 분별하고 판단하여 아는 일. ②의식(意識)하고 지각(知覺)하는 작용의 총칭.
- 省察 : ①허물이나 저지른 일들을 반성하여 살핌. ②저지른 죄를 자세히 생각하여 냄.
- 改變 : 고치어 바꿈.
- 登高 : 높은 곳에 오름. 높은 곳에 오르도록 함.

【035】

眞正之人은 顧內在己이요 不看他人의 過失缺
진정지인 고내재기 불간타인 과실결

點이라.
점

참되고 바른 사람은 안에 있는 자기를 돌아보는 것이요, 다른 사람의 과실이나 결점을 보지 않는다.

• 顧 : 돌아볼 고.
• 缺 : 이지러질 결.
• 缺點 : ①모자라는 점. ②잘못되거나 완전하지 못한 점.

【036】

恒修心持-淸明之心이요 常修身存-正直之身
항수심지 청명지심 상수신존 정직지신

이라.

항상 마음을 닦아서 맑고 밝은 마음을 가질 것이요, 항상 몸을 닦아서 바르고 곧은 몸을 간직해야 한다.

【037】

看他人缺하고 改自己誤이요 看對方優하고 增自
간타인결 개자기오 간대방우 증자

己功이라.
기공

다른 사람의 결점을 보고 자기의 잘못을 고칠 것이요, 상대방의 우월(優越)함을 보고 자기의 공덕을 증장(增長)시켜야 한다.

• 優越 : 다른 것보다 뛰어나게 나음.
• 增長 : 힘을 도와 전보다 더 잘하게 함.

【038】

大凡能忍－一時之忿이면 自然增長－人生眞面이라.
대범능인 일시지분 자연증장 인생진면

대범 능히 한때의 분노(忿怒)를 참으면 자연히 사람의 참된 면목(面目)이 더해지고 자라나게 된다.

• 忿怒＝憤怒 : 분(憤)하여 성을 냄.
• 面目 : ① 얼굴. ② 체면(體面). ③ 상태나 됨됨이. ④ 얼굴이 생긴 모양.

【039】

夫人時時로 見己之非는 此爲契開－萬善之門이라.
부인시시 견기지비 차위계개 만선지문

대범 사람이 때때로 자기의 그름을 보는 것은 이것이 뭇선의 문을 여는 계기(契機)가 되는 것이다.

• 契機 : 일이 일어나거나 결정되는 근거.

【040】

大凡時時로 點檢己過는 必做契獲－別人之頌
대범시시 점검기과 필주계획 별인지송

이라.

대범 때때로 자기의 허물을 점검한다는 것은 반드시 다른 사람의 칭송을 얻는 계기가 된다.

• 點檢 : 낱낱이 검사함. 점사(點査). 검점(檢點).
• 契 : 맺을 계.
• 獲 : 얻을 획.

【041】

猜忌嫉妬는 使我遠離－信任朋友의 遮目蓋面
시기질투 사아원리 신임붕우 차목개면

이라.

시기와 질투는 나로 하여금 신임하는 벗을 멀리 떠나가게 하는 눈의 가림이요, 얼굴의 덮음이다.

• 猜忌 : 어떤 사람이 자기보다 뛰어난 사람을, 또는 그의 뛰어난 능력 등을 샘하여 미워하는 것.
• 信任 : 믿고 일을 맡기는 일.
• 遮 : 가릴 차. 막을 차.

• 蓋 : 덮을 개.

〖042〗

大凡一念의 瞋心如火이니 燒燼累劫의 功德之林이라.
(대범일념 진심여화 소신누겁 공덕지림)

대범 한 생각의 성내는 마음은 불과 같은 것이니, 수많은 세월에 공덕의 숲을 태워 버린다.

• 瞋心 = 嗔心 : 갑자기 왈칵 성내는 마음.
• 燼 : 깜부기불 신. 타다 남은 것.
• 累 : 여러 루(누).
• 劫 : 겁 겁. 오랜 세월.
• 功德林 : 선근공덕(善根功德)을 많이 쌓음이 수풀의 무성함과 같다는 말.

〖043〗

人生活世에 重要知恥이라 故俯仰間에 無愧乾坤이라.
(인생활세 중요지치 고부앙간 무괴건곤)

사람이 세상을 살아감에 부끄러움을 아는 것이 중요한 것이라, 그러므로 엎드리고 우러르는 사이에 하늘과 땅에 부끄러움이 없어야 한다.

• 俯仰 : 아래를 굽어봄과 위를 쳐다봄.

• 愧 : 부끄러워할 괴.

• 乾坤 : ①하늘과 땅을 상징적으로 일컫는 말. ②온 세상. ③주역(周易)의 두 가지 괘명 건괘와 곤괘. 하늘과 땅. 양(陽)과 음(陰). 서북과 서남(西南).

【044】

夫當恐懼와 又彷徨時하야 要能無憂－無慮無
부당공구 우방황시 요능무우 무려무

煩이라.
번

대범 두려움과 또한 방황의 때를 당하여 능히 근심이 없고 염려가 없으며 번거함이 없는 것이 중요하다.

• 恐懼 : 몹시 두려워함.

• 彷 : 거닐 방.

• 徨 : 노닐 황.

• 彷徨 : ①방향이나 위치를 잘 몰라 이리저리 헤매는 것. ②삶의 분명한 목표를 정하지 못하고 마음의 갈등을 겪거나 갈팡질팡하는 것.

【045】

不犯貳過는 人之大明이요 不懋遷怒는 人之大
불범이과 인지대명 불무천노 인지대

修이라.
수

두 번 허물을 범하지 않는 것은 사람의 큰 밝음이요, 성냄 옮기기를 힘쓰지 않는 것은 사람의 큰 수양이다.

• 貳 : 두 이.
• 懋 : 힘쓸 무.
• 貳過遷怒 : 《논어》 옹야(雍也)에 "불천노 불이과(不遷怒 不貳過)라" 하였으니, '노여움을 남에게 옮기지 않으며, (두 번) 같은 잘못을 되풀이하지 않는다.'는 의미이다.

【046】

凡看人過하고 大概責人하나니 返心責己하면 必爲寡過이라.
(범간인과 대개책인 반심책기 필위과과)

대범 사람의 허물을 보고 대개는 사람을 책망하나니, 마음을 돌려 자기를 책망하면 반드시 허물이 적게 된다.

• 責己 : 스스로 제 허물을 꾸짖음.

【047】

自己有過거든 絶勿諱避이요 朋友有過거든 當爲覆躱이라.
(자기유과 절물휘피 붕우유과 당위복타)

자기에게 허물이 있거든 절대로 꺼려 피하지 말 것이요, 벗이 허물이 있거든 마땅히 덮어서 비켜야 한다.

• 諱 : 꺼릴 휘.
• 躲 : 비킬 타.

【048】

不知羞恥하면 爲無賴漢이요 不知自己하면 做蒙昧人이라.
부지수치 위무뢰한 부지자기 주몽매인

부끄러움을 알지 못하면 무뢰한이 되는 것이요, 자기를 알지 못하면 몽매한 사람이 된다.

• 羞恥 : 당당하거나 떳떳하지 못하여 느끼는 부끄러움.
• 賴 : 힘입을 뢰.
• 無賴漢 : 뜻 일정하게 하는 일도 없이 떠돌아다니며 나쁜 짓을 하는 사람을 이르는 말.
• 蒙 : 입을 몽.
• 蒙昧人 : 어리석고 사리에 어두운 사람.

【049】

嫌疑太甚하면 當人輕視이요 姿態太高하면 當人排擠이라.
혐의태심 당인경시 자태태고 당인배제

혐의가 너무 심하면 사람에게 가볍게 보임을 당하는 것이요, 자태가 지나치게 높으면 사람의 배제를 당하게 된다.

• 嫌疑 : ①어떤 일이나 범죄를 저질렀으리라는 의심. ②피하여 꺼려지다.
• 姿態 : 어떤 대상의 생김새나 모양.
• 排 : 밀칠 배.
• 擠 : 밀 제.
• 排擠 : 남을 배척하거나 어려운 지경에 빠뜨림.

【050】

捍寒之法은 莫如被衣이요 止誹之法은 莫如淸行이라.
한한지법 막여피의 지비지법 막여청행

추위를 막는 방법은 옷을 입는 것만 같음이 없는 것이요, 헐뜯음을 그치는 방법은 행동을 맑게 하는 것만 같음이 없다.

• 捍 : 막을 한.

【051】

大凡缺乏－自信自尊이면 人生路上에 必有壅蔽이라.
대범결핍 자신자존 인생로상 필유옹폐

대범 자신감(自信感)과 자존심(自尊心)이 결핍이 되면 인생의 길 위에 반드시 막히고 가림이 있게 된다.

• 缺乏 : ①모자람. ②부족(不足)함.

• 自信感 : 어떤 일에 대하여 뜻한 대로 이루어 낼 수 있다고 스스로의 능력을 믿는 굳센 마음.
• 自尊心 : 남에게 굽히지 않고 자기 몸이나 마음을 스스로 높이는 마음.
• 壅 : 막을 옹.
• 蔽 : 가릴 폐. 덮을 폐.
• 壅蔽 : 막고 가림.

【052】

大凡莫說-己是人非이요 亦是莫言-己長人短이라.
대범막설 기시인비 역시막언 기장인단

대범 자기는 옳고 남은 그르다고 말하지 말 것이요, 또한 자기는 장점이 (있고) 남은 단점이 (있다) 말하지 말라.

【053】

凡人改過하면 必正身行이요 亦除業影하면 必明心源이라.
범인개과 필정신행 역제업영 필명심원

대범 사람이 허물을 고치면 반드시 몸과 행동이 발라질 것이요, 또한 업장의 그림자를 제거하면 반드시 마음의 근원이 밝아진다.

【054】

改過之人은 必有向上이요 護短之人은 必爲落下이라.
개과지인 필유향상 호단지인 필위낙하

허물을 고치는 사람은 반드시 향상이 있는 것이요, 단점을 두호하는 사람은 반드시 낙하하게 된다.

• 向上 : 위나 앞을 향해 발전함.
• 落下 : 떨어져 내림.

【055】

起一念非하면 卽是遏之이요 生一動妄하면 卽是淸之이라.
기일념비 즉시알지 생일동망 즉시청지

한 생각 그름이 일어나면 바로 막을 것이요, 한 움직임에 망령이 생겨나면 곧 맑혀야 한다.

• 遏 : 막을 알.

【056】

勿以己長으로 咫人之短이요 勿以己拙로 睚人之能이라.
물이기장 지인지단 물이기졸 애인 지능

자기의 장점으로써 사람의 단점을 재지 말 것이요, 자기의 옹졸(壅拙)함으로써 사람의 능함을 흘겨보지 말라.

• 咫 : 길이 지. 재다.
• 壅拙 : 성질이 너그럽지 못하고 생각이 좁음.
• 睚 : 눈 흘겨볼 애.

【057】

是非爲重이요 利害爲輕이며 實行爲重이요 虛思爲輕이라.
시비위중 이해위경 실행위중 허사 위경

옳고 그름은 무거움이 되는 것이요, 이롭고 해로움은 가벼움이 되는 것이며, 실지 행하는 것은 무거움이 되는 것이요, 헛된 생각은 가벼움이 된다.

【058】

夫人常親－諫諍之友이요 因此莫近－阿諛之人
부 인 상 친 간 쟁 지 우 인 차 막 근 아 유 지 인

이라.

대범 사람은 항상 간쟁하는 벗을 친히 할 것이요, 따라서 아첨하는 사람은 가까이 하지 말라.

- 諫 : 간할 간.
- 諍 : 간할 쟁.
- 諫諍＝諫爭 : 말로써 굳게 간(諫)하여 실수를 바로잡고 잘못을 고치게 함.
- 阿 : 아첨할 아. 언덕 아.
- 諛 : 아첨할 유.
- 阿諛 : ①아첨함. ②남에게 환심을 사기 위해 알랑거림.

【059】

見人長處라도 不生嫉心이요 見人短點라도 不存
견 인 장 처 불 생 질 심 견 인 단 점 부 존

較念이라.
교 념

사람의 장처를 볼지라도 질투하는 마음을 내지 아니할 것이요, 사람의 단점을 보더라도 계교(計較)하는 생각을 갖지 않아야 한다.

- 長處 : ①마음씨나 행실의 가장 나은 점. ②여러 일 가운데 아주 잘 하는 점.
- 嫉 : 시기할 질.

• 計較 : 서로 견주어 살핌.

• 較 : 견줄 교.

〖060〗

好聞己過이요 不言人過하며 好責己非이요 不揚人非이라.
호문기과 불언인과 호책기비 불양인비

자기 허물 듣기를 좋아할 것이요, 남의 허물은 말하지 아니할 것이며, 자기 그름 책망하기를 좋아할 것이요, 남의 그름은 들춰내지 않아야 한다.

• 揚 : 드날릴 양. 오를 양.

〖061〗

自己有過하면 盡力改之이요 別人有過하면 和心撫之이라.
자기유과 진력개지 별인유과 화심무지

자기가 허물이 있으면 힘을 다하여 고칠 것이요, 다른 사람이 허물이 있으면 화해(和諧)로운 마음으로 어루만져야 한다.

• 和諧 : ① 화목하다. ② 잘 어울리다. ③ 조화하다.

【062】

夫尋對人하야는 過中無過이요 又尋對己하야는 無過中過이라.
부심대인 과중무과 우심대기 무과중과

대범 사람을 대해서는 허물 가운데서 허물이 없음을 찾을 것이요, 또한 자기를 대해서는 허물이 없는 가운데서 허물을 찾아야 한다.

【063】

樹種地揀하면 果實多摘이요 言聽善擇하면 是非明白이라.
수종지간 과실다적 언청선택 시비명백

나무를 땅을 가려서 심으면 과실을 많이 딸 것이요, 말을 잘 가려서 들으면 옳고 그름이 명백하여진다.

• 明白 : 의심할 것 없이 아주 뚜렷하고 환함.

【064】

大凡人也一日省己身하야 看過卽改하고 無則尤勉이라.
대범인야 일성기신 간과즉개 무즉우면

대범 사람이 날마다 자기 몸을 살펴서 허물이 보이거든 바로 고치고 없으면 더욱 힘써야 한다.

【065】

起人憂念거든 反省內己이요 見人非事거든 反檢外己이라.
기인우념 반성내기 견인비사 반검외기

사람의 근심스런 생각이 일어나거든 돌이켜 안으로 자기를 살필 것이요, 사람의 그른 일이 보이거든 돌이켜 바깥으로 자기를 점검해야 한다.

【066】

有過於己거든 絕不忌改이요 有過於人거든 絕不吐口이라.
유과어기 절불기개 유과어인 절불토구

허물이 자기에게 있거든 절대로 고치기를 꺼려하지 아니할 것이요, 허물이 사람에게 있거든 절대로 입으로 토해내지 않아야 한다.

【067】

大凡人也－貴知明己이니 槪知己長이나 難知己短이라.
대 범 인 야 귀 지 명 기 개 지 기 장 난 지 기 단

대범 사람이 밝게 자기를 아는 것이 귀한 것이니, 대개 자기의 장점은 알지만 자기의 단점은 알기가 어렵다.

【068】

知慚之人은 恒忙責己이요 知廉之人은 絕不怨人이라.
지 참 지 인 항 망 책 기 지 염 지 인 절 불 원 인

부끄러워할 줄 아는 사람은 항상 자기를 책망하는데 바쁜 것이요, 염치(廉恥)를 아는 사람은 절대 남을 원망하지 아니한다.

• 慚 : 부끄러울 참.
• 廉恥 : 남에게 신세를 지거나 폐를 끼치거나 할 때 부끄럽고 미안한 마음을 가지는 상태.

[069]

數飛之鳥는 易罣羅網이요 行輕之人은 易入是非이라.
삭비지조 이괘나망 행경지인 이입시비

자주 나는 새는 그물에 걸리기가 쉬운 것이요, 행동이 가벼운 사람은 시비에 들기가 쉽다.

- 數 : 자주 삭.
- 罣 : 걸 괘. 걸리다.
- 羅網 : ①새를 잡는 데 쓰는 그물. ②불전(佛殿)을 장식하는 기구(器具). 구슬을 꿰어서 그물처럼 만듦.
- 網 : 그물 망.
- 是非 : ①시(是)와 비(非). 잘잘못. ②옳으니 그르니 하는 말다툼.

[070]

大凡人也－勿說人過이니 若說人過하면 竟歸害身이라.
대범인야 물설인과 약설인과 경귀해신

대범 사람은 남의 허물을 말하지 말지니, 만일 사람의 허물을 말하면 끝내는 자신에게 손해가 돌아온다.

【071】

大凡人也－處世活去에 不護己短이요 不掩人長이라.
대범인야　처세활거　불호기단　불엄인장

대범 사람이 세상에 처하여 살아감에 자기의 단점을 두호하지 못하는 것이요, 사람의 장점을 가리지 못하는 것이다.

• 掩 : 가릴 엄.

【072】

人見他非를 勿易辨言이요 或有我過거든 勿易遮覆이라.
인견타비　물이판언　혹유아과　물이차복

사람은 다른 (사람의) 그름을 쉽게 판별하여 말하지 말 것이요, 혹 나에게 허물이 있거든 쉽게 가리고 덮으려 하지 말라.

• 辨 : 판별할 판.

【073】

責人之心을 反做責己하면 能養自身의 寬懷之心이라.
책인지심 반주책기 능양자신 관회지심

남을 질책하는 마음을 돌이켜서 자기를 질책하면 능히 자신의 너그럽고 품어주는 마음이 길러지게 된다.

【074】

大凡接人하야 勿見過劣하고 勿論是非하며 勿究利害이라.
대범접인 물견과열 물논시비 물구이해

대범 사람을 접응하여 허물이나 하열함을 보지 아니하고, 옳고 그름을 논하지 아니하며, 이롭고 해로움을 따지지 않아야 한다.

• 究 : 따지다.

【075】

一念起非하면 卽是遏之이요 一行起妄하면 卽是正之이라.
일념기비 즉시알지 일행기망 즉시정지

한 생각 그름이 일어나면 곧 막아버릴 것이요, 한 행동 망령이 일어나면 곧 바루어야 한다.

【076】

知人過失이어든 反己改之이요 纏人過失이어든 反身解之이라.
지인과실 반기개지 전인과실 반신해지

남의 과실을 알았거든 몸에 돌이켜서 고칠 것이요, 사람에 과실이 얽혔거든 몸에 돌이켜서 풀어야 한다.

• 纏 : 얽힐 전.

【077】

人有過非를 我須善知이나 然有我過를 焉不善知이리요.
인유과비 아수선지 연유아과 언부선지

남의 허물과 그름이 있는 것을 내가 모름지기 잘 알지만, 그러나 나에게 있는 허물을 어찌 잘 알지 못하는가?

• 焉 : 어찌 언.

[078]

責人之心으로 責己寡過이요 恕己之心으로 恕人全緣이라.
책인지심 책기과과 서기지심 서인전연

남을 질책하는 마음으로 자기를 질책하면 허물이 적을 것이요, 자기를 용서하는 마음으로 사람을 용서하면 인연이 온전하게 된다.

[079]

夫自瞽者는 樂語己長이요 亦自聾者는 樂言人短이라.
부자고자 낙어기장 역자롱자 낙언인단

대범 스스로 소경인 사람은 자기의 장점 말하기를 즐겨 하는 것이요, 또한 스스로 귀머거리인 사람은 남의 단점 말하기를 즐겨한다.

- 瞽 : 소경 고.
- 聾 : 귀머거리 롱(농).

【080】

人活斯世에 但改己過이요 世上衆人의 不論是非이라.
인활사세 단개기과 세상중인 불론시비

사람이 이 세상을 살아감에 다만 자기의 허물을 고치자는 것이요, 세상 뭇 사람의 옳고 그름을 논하자는 것은 아니다.

【081】

改過日樂이요 正非日樂이며 生喜日樂이요 解憂日樂이라.
개과일락 정비일락 생희일락 해우일락

허물을 고치면 날마다 즐거운 것이요, 그름을 바루면 날마다 즐거운 것이며, 기쁨이 생기면 날마다 즐거운 것이요, 근심이 풀어지면 날마다 즐거운 것이다.

【082】

雖終日言이라도 少無口過이요 又終身動이라도 少無行尤이라.
수종일언 소무구과 우종신동 소무행우

비록 종일토록 말을 할지라도 조금도 입의 허물이 없어야 하는 것이요, 또한 종신토록 움직일지라도 조금도 행동의 허물이 없어야 한다.

• 終身 : ①목숨을 다하기까지의 동안. ②일생을 마침.

〔083〕

爲我不可(위아불가)라 하면 誣蔑自己(무멸자기)이요 謂人不可(위인불가)라 하면 做蔑別人(주멸별인)이라.

"나는 옳지 않다"라 하면 자기를 깔보고 업신여기는 것이요, "남은 옳지 않다"라 하면 다른 사람을 깔보고 업신여기는 것이다.

• 蔑 : 업신여길 멸.

〔084〕

夫痛莫大(부통막대) - 不見自過(불견자과)이요 又辱莫大(우욕막대) - 不知自恥(부지자치)이라.

대범 아픔은 자기의 허물을 보지 못하는 것보다 더 큼이 없는 것이요, 또한 욕됨은 스스로 부끄러움을 알지 못하는 것보다 더 큼이 없다.

【085】

加責於己언정 不加責人이요 加利於人이언정 不加利己이라.
(가책어기 불가책인 가리어인 불가리기)

자기에게 질책을 더할지언정 사람에게 질책을 더하지 아니 할 것이요, 사람에게 이익을 더할지언정 자기에게 이익을 더하지 않아야 한다.

【086】

夫耳不聞－其人之非이요 又目不視－其人之誤이라.
(부이불문 기인지비 우목불시 기인지오)

대범 귀로는 그 사람의 그름은 듣지 아니할 것이요, 또한 눈으로는 그 사람의 잘못은 보지 않아야 한다.

【087】

夫口不言－其人犯過이요 又意不斟－其人犯惡이라.
(부구불언 기인범과 우의부짐 기인범악)

대범 입으로 그 사람이 허물을 범하였다고 말하지 아니할 것이요, 또한 뜻(마음)으로 그 사람이 악을 범하였다고 짐작하지 않아야 한다.

【088】

言我而非는 卽爲吾師이요 言我而是는 卽爲吾賊이라.
언아이비 즉위오사 언아이시 즉위오적

나를 그르다고 말하는 것은 곧 나의 스승이 되는 것이요, 나를 옳다고 말하는 것은 곧 나의 해로움이 된다.

• 賊 : 해로운 적.

【089】

捐時之非하고 捐日之非하며 捐月之非하고 捐年之非이라.
연시지비 연일지비 연월지비 연년지비

때로 그름을 버리고, 날로 그름을 버리며, 달로 그름을 버리고, 해로 그름을 버려야 한다.

【090】

聞譭勿惕하고 聞譽勿欣이니 顧行如何하면 譭譽豈論이리요.
문훼물척 문예물흔 고행여하 훼예기론

헐뜯음을 들었을지라도 두려워하지 말고, 기림을 들었을지라도 기뻐하지 말지니, (자신의) 행동이 어떠한가를 돌아본다면, 헐뜯음과 기림을 어찌 논하리요?

- 譭 : 헐뜯을 훼.
- 惕 : 두려워할 척.
- 譽 : 기릴 예.
- 欣 : 기뻐할 흔.

【091】

大凡誡愼(대범계신)하면 無醜身行(무추신행)이요 反面思量(반면사량)하면 無顯作過(무현작과)이라.

대범 경계하고 삼가면 몸의 행실이 추루(醜陋)할 것이 없는 것이요, 또한 생각하고 헤아리면 지은 허물이 드러날게 없다.

- 醜陋 : 추하고 던지러움. 더럽고 지저분함.

【092】

夫人反省(부인반성)—過失有無(과실유무)하야 有過能改(유과능개)이요 無過善養(무과선양)이라.

대범 사람이 허물이 있는가 없는가를 반성하여 허물이 있으면 능히 고칠 것이요, 허물이 없으면 잘 길러야 한다.

【093】

對己忘功(대기망공)이언정 不忘尤過(불망우과)이요 對他忘怨(대타망원)이언정 不忘恩惠(불망은혜)이라.

자기를 대하여 공은 잊어버릴지언정 허물을 잊어서는 안 될 것이요, 다른 이를 대하여 원망을 잊어버릴지언정 은혜를 잊어서는 안 된다.

【094】

見他人非(견타인비)하고 覓我之非(멱아지비)이요 見他人過(견타인과)하고 尋我之過(심아지과)이라.

다른 사람의 그름을 보고 나의 그름을 찾을 것이요, 다른 사람의 허물을 보고 나의 허물을 찾아야 한다.

【095】

大凡寬恕－他人過失하면 結局自己의 榮耀榮
대범관서　타인과실　결국자기　영요영

華이라.
화

대범 다른 사람의 실수나 허물을 너그럽게 용서하면 결국 자기가 빛나고 화려하게 된다.

• 榮耀榮華 : 권력이나 부를 얻어서 번성한다는 뜻으로, ①사치를 다함. ②호화롭고 화려함.

【096】

人也終生－不見己過하면 頓絶此人－聖賢之
인야종생　불견기과　돈절차인　성현지

路이라.
로

사람이 일생을 마치도록 자기의 허물을 보지 못한다면 단번에 이런 사람은 성인과 어진 이의 길이 끊어지게 된다.

【097】

人也終日－談人之過하면 頓傷此人－天地之和
인야종일　담인지과　돈상차인　천지지화

이라.

사람이 날이 마치도록 사람의 허물을 말한다면, 단번에 이런 사람은 하늘과 땅의 조화(調和)를 상하게 된다.

• 調和 : 서로 잘 어울림.

【098】

大凡害人하면 人亦害之이요 因此怨人하면 人亦怨之이라.
대범해인 인역해지 인차원인 인역원지

대범 사람을 해치면 사람이 또한 해칠 것이요, 따라서 사람을 원망하면 사람이 또한 원망을 하게 된다.

【099】

大凡罵人하면 人亦罵之이요 因此擊人하면 人亦擊之이라.
대범매인 인역매지 인차격인 인역격지

대범 사람을 꾸짖으면 사람이 또한 꾸짖을 것이요, 따라서 사람을 공격하면 사람이 또한 공격을 하게 된다.

• 罵 : 꾸짖을 매. 욕할 매.

【100】

大凡憎人하면 人亦憎之이요 因此愛人하면 人亦愛之이라.
대범증인 인역증지 인차애인 인역애지

대범 사람을 미워하면 사람이 또한 미워할 것이요, 따라서 사람을 사랑하면 사람이 또한 사랑을 하게 된다.

【101】

被害別人은 大概掩飾－自己缺點이니 是實恥行이라.
피해별인 대개엄식 자기결점 시실치행

해를 다른 사람에게 입히는 것은 대개 자기의 결점을 가리고 꾸미려는 것이니, 이는 실로 부끄러운 행위이다.

• 掩 : 가릴 엄.
• 飾 : 꾸밀 식.

【102】

常讚他人의 長點好面이언정 不說背後에 其人過錯이라.
상찬타인 장점호면 불설배후 기인과착

항상 다른 사람의 장점이나 좋은 면을 칭찬할지언정 등 뒤에서 그 사람의 허물이나 그름을 말하지 않아야 한다.

• 錯 : 그를 착.

〖103〗

人也難見－自己之過이요 反面善見－別人之誤
인 야 난 견 　 자 기 지 과 　 반 면 선 견 　 별 인 지 오
이라.

사람은 자기의 허물은 보기가 어려운 것이요, 반면에 다른 사람의 잘못은 잘 보이는 것이다.

〖104〗

大凡他非이요 我也不非라 하면 是卽我非로 終顯
대 범 타 비 　 아 야 불 비 　 시 즉 아 비 　 종 현
韞過이라.
온 과

대범 다른 이는 그른 것이요 나는 그르지 않다 한다면, 이것이 곧 나의 그른 것으로 마침내는 감춰진 허물까지 드러나게 된다.

• 韞 : 감출 온.

【105】

莫大過者는 縱己之慾이요 莫大惡者는 言人之非이라.
막대과자 종기지욕 막대악자 언인지비

허물이라는 것은 자기의 욕심만 따르는 것보다 더 큼이 없는 것이요, 악이라는 것은 남의 그름을 말하는 것보다 더 큼이 없다.

【106】

大凡詳察－自己之過이요 亦是莫窺－他人之辜이라.
대범상찰 자기지과 역시막규 타인지고

대범 자세하게 자기의 허물을 살필 것이요, 또한 다른 사람의 허물은 엿보지 말아야 한다.

• 窺 : 엿볼 규.
• 辜 : 허물 고.

【107】

喜聞人過가 不若聞過이요 好言人過가 不如露過이라.
희문인과 불약문과 호언인과 불여노과

남의 허물 듣기를 기뻐함이 (자기의) 허물을 듣는 것만 같지 못한 것이요, 남의 허물 말하기를 좋아함이 (자기의) 허물 드러내는 것만 같지 못하다.

〖108〗

或處是非(혹처시비)하면 宜當內顧(의당내고)이요 亦到毁譽(역도훼예)하면 宜當察己(의당찰기)이라.

혹 옳고 그름에 처하게 되면 마땅히 안을 돌아볼 것이요, 또한 칭찬과 기림이 이르면 마땅히 자기를 살펴야 한다.

• 毁 : 헐 훼.

〖109〗

人眼在前(인안재전)은 不看人缺(불간인결)이니 毫視不到(호시부도) - 自己缺點(자기결점)이라.

사람의 눈이 앞에 있는 것은 남의 결점을 보라는 것이 아니니, 털끝만큼이라도 자기가 결점에 이르지 않도록 살펴보라는 것이다.

• 毫 : 가는 털 호.

【110】

人忘己功이언정 不忘己過이요 亦忘人怨이언정
인 망 기 공　　불 망 기 과　　역 망 인 원

不忘被恩이라.
불 망 피 은

사람이 자기의 공은 잊을지언정 자기의 허물은 잊지 아니할 것이요, 또한 남을 원망함을 잊을지언정 입은 은혜는 잊지 않아야 한다.

【111】

大凡人也－責人之心으로 施責於己하면 寡過常
대 범 인 야　책 인 지 심　　시 책 어 기　　과 과 상

安이라.
안

대범 사람이 남을 질책하는 마음으로 질책을 자기에게 베풀면 허물이 적어서 항상 편안하다.

【112】

夫人之過는 常現眼前이요 隨己之過는 恒隱背
부 인 지 과　상 현 안 전　　수 기 지 과　항 은 배

後이라.
후

대범 남의 허물은 항상 눈앞에 나타나는 것이요, 따라서 자기의 허물은 항상 등 뒤에 숨는 것이다.

〖113〗

> 不知悔過하면 下等之人이요 不知悔改하면 劣等之人이라.
> 부지회과 하등지인 부지회개 열등 지인

허물을 뉘우칠 줄을 알지 못하면 하등의 사람이요, 뉘우쳐도 고칠 줄을 알지 못하면 열등의 사람이다.

- 下等 : 낮은 등급이나 수준이나 정도.
- 劣等 : 낮은 등급. 평균적인 수준의 것과 비교해서 뒤떨어져 있음.

〖114〗

> 大凡人也－至極聰明은 不在責人이요 有在責己이라.
> 대범인야 지극총명 부재책인 유재책 기

대범 사람이 지극히 총명하다는 것은 남을 질책하는데 있는 것이 아니요, 오직 자기를 질책하는데 있다.

- 聰明 : ①슬기롭고 도리에 밝음. ②눈과 귀가 예민함.

〔115〕

> 返照自己하야 莫責他人이요 容恕自身하야 莫辜他人이라.
> (반조자기 막책타인 용서자신 막고 타인)

자기를 반조하여 다른 사람을 질책하지 말 것이요, 자신을 용서하여 다른 사람을 허물하지 말라.

- 返照 : 저녁 무렵에 햇빛이 서산에 걸려서 동쪽을 되비추는 것을 반조라고 한다. 여기에 근거하여 경계에 끌려 다니는 정신을 되돌려 자기의 본래 면목을 되찾는 것을 비유하는 말.
- 辜 : 허물 고.

〔116〕

> 不說人非하고 卽尋己非이요 不埋人長하고 卽尋己長이라.
> (불설인비 즉심기비 불매인장 즉심 기장)

남의 그름을 말하지 아니하고 곧 자기의 그름을 찾을 것이요, 남의 장점을 묻어버리지 아니하고 곧 자기의 장점을 찾아야 한다.

〔117〕

昧心之人은 恒揚人過이요 明心之人은 常揚人善이라.
매심지인 항양인과 명심지인 상양인선

마음이 어두운 사람은 항상 남의 과실을 드러내는 것이요, 마음이 밝은 사람은 항상 남의 선을 드러낸다.

〔118〕

大凡人也－恕己一過하면 種種之過가 由其而生이라.
대범인야 서기일과 종종지과 유기이생

대범 사람이 자기의 한 허물을 용서하면 갖가지 허물이 그로 말미암아 생겨나게 된다.

〔119〕

大凡人也－欲非不知인대 先除己非하야 不犯第一이라.
대범인야 욕비부지 선제기비 불범제일

대범 사람이 그름을 알지 못하게 하고자 할진대, 먼저 자기의 그름을 제거하여 범하지 않음이 으뜸이다.

〔120〕

自己短處를 不可覆掩이니 若有此行하면 難脫短處이라.
자기단처 불가복엄 약유차행 난탈 단처

자기의 단처를 가히 덮고 가리지 아니할지니, 만일 이런 행위가 있다면 단처를 벗어나기가 어렵다.

• 短處 : ①부족한 점. ②못한 점. ③나쁜 점.
• 掩 : 가릴 엄.

〔121〕

自己長處를 不可誇立이니 若有此行하면 難顯長處이라.
자기장처 불가과립 약유차행 난현 장처

자기의 장처를 가히 자랑하고 세우지 아니할지니, 만일 이런 행위가 있다면 장처가 드러나기 어렵다.

• 長處 : ①마음씨나 행실의 가장 나은 점. ②여러 일 가운데 아주 잘 하는 점.
• 誇 : 자랑할 과.

[122]

容己錯誤는 微細錯誤이요 飾己錯誤는 難治錯誤이라.
용기착오 미세착오 식기착오 난치착오

자기의 착오를 용인하는 것은 미세한 착오이요, 자기의 착오를 꾸미는 것은 다스리기 어려운 착오이다.

- 錯誤 : ①인식(認識)과 대상(對象), 또는 생각과 사실이 일치하지 않는 일. ②착각(錯覺)으로 인하여 잘못하는 것, 또는 그러한 잘못. 오착. 착류(錯謬).
- 微細 : ①분간하기 어려울 만큼 매우 작음. ②몹시 자세하고 꼼꼼함.

[123]

聰明之人은 於錯誤中에 發見自己의 缺點不足이라.
총명지인 어착오중 발견자기 결점부족

총명한 사람은 잘못되어지는 가운데에서 자기의 결점과 부족을 발견하는 것이다.

[124]

怨天尤人은 自己過失을 發展增幅하야 却成罪惡이라.
원천우인 자기과실 발전증폭 각성죄악

하늘을 원망하고 사람을 허물하는 것은 자기의 과실을 발전시키고 증폭시켜서 도리어 죄악을 이루는 것이 된다.

• 增幅 : ①사물의 범위를 넓혀 크게 하는 것. ②라디오 등에서 전압(電壓) · 전류(電流)의 진폭(振幅)을 늘려 감도(感度)를 좋게 하는 일.

• 幅 : 폭 폭.

〔125〕

己過不恕(기과불서)하고 人過能恕(인과능서)이요 自誤不容(자오불용)하고 人誤能容(인오능용)이라.

자기의 허물은 용서하지 아니하고 사람의 허물은 능히 용서할 것이요, 자기의 잘못은 용납하지 아니하고 사람의 잘못은 능히 용납해야 한다.

〔126〕

自認過失(자인과실)은 決非恥辱(결비치욕)이라 所謂能進(소위능진)－昨非今是(작비금시)이라.

스스로 과실을 인정하는 것은 결코 치욕이 아니라, 이른바 능히 어제까지는 그르쳤다가 오늘은 옳음으로 나아가는 것이다.

• 恥辱 : 부끄럽고 욕됨. 불명예(不名譽).

• 昨 : 어제 작.

〔127〕

夫病莫大－不聽自過이요 又辱莫大－不知自恥이라.
부병막대 불청자과 우욕막대 부지자치

대범 병통은 자기의 허물을 듣지 않으려는 것보다 더 큼이 없는 것이요, 또한 욕됨은 자기의 부끄러움을 알지 못하는 것보다 더 큼이 없다.

〔128〕

夫過莫大－盈己之慾이요 又惡莫大－顯人之非이라.
부과막대 영기지욕 우악막대 현인지비

대범 허물은 자기의 욕심을 채우는 것보다 더 큼이 없는 것이요, 또한 악은 남의 그름을 드러내는 것보다 더 큼이 없다.

【129】

若聞過喜하고 又聒善拜하며 又聆忠謝하고 又聽敎銘이라.
약문과희 우오선배 우령충사 우청교명

만일 (자기의) 허물을 들었으면 기뻐하고, 또한 (자기의) 선을 들었으면 절을 하며, 또한 (자기가) 충고를 들었으면 감사하고, 또한 (자기가) 가르침을 들었으면 (가슴에) 새겨야 한다.

• 聒 : 들을 오.

【130】

最大之非는 莫大飾非이요 最大之過는 莫大掩過이라.
최대지비 막대식비 최대지과 막대엄과

가장 크다는 그름은 그름을 꾸미는 것보다 더 큼이 없는 것이요, 가장 크다는 허물은 허물을 가리는 것보다 더 큼이 없다.

〔131〕

大凡有過거든 莫遲速悔이니 若有速悔하면 易爲卽改이라.
대범유과 막지속회 약유속회 이위 즉개

대범 허물이 있거든 지체(遲滯)하지 말고 빨리 뉘우칠 것이니, 만일에 빨리 뉘우침이 있으면 바로 고치기가 쉬워진다.

• 遲滯 : ①기한에 뒤짐. ②어물어물하여 시간이 늦어짐.

〔132〕

若不知非하면 何能棄非이며 又不知過하면 何能改過이리요?
약부지비 하능기비 우부지과 하능 개과

만일 그름을 알지 못하면 어떻게 능히 그름을 버릴 것이며, 또한 허물을 알지 못하면 어떻게 능히 허물을 고치리요?

〔133〕

掩飾己過하야 拒絶人忠하면 艱改其過로 難免愚人이라.
엄식기과 거절인충 간개기과 난면 우인

자기의 허물을 가리고 꾸며서 사람의 충고를 거절한다면, 그 허물을 고치기가 어려운 것으로 어리석은 사람을 면하기가 어렵다.

〖134〗

大凡人也-或犯小過라도 如作大惡이라야 莫躊改過이라.
대범인야 혹범소과 여작대악 막주 개과

대범 사람이 혹 작은 허물을 범할지라도 큰 악을 지은 것같이 해야 허물을 고치는데 주저(躊躇)함이 없다.

- 躊 : 머뭇거릴 주.
- 躊躇 : (어떤 일이나 행동을) 과감하게 또는 적극적으로 하지 못하고 머뭇거리며 망설이는 것.

〖135〗

不能改過하면 安能改人이며 不能受忠하면 安能忠人이리요.
불능개과 안능개인 불능수충 안능 충인

능히 허물을 고치지 아니하면 어찌 능히 사람에게 고치라할 것이며, 능히 충고를 받아들이지 아니하면 어찌 능히 충고하는 사람이 되리요?

〖136〗

夫在不祥은 數聞己過이요 又在好瑞는 聞過卽改이라.
부재불상 삭문기과 우재호서 문과즉개

대범 상서(祥瑞)롭지 않는 것은 자주 자기의 허물을 듣는데 있는 것이요, 또한 좋은 상서는 허물을 듣고 바로 고치는데 있는 것이다.

• 祥瑞 : 경사롭고 길한 징조.
• 數 : 자주 삭.

〖137〗

大凡人也－最做己益은 莫如改過－善處進遷이라.
대범인야 최주기익 막여개과 선처진천

대범 사람이 가장 자기의 이익이 되는 것은 허물을 고쳐서 선한 곳으로 나아가고 옮겨가는 것만 같음이 없다.

〖138〗

過而不止하면 癡之爲本이라 若過不改하면 難免天癡이라.
과이부지 치지위본 약과불개 난면천치

허물을 그치지 아니하면 어리석어가는 근본이 되는 것이라, 만일 허물이 고쳐지지 아니하면 천치임을 면하기 어렵다.

• 天癡 : ①선천적으로 정신 작용이 완전하지 못하여 어리석고 못난 사람. ②지능(知能)이 가장 낮은 단계로서 6~7세의 정상아 이하의 지능을 가짐. 흔히 신체적으로도 여러 가지 기형 · 운동 장애 · 감각 이상 등이 따름. 백치(白痴).

〚139〛

有過不飾하고 有犯不辯하며 有功不伐하고 有得不驕이라.
유과불식 유범불변 유공불벌 유득불교

허물이 있으면 꾸미지 아니하고, 범함이 있으면 변명하지 아니하며, 공이 있으면 자랑하지 아니하고, 얻음이 있으면 교만하지 않아야 한다.

〚140〛

好聞好忠하며 好問好察하야 改過不吝을 謂之聰智이라.
호문호충 호문호찰 개과불린 위지총지

(허물) 듣기를 좋아하고 충고 (받기를) 좋아하며, (남에게) 묻기를 좋아하고 (자기) 살피기를 좋아하여 허물을 고치는데 인색하지 아니함을 일러서 총명한 지혜라 한다.

〖141〗

大凡檢己하야 若不及人이요 因此察過하야 做不逮人이라.
대범검기 약불급인 인차찰과 주불체인

대범 자기를 점검하여 남에게 미치지 못하는 것같이 할 것이요, 따라서 허물을 살펴서 남에게 미쳐가지 않게 해야 한다.

• 逮 : 미칠 체.

〖142〗

古人有過에 不喜人詎이나 今人有過에 不喜人窺이라.
고인유과 불희인거 금인유과 불희인규

옛사람은 허물이 있음에 사람들이 모를까봐 기뻐하지 아니 하였으나, 지금 사람들은 허물이 있음에 사람들이 엿볼까봐 기뻐하지 않는다.

• 詎 : 모를 거.
• 窺 : 엿볼 규.

〔143〕

藏疾忌醫하면 難瘳其病이요 隱過憚悛하면 難做淨人이라.
장질기의 난추기병 은과탄전 난주정인

병을 갈무리고 의사를 꺼려하면 그 병은 낫기가 어려운 것이요, 허물을 숨겨서 고치기를 꺼려하면 조촐한 사람 되기가 어렵다.

- 瘳 : 병 나을 추.
- 憚 : 꺼릴 탄.
- 悛 : 고칠 전.

〔144〕

對於過失하야 醒則必改이라 改後不犯하면 是成正禀이라.
대어과실 성즉필개 개후불범 시성정품

과실에 대하여 깨달으면 반드시 고칠 것이라, 고친 뒤에 범하지 아니하면 이는 바른 인품을 이루게 된다.

〔145〕

人好聞過하면 自然無過이요 人惡聞過하면 自然有過이라.
인호문과 자연무과 인오문과 자연유과

사람이 허물 듣기를 좋아하면 저절로 허물이 없어지는 것이요, 사람이 허물 듣기를 싫어하면 저절로 허물이 있어진다.

〔146〕

功夫之人은 但見己過이요 勿尋人非하고 勿見人誤이라.
공부지인 단견기과 물심인비 물견인오

공부하는 사람은 다만 자기의 허물을 볼 것이요, 남의 그름을 찾지 말고 남의 잘못을 보려 말라.

〔147〕

但見人過하고 不見己失하면 愚昧之人이요 迷惑之人이라.
단견인과 불견기실 우매지인 미혹지인

다만 남의 허물을 보고 자기의 잘못을 보지 못한다면, 우매한 사람이요 미혹한 사람이다.

• 愚昧 : 어리석고 몽매(蒙昧)함.
• 迷惑 : 마음이 흐려서 무엇에 홀림.

【148】

功夫之人이 能知其過하면 已改過失에 解決折半이라.
공부지인 능지기과 이개과실 해결절반

수행하는 사람이 능히 그 허물을 안다면, 이미 과실을 고침에 절반은 해결이 된 것이다.

【149】

在人憂者는 不知其過이요 在患之患은 不改其過이라.
재인우자 부지기과 재환지환 불개기과

대범 사람의 근심이라는 것은 그 허물을 알지 못하는데 있는 것이요, 근심의 근심은 그 허물을 고치지 않는데 있는 것이다.

【150】

大凡人憂－不知其過이나 已知不改는 眞無勇故이라.
대범인우 부지기과 이지불개 진무용 고

대범 사람이 자기의 허물을 알지 못하는 것이 걱정되는 것이지만, 이미 알고도 고치지 않는 것은 참으로 용기가 없기 때문이다.

【151】

一時知非하면 一時改之이요 一日知非하면 一日改之이라.
일시지비 일시개지 일일지비 일일개지

한때 그름을 알았으면 한때에 고칠 것이요, 하루 그름을 알았으면 하루에 고쳐야 한다.

【152】

人見己過는 自立淸稟이요 亦反己行은 自進正路이라.
인견기과 자립청품 역반기행 자진정로

사람이 자기의 허물을 본다는 것은 스스로 맑은 인품을 세우는 것이요, 또한 자기의 행동을 돌이킨다는 것은 스스로 바른길로 나아가는 것이다.

〔153〕

大凡愚人은 每每時時로 人言聽窺이요 人行審辜이라.
대범우인 매매시시 인언청규 인행심고

대범 어리석은 사람은 매양 때때로 남의 말을 엿보아 듣는 것이요, 남의 행동에 그름을 살피는 것이다.

〔154〕

靜坐常思－自己之過이언정 相談莫論－他人之非이라.
정좌상사 자기지과 상담막론 타인지비

고요히 앉음에 항상 자기의 허물을 생각할지언정 서로 말함에 다른 사람의 그름을 논하지 말라.

• 靜坐 : 마음을 가라앉히고 몸을 바로 하여 조용히 앉음.

【155】

大凡責己하면 己德日進이니 此心接人하면 己德日陳이라.
(대범책기 기덕일진 차심접인 기덕일진)

대범 자기를 질책하면 자기의 덕이 날로 나아가는 것이니, 이런 마음으로 사람을 접하면 자기의 덕이 날마다 펼쳐지게 된다.

• 陳 : 펼 진. 늘어놓을 진.

【156】

大凡癡者는 莫大詎恥이요 亦是過者는 莫大謳言이라.
(대범치자 막대거치 역시과자 막대역언)

대범 어리석음이라는 것은 부끄러움을 모르는 것보다 더 큼이 없는 것이요, 또한 허물이라는 것은 교묘한 말보다 더 큼이 없다.

• 詎 : 모를 거. 어찌 거.
• 謳 : 교묘한 말 력(역).

【157】

癡人喜怒에 不分輕重이요 亦是笑罵에 不審是非이라.
치인희노 불분경중 역시소매 불심시비

어리석은 사람은 기쁘고 성내는데 가볍고 무거움을 분간하지 못하는 것이요, 또한 웃고 꾸짖음에 옳고 그름을 살피지 못하는 것이다.

• 罵 : 꾸짖을 매. 욕할 매

【158】

歸咎於己는 得人之路이요 歸過於人은 失人之程이라.
귀구어기 득인지로 귀과어인 실인지정

허물을 자기에게 돌리는 것은 사람을 얻는 길이요, 허물을 남에게 돌리는 것은 사람을 잃는 길이다.

• 咎 : 허물 구.

【159】

察己之人은 不說人過하나니 點檢自己에 不得閒暇이라.
(찰기지인 불설인과 점검자기 부득 한가)

자기를 살피는 사람은 남의 허물을 말하지 아니하나니, 자기를 점검하기에 한가로운 겨를을 얻지 못함이라.

【160】

有過無悔을 是謂眞過이요 有癡無醒을 是謂眞癡이라.
(유과무회 시위진과 유치무성 시위진치)

허물이 있는데 뉘우침이 없음을 이를 일러 정말로 허물이라 하는 것이요, 어리석음이 있는데 깨어남이 없음을 이를 일러 정말로 어리석음이라 한다.

【161】

言者無辜하니 聞人足誡이요 行者無罪하니 見人能醒이라.
(언자무고 문인족계 행자무죄 견인능성)

말하는 사람은 허물이 없으니 듣는 사람이 족히 경계를

할 것이요, 행하는 사람은 죄가 없으니 보는 사람이 능히 깨우쳐야 한다.

〖162〗

不知自過는 是蒙昧人이요 不改自知는 是怯弱者이라.
불지자과 시몽매인 불개자지 시겁약자

자기 허물을 알지 못하는 것은 이에 어두운 사람이요, 자기가 알고도 고치지 않는 것은 이에 겁약한 사람이다.

- 蒙昧 : 어리석고 어두움.
- 怯弱 : 겁이 많아서 마음이 약(弱)함.

〖163〗

有過不知는 是無智人이요 旣知不改는 是無勇者이라.
유과부지 시무지인 기지불개 시무용자

허물이 있는데 알지 못하는 것은 이는 지혜가 없는 사람이요, 이미 알고도 고치지 않는 것은 이는 용기가 없는 사람이다.

〔164〕

人言我過하면 喜而聞之이요 又言我善하면 愼而恥之이라.
인언아과 희이문지 우언아선 신이치지

사람이 나의 허물을 말하면 기쁘게 들을 것이요, 또한 나의 선을 말하면 삼가고 부끄러워해야 한다.

〔165〕

大凡不貴-無過者也이요 事實爲貴-有過改者이라.
대범불귀 무과자야 사실위귀 유과개자

대범 허물이 없는 것을 귀하게 여기는 것이 아니요, 사실 허물이 있으면 고치는 것을 귀하게 여겨야 한다.

〔166〕

有過必改하고 有善必遷하며 有歪必正이 修身之路이라.
유과필개 유선필천 유왜필정 수신지로

허물이 있으면 반드시 고치고, 선이 있으면 반드시 옮겨가며, 비뚤어짐이 있으면 반드시 바루는 것이 몸(마음)을 닦는 길이다.

• 遷 : 옮길 천.
• 歪 : 비뚤어질 왜.

〔167〕

莫見人過하고 能見己過이요 莫見人癡하고 能見己癡이라.
막견인과 능견기과 막견인치 능견기치

남의 허물을 보지 말고 능히 자기의 허물을 볼 것이요, 남의 어리석음을 보지 말고 능히 자기의 어리석음을 보아야 한다.

〔168〕

大凡易見－人之過失이나 反面難正－犯過之人이라.
대범이견 인지과실 반면난정 범과지인

대범 사람의 과실은 보기는 쉬운 것이지만, 반면에 과실을 범한 사람을 바로잡아주기는 어려운 것이다.

【169】

大凡犯過가 不如改過이요 亦是改過가 不如無過이라.
대범범과 불여개과 역시개과 불여무과

대범 허물을 범하는 것이 허물을 고치는 것만 같지 못한 것이요, 또한 허물을 고치는 것이 허물이 없는 것만 같지 못한 것이다.

【170】

大凡莫論－朋友之過이요 亦是莫索－他人之私이라.
대범막론 붕우지과 역시막색 타인지사

대범 벗의 허물을 논하지 말 것이요, 또한 다른 사람의 사사로움을 찾지 말라.

• 索 : 찾을 색.

【171】

大凡衣裳은 在於我身에 能蔽陋處이라도 不蓋陋過이라.
대범의상 재어아신 능폐누처 불개누과

대범 옷은 우리의 몸에 있어서 능히 더러운 곳을 가릴지라도 더러운 허물은 덮지를 못한다.

• 蔽 : 가릴 폐. 덮을 폐.
• 陋 : 더러울 루. 좁을 루.

〔172〕

心暗之目은 先見人過이요 心明之眼은 先見自過이라.
심암지목 선견인과 심명지안 선견자과

마음이 어두운 눈은 먼저 남의 허물이 보이는 것이요, 마음이 밝은 눈은 먼저 자기의 허물이 보이는 것이다.

〔173〕

好說己長이 迺說己短이요 善知己短이 卻毓己長이라.
호설기장 내설기단 선지기단 각육기장

자기의 장점 말하기 좋아하는 것이 이에 자기의 단점을 말하는 것이요, 자기의 단점을 잘 아는 것이 도리어 자기의 장점을 기르는 것이다.

• 毓 : 기를 육.

【174】

有辜之人은 難容有辜이요 無辜之人이라야 能容有辜이라.
유고지인 난용유고 무고지인 능용유고

허물이 있는 사람은 허물이 있는 (사람을) 용납하지 못하는 것이요, 허물이 없는 사람이라야 능히 허물이 있는 (사람을) 포용한다.

【175】

大凡能任－自過之人이 立君子位이요 住大人位이라.
대범능임 자과지인 입군자위 주대인위

대범 능히 자기의 허물을 책임 하는 사람이 군자의 위치에 서는 것이요, 대인의 위치에 머무는 것이다.

• 君子 : ①학식과 덕행이 높은 사람. ②벼슬이 높은 사람. ③아내가 자기 남편을 높여 일컫는 말.
• 大人 : 거인(巨人), 성인(成人), 대인군자. 높은 신분 · 지위 · 관직에 있는 사람.

〖176〗

> 人生之路에 不經許多한 試行錯誤하면 難成偉格이라.
> 인생지로 불경허다 시행착오 난성위격

사람이 살아가는 길에 허다한 시행의 착오를 지내지 아니하면 위대한 인격을 이루기가 어렵다.

- 試行 : 시험삼아 행함.
- 錯誤 : ①인식(認識)과 대상, 또는 생각과 사실이 일치(一致)하지 않는 일. ②착각(錯覺)으로 인하여 잘못하는 것, 또는 그러한 잘못. 오착. 착류.

〖177〗

> 巨大之木은 能忍風雨이요 偉大之人은 能勝過誤이라.
> 거대지목 능인풍우 위대지인 능승과오

큰 나무는 능히 바람과 비를 견디는 것이요, 위대한 사람은 능히 허물과 잘못을 이겨내는 것이다.

- 過誤 : 잘못, 그릇된 짓.

〖178〗

當於錯狀하야 不進一足하면 啻不成事이라 難成世事이라.
(당어착상 부진일족 시불성사 난성세사)

잘못된 상황을 당하여 한 발을 나아가지 아니하면 (자기의) 일을 이루지 못할 뿐만 아니라 세상의 일을 이루기는 (더욱) 어렵다.

〖179〗

無過不貴이요 有過尙貴이라 大賢之人은 因過成稟이라.
(무과불귀 유과상귀 대현지인 인과성품)

허물없는 것이 귀한 것이 아니요 허물 있는 것이 오히려 귀한 것이라, 크게 어진 사람은 허물로 인하여 인품(人稟)을 이룬다.

• 人稟 : 사람의 품격.

【180】

大凡犯過에 停住之人과 失望之人은 絶不改過이라.
대범범과 정주지인 실망지인 절불개과

대범 허물을 범함에 머물러 버린 사람과 실망하는 사람은 절대로 허물을 고치지 못한다.

【181】

凡有人間에 大小苦痛은 實如成長하는 滋養分也이라.
범유인간 대소고통 실여성장 자양분야

대범 사람에 있어서 크고 작은 고통(착오, 과실)은 실로 성장을 시키는 자양분과 같은 것이다.

• 滋養分 : 자양(滋養). 몸의 영양을 좋게 하는 음식의 성분.

【182】

大凡人也－一次犯過를 不犯二三하면 是進趣人이라.
대범인야 일차범과 불범이삼 시진취인

대범 사람이 일차로 범한 과오를 두세 번 범하지 아니하면, 이는 진취하는 사람이다.

• 進趣 : ①고(苦)에서 탈출하는 것. ②일단 더 높은 수행단계에 나아가는 것. ③하지(下地)에서 상지(上地)로 나아가는 것.

• 趣 : 달릴 취.

〖183〗

夫人犯過가 設大必宥이니 容恕甚深하면 至不犯時이라.
부인범과 설대필유 용서심심 지불범시

대범 사람이 허물을 범한 것이 설사 크다 할지라도 반드시 용서할지니 용서를 매우 깊이하면 범하지 않을 때에 이르게 된다.

• 宥 : 용서할 유.

〖184〗

夫禍莫大-順從己慾이요 又病莫大-不知己過이라.
부화막대 순종기욕 우병막대 부지기과

대범 재앙은 자기의 욕심을 따르는 것보다 더 큼이 없는 것이요, 또한 병은 자기의 허물을 알지 못하는 것보다 더 큼이 없다.

〖185〗

夫人難免－已作之過이나 然就改過하면 爲無過
부 인 난 면 이 작 지 과 연 취 개 과 위 무 과

人이라.
인

대범 사람이 이미 지은 허물을 면하기는 어려운 것이지만, 그러나 허물을 고치는 데로 나가면 허물없는 사람이 된다.

〖186〗

大凡過誤는 不守眞度의 派生之影이니 知僞卽
대 범 과 오 불 수 진 도 파 생 지 영 지 위 즉

消이라.
소

대범 허물이라는 것은 참된 법도를 지키지 아니하여 파생된 그림자이니 거짓임을 알면 곧 사라진다.

• 派生 : 사물이 어떤 근원으로부터 갈려 나와 생김.
• 僞 : 거짓 위.

【187】

大凡人也－活於斯世에 不知感謝하면 必生過辜이라.
대범인야 활어사세 부지감사 필생과고

대범 사람이 이 세상에 살아가는데 감사할 줄을 알지 못하면 반드시 허물이 생겨난다.

• 辜 : 허물 고.

【188】

世上之人이 宜時施恩하고 恐或不知는 卻不洗過이라.
세상지인 의시시은 공혹부지 각불세과

세상 사람들이 때에 맞게 은혜를 베풀고 혹 알아주지 못할까 저어하는 것은 도리어 씻지 못할 허물이 된다.

【189】

大凡過者는 汚而醜之로 能知顯現－自己習様이라.
대범과자 오이추지 능지현현 자기습양

대범 허물이라는 것은 더럽고 추한 것으로 능히 자기 습성의 모양이 드러나고 나타난 것임을 알아야 한다.

【190】

大凡眞情－愛人也者는 能抱人作－一切之過이라.
대범진정 애인야자 능포인작 일체지과

대범 진정으로 사람을 사랑한다는 것은 능히 사람이 지은 모든 허물을 안아주는 것이다.

【191】

不言他人의 大小之過이니 不經如何하야 必回自己이라.
불언타인 대소지과 부경여하 필회 자기

다른 사람의 크고 작은 허물을 말하지 아니할지니, 얼마 지나지 아니하여 반드시 자기에게로 돌아온다.

• 如何 : 얼마.

【192】

人索無過-有過之中하면 少無所憎이요 亦無所
인색무과 유과지중 소무소증 역무소

叱이라.
질

사람이 허물이 없음을 허물이 있는 가운데서 찾는다면 조금도 미운 바가 없을 것이요, 또한 질책할 바도 없게 된다.

• 叱 : 꾸짖을 질.

【193】

有智之人은 改過遷善이요 愚癡之人은 犯過沒
유지지인 개과천선 우치지인 범과몰

非이라.
비

지혜가 있는 사람은 허물을 고쳐서 선으로 나아가는 것이요, 어리석은 사람은 허물을 범하여 그름으로 빠져 든다.

• 改過遷善 : 지난날의 잘못을 고치어 착하게 됨.

〖194〗

大凡人家에 有所見過하면 絶不暴露하야 信而懷之이라.
대범인가 유소견과 절불폭로 신이 회지

대범 사람의 집안에 허물이 보이는 바가 있으면 절대로 폭로하지 아니하여 믿어주고 품어주어야 한다.

• 暴露 : ①비바람에 직접 노출됨. 풍우에 드러남. ②남의 비밀, 비행(非行) 따위를 파헤쳐서 남들 앞에 드러내 놓는 일.

〖195〗

人對人過하야 迺言取笑는 其人裏面에는 有藏多過이라.
인대인과 내언취소 기인이면 유장 다과

사람이 남의 허물을 대하여 이에 흉보아 말하는 것은, 그 사람 속에는 많은 허물이 갈무려 있는 것이다.

• 取笑 : ①흉보다. ②남의 웃음거리가 됨.

【196】

大凡過誤의 十中七八은 生於自身이니 愼身察心이라.
대범과오 십중칠팔 생어자신 신신찰심

대범 허물의 열 가운데 일곱이나 여덟은 자신에게서 생기는 것이니 몸을 삼가고 마음을 살펴야 한다.

【197】

大凡過辜가 如有外部이나 然實在內하나니 瀞內無過이라.
대범과고 여유외부 연실재내 정내무과

대범 허물이 바깥에 있는 것 같지만, 그러나 사실은 안에 있는 것이니 안(마음)이 맑으면 허물이 없어진다.

• 瀞 : 맑을 정.

【198】

大凡改過에 絶對不吝이니 若人改過하면 日日自新이라.
대범개과 절대불인 약인개과 일일자신

대범 허물을 고침에 절대로 인색(吝嗇)하지 아니할지니, 만일 사람이 허물을 고쳐나가면 날마다 저절로 새로워진다.

• 吝嗇 : 체면을 돌아보지 않고 재물을 지나치게 아낌.

〖199〗

大凡知過(대범지과)거든 卽勿憚改(즉물탄개)이요 反面見過(반면견과)거든 須勿次越(수물차월)이라.

대범 허물을 알았거든 곧 고치기를 꺼려하지 말 것이요, 반면에 허물을 보았거든 모름지기 다음으로 넘기지 말라.

• 憚 : 꺼릴 탄

〖200〗

大凡有人(대범유인)이 面叱我過(면질아과)하면 是剛直人(시강직인)이니 從遊無妨(종유무방)이라.

대범 어떤 사람이 면전(面前)에서 나의 허물을 꾸짖는다면 이는 굳세고 정직한 사람이니 좇아 놀아도 방해됨이 없게 된다.

• 叱 : 꾸짖을 질.

• 剛直 : ①꿋꿋하고 곧다. ②기질이 꿋꿋하고 곧음.

V

志信編(지신편)

의지와 신념

V

志信編지신편

의지와 신념

【001】

堅立意志하면 無不成功이요 又持信念하면 無不成事이라.
견립의지 무불성공 우지신념 무불성사

굳게 의지를 세우면 공을 이루지 못함이 없을 것이요, 또한 신념을 가지면 일을 이루지 아니함이 없다.

• 意志 : ①어떤 일을 해내거나 이루어 내려고 하는 마음의 상태나 작용. 마음. 뜻. 지의(志意). ②이성(理性)을 가지고 사려(思慮)하고 선택하고 결심하여 실행하는 능력. ③지식, 감정과 대립되는 정신(精神) 작용. 어떤 행동을 취할 것인가를 결의하고, 또 그것을 북돋우고 지속시키는 심적(心的) 기능(機能). 도덕적(道德的) 행위의 주체가 되고 객체가 되는 정신작용.

• 信念 : 변하지 않은 굳은 생각.

【002】

天下之事가 自我始作이니 豎主意志하고 爲行信念이라.
천하지사 자아시작 수주의지 위행 신념

천하의 일이 나로부터 시작이 되는 것이니, 의지를 줏대로 세워야 하고 신념을 행동으로 삼아야 한다.

• 豎 : 세울 수.

【003】

率性之道는 立己之路이요 人事之德은 和衆之程이라.
솔성지도 입기지로 인사지덕 화중지 정

솔성의 도는 자기를 세우는 길이요, 인사의 덕은 대중을 화합시키는 길이다.

• 率 : 거느릴 솔.
• 率性 : 타고난 성질(性質).
• 人事 : ①안부를 묻거나 공경의 뜻을 표하는 일. ②받은 은혜에 대하여 갚거나 치하하는 일. ③서로 알지 못하던 사람끼리 성명을 통하여 자기를 소개하는 일. ④인과(因果) 관계에서 지켜야 할 예의 있는 언행, 또는 그 일. ⑤개인의 신분에 관계되는 행정적인 일. ⑥사람의 일, 또는 사람이 해야 할 일. ⑦세상의 일이나 신상에 벌어지는 일.

【004】

若我呼牛하면 卽我爲牛이요 亦我呼馬하면 卽我爲馬이라.
약아호우 즉아위우 역아호마 즉아위마

만일 나를 소라고 부르면 바로 내가 소가 되어주는 것이요, 또한 나를 말이라고 부르면 곧 내가 말이 되어 주어야 한다.

【005】

大凡事者는 易始難終이요 因此名者는 難成易頹이라.
대범사자 이시난종 인차명자 난성이퇴

대범 일이라는 것은 시작은 쉬워도 완료하기는 어려운 것이요, 따라서 명성이라는 것은 이루기는 어려워도 무너지기는 쉽다.

• 頹 : 무너질 퇴.

【006】

船無動力하면 海浪易沈이요 人無堅信하면 世風易搖이라.
(선무동력 / 해랑이침 / 인무견신 / 세풍이요)

배가 동력이 없으면 바다의 물결에 가라앉기 쉬운 것이요, 사람이 굳은 믿음이 없으면 세상의 바람에 흔들리기가 쉽다.

- 動力 : ①원동기(原動機)에 의해 기계를 움직이게 하는 힘으로 변형 · 발생시킨 것. 전력 · 수력(水力) · 풍력(風力) 등이 주요 동력원이 됨. ②어떠한 물체를 움직이게 하는 힘, 또는 어떤 일을 추진하고 발전시키는 힘.
- 世風 : ①그 시대의 풍조(風潮). ②지금 세상의 풍조.

【007】

雖有大海라도 若忘小川하면 佇立爲見－廣瀛之底이라.
(수유대해 / 약망소천 / 저립위견 / 광영지저)

비록 큰 바다가 있을지라도 만일에 작은 시내를 잊으면 우두커니 서서 넓은 바다의 밑바닥을 보게 된다.

- 佇 : 우두커니 저.
- 佇立 : 우두커니 섬.
- 瀛 : 바다 영.

【008】

人與人間에 信念首先이니 若非一誠이면 難得相信이라.
인여인간 신념수선 약비일성 난득 상신

사람과 사람 사이에는 신념이 으뜸이 되는 것이니, 만일 한결 되는 정성이 아니면 서로 믿음을 얻기가 어렵다.

• 信念 : 굳게 믿는 마음.

【009】

保險證書는 毁址起屋이요 堅勁信念은 敗業興立이라.
보험증서 훼지기옥 견경신념 패업흥 립

보험의 증서는 헐어진 터에 집(새 건물)을 일으키는 것이요, 굳고 굳센 신념은 실패한 사업을 일으켜 세우는 것이다.

• 保險證書 : 보험증권. 보험자가 보험 계약의 요항을 적어서 보험 계약자에게 주는 증권(證券).
• 址 : 터 지.
• 勁 : 굳셀 경.

【010】

藏氣宜柔하고 持志宜大하며 用心宜虛하고 吐言宜實이라.
장기의유 지지의대 용심의허 토언의실

갈무린 기운은 의당 부드러워야 하고, 가진 뜻은 의당 커야 하며, 마음을 씀은 의당 비워야 하고, 말을 토함은 의당 신실(信實)하여야 한다.

• 信實 : 믿음직하고 착실함.

【011】

人生最是는 在己志立이요 人生最非는 存自誇大이라.
인생최시 재기지립 인생최비 존자과대

인생에 최대의 옳음은 오직 자기의 뜻을 세움에 있는 것이요, 인생에 최대의 그름은 스스로 크게 떠벌림에 있는 것이다.

• 誇大 : 작은 것을 크게 떠벌림. 사실 이상으로 지나치게 자랑함.

[012]

百事難成(백사난성)이니 唯一勤行(유일근행)이요 萬境艱伏(만경간복)이니 唯一勤修(유일근수)이라.

여러 일을 이루기가 어려운 것이니 오직 한결 부지런히 행할 것이요, 뭇 경계는 항복받기가 어려운 것이니 오직 한결 부지런히 닦아야 한다.

[013]

苦境能强(고경능강)이나 樂境易弱(낙경이약)이요 逆境能强(역경능강)이나 順境易弱(순경이약)이라.

괴로운 경계에는 능히 강하지만 즐거운 경계에는 약하기가 쉬운 것이요, 거슬리는 경계에는 능히 강하지만 순한 경계에는 약하기가 쉬운 것이다.

[014]

對人輕諾(대인경락)은 是難全信(시난전신)이요 對事易成(대사이성)은 爰艱愼期(원간신기)이라.

사람을 대하여 가볍게 대답하면 이를 온전히 믿기가 어려운 것이요, 일을 대하여 쉽게 이룸은 이에 신중(愼重)을 기하기가 어렵다.

• 愼重 : 매우 조심스러움.

【015】

魚有水活로 離水易死이요 人有信立으로 失信易顚이라.
어유수활 이수이사 인유신입 실신이전

고기는 물이 있어서 사는 것으로 물을 여의면 죽는 것이요, 사람은 신용(信用)이 있어서 서는 것으로 신용을 잃으면 거꾸러지기 쉽다.

• 信用 : ①믿어 의심하지 아니함. ②평판(評判)이 좋고 인망(人望)이 있음. ③재화(財貨) 및 화폐(貨幣)의 급부(給付)와 반대 급부 사이에 시간적인 차이가 있는 일반 교환. ④약속을 지키는 사회적 덕망(德望).
• 顚 : 넘어질 전.

【016】

夫欲信人인대 必先信己이요 又欲知人인대 必先知己이라.
부욕신인 필선신기 우욕지인 필선지기

대범 사람이 믿게 하고자 할진대 반드시 먼저 자기를 믿을 것이요, 또한 사람이 알게 하고자 할진대 반드시 먼저 자기를 알아야 한다.

【017】

> 難信山人(난신산인)이라도 魚大如木(어대여목)이요 難信海人(난신해인)이라도 樹大似魚(수대사어)이라.

산중 사람이라도 고기의 크기가 나무 같다고 하면 믿기가 어려운 것이요, 바다 사람이라도 나무 크기가 고기 같다고 하면 믿기가 어렵다.

【018】

> 人不愛我(인불애아)는 我非愛人(아비애인)이요 人不信我(인불신아)는 我不信人(아불신인)이라.

사람이 나를 사랑하지 않는 것은 내가 사람을 사랑하지 않음이요, 사람이 나를 믿지 않는 것은 내가 사람을 믿지 않음이다.

【019】

世可怕事는 不是戰爭과 疾病貧窮이라 崩潰信念이라.
세가파사 불시전쟁 질병빈궁 붕궤신념

세상에서 가히 두려운 일은 이에 전쟁과 질병과 빈궁이 아니라 신념이 무너진 것이다.

- 怕 : 두려울 파.
- 崩 : 무너질 붕.
- 潰 : 무너질 궤.
- 崩潰=崩壞 : 허물어져 무너짐.

【020】

大凡信者는 立身之本이니 人不可無이요 亦不可缺이라.
대범신자 입신지본 인불가무 역불가결

대범 믿음이라는 것은 몸을 세우는 근본이니 사람에게 가히 없어서는 안 되는 것이요, 또한 가히 이지러져서는 안 된다.

- 缺 : 이지러질 결.

【021】

懷鴻志人은 難境忽至하고 癡者甚擊이라도 不折不屈이라.
회홍지인 난경홀지 치자심격 부절불굴

큰 뜻을 품은 사람은 어려운 경계가 홀연히 이르고, 어리석은 사람이 심히 공격을 할지라도 꺾이지 아니하고 굽히지 아니한다.

- 鴻 : 클 홍. 큰 기러기 홍.
- 擊 : 부딪칠 격.
- 不屈 : 온갖 고난에도 굽히지 않고 꿋꿋이 나아감.

【022】

意如心足이니 若不防意하면 邪路自走하야 難免恣狀이라.
의여심족 약불방의 사로자주 난면자상

뜻이란 마음의 발과 같은 것이니, 만일에 뜻을 막아서지 아니하면 삿된 길에 저절로 달려가서 방자(放恣)한 상황이 되는 것을 면하기가 어렵다.

- 放恣 : 어려워하거나 삼가는 태도가 없이 건방짐.

【023】

夫有志者는 計事必成이요 隨苦心人은 碧天不負이라.
부유지자 계사필성 수고심인 벽천불부

대범 뜻이 있는 사람은 계획한 일을 반드시 이루는 것이요, 따라서 고심하는 사람은 푸른 하늘이 저버리지 아니한다.

- 苦心 : ①마음과 힘을 다함. ②마음을 태우며 애씀.
- 碧 : 푸를 벽.
- 碧天 : 푸른 하늘.

【024】

若人無志하면 迺如小舟에 無有掛帆하야 難渡濤海이라.
약인무지 내여소주 무유괘범 난도도해

만일 사람이 뜻이 없으면 이에 작은 배에 걸린 돛대가 없는 것과 같아서 파도 치는 바다를 건너기가 어렵다.

- 掛 : 걸 괘.
- 帆 : 돛 범.
- 掛帆 : 돛을 닮.
- 濤 : 큰 물결 도.

〔025〕

夫人養剛인대 以柔培之이요 隨而立强인대 以弱全之이라.
부인양강 이유배지 수이입강 이약전지

대범 사람이 굳셈을 기르고자 할진대 부드러움으로써 북돋을 것이요, 따라서 강력함을 세우고자 할진대 약함으로써 보전(保全)해야 한다.

- 培 : 북돋을 배.
- 保全 : 보호하여 유지함.

〔026〕

人志不立하면 無舵之船이요 解銜之馬이며 搖礎之家이라.
인지불립 무타지선 해함지마 요초지가

사람이 뜻을 세우지 않는다면 키가 없는 배이요, 재갈이 풀린 말이며, 주초가 흔들리는 집이다.

- 舵 : 키 타.
- 銜 : 재갈 함.
- 礎 : 주춧돌 초.

【027】

大凡是非가 先於利害이요 亦是意志가 先於行動이라.
대범시비 선어이해 역시의지 선어행동

대범 시비가 이해에 우선하는 것이요, 또한 의지가 행동에 우선하는 것이다.

【028】

不怕人也－才力不夠이요 却怕鴻志－確固不立이라.
불파인야 재력불구 각파홍지 확고불립

사람이란 재주와 힘이 많지 않음이 두려운 것이 아니요, 도리어 큰 뜻이 확고하게 세워지지 않음이 두려운 것이다.

• 夠 : 많을 구. 모을 구.
• 鴻志 : 큰 뜻.

【029】

大凡活世에 謹讀傳記이니 見賢思齊하면 立志自培이라.
대범활세 근독전기 견현사제 입지자배

대범 세상을 살아감에 부지런히 전기를 읽을지니 어진 이를 보고 가지런하기를 생각하면 세운 뜻이 저절로 북돋아진다.

• 傳記 : 사람의 일대(一代)를 기록한 것.

【030】

大凡人也－不可一時의 失手失意로 做折其志이라.
대범인야 불가일시 실수실의 주절기지

대범 사람은 가히 한때의 실수나 실의로 그 뜻이 꺾이게 되어서는 안 된다.

• 失手 : 조심하지 아니하여 잘못함, 또는 그런 행위.
• 失意＝失望 : ① 희망을 잃어버림. ② 일이 뜻대로 되지 않아 낙심함.

【031】

人須立志이니 志立功成이라 未有古今에 無志建功이라.
인수입지 지립공성 미유고금 무지건공

사람은 모름지기 뜻을 세울지니, 뜻이 서져야 공이 이뤄지는 것이라, 예나 지금이나 뜻이 없이 공을 세움은 있지 않았다.

【032】

丈夫立志는 在於齊家하고 在於治國하며 在平天下이라.
장부입지 재어제가 재어치국 재평천하

대장부가 뜻을 세우는 것은 집안을 가지런히 하는데 있고, 나라를 다스리는데 있으며, 천하를 평화롭게 하는데 있다.

• 齊家 : 집안을 바로 다스리는 일.
• 治國 : 나라를 다스림.
• 平天下 : 천하를 평정(平定)함.

【033】

靑天白日의 萬古節義는 暗室漏屋에서 堅剛培養이라.
청천백일 만고절의 암실루옥 견강배양

푸른 하늘 하얀 해와 (같은) 만고의 절의는 어두운 방이나 비 새는 집안에서 단단해지고 북돋아 길러진다.

• 節義 : 절개(節槪)와 의리. 의절(義節).
• 暗室 : ①빛살이 들어오지 않도록 밀폐한 방. ②교도소(矯導所)에서 중죄인(重罪人)을 가두는 감방(監房).
• 漏屋 : 비가 새는 집.
• 堅剛 : 성질이 야무지고 단단함.

• 培養 : ①식물을 북돋아 기름. ②인격, 역량, 사상 따위가 발전하도록 가르치고 키움.

【034】

> 大凡志小하면 易感滿足이니 若易滿足하면 難成大功이라.
> 대범지소 이감만족 약이만족 난성 대공

대범 뜻이 작으면 쉽게 만족을 느끼는 것이니, 만일 쉽게 만족을 한다면 큰 공을 이루기가 어렵다.

【035】

> 志於道者는 不厭麤食이요 志於仁者는 不厭葛衣이라.
> 지어도자 불염추식 지어인자 불염갈 의

도에 뜻한 사람은 거친 밥을 싫어하지 않는 것이요, 어짊에 뜻한 자는 베옷을 싫어하지 아니한다.

• 麤 : 거칠 추.
• 麤食 : 검소하게 먹는 밥.
• 葛衣 : 갈포(葛布)로 만든 옷.

【036】

大凡自志 - 不强之人은 事也不成이요 功亦不蓄이라.
대범자지 불강지인 사야불성 공역불축

대범 자기의 뜻이 굳세지 않는 사람은 일을 이루지 못하는 것이요, 공도 또한 쌓지 못한다.

【037】

不有立事는 超世之才이라 迺有堅忍 - 不拔立志이라.
불유입사 초세지재 내유견인 불발입지

일을 세우는 것은 세상을 뛰어넘는 재주에 있는 것이 아니라, 이에 굳고 인내하여 뽑아내지 못할 뜻을 세움에 있다.

- 超世 : ①한세상에서 뛰어남. ②세속에 구속되지 않고 초연(超然)함. 초속(超俗).
- 堅忍 : 굳게 참고 견딤.
- 不拔 : ①아주 든든하여 빠지지 아니함. ②움직이게 하여 빼낼 수가 없음.
- 拔 : 뺄 발.

【038】

有志之人은 百年尙短이요 無志之人은 一日猶長이라.
유지지인 백년상단 무지지인 일일유장

뜻이 있는 사람은 백 년도 오히려 짧은 것이요, 뜻이 없는 사람은 하루도 오히려 긴 것이다.

【039】

人備信心과 毅力勇氣하면 無有天下에 不成之事이라.
인비신심 의력용기 무유천하 불성지사

사람이 믿음의 마음과 굳센 힘과 용맹한 기운을 갖춘다면 천하에 이루지 못할 일이 없다.

• 毅 : 굳셀 의.
• 毅力 : 굳센 의지. 완강한 의지.

【040】

不處窮塞하면 難堅忍耐이요 不遭危險하면 艱長勇氣이라.
불처궁색 난견인내 부조위험 간장용기

궁색한데 처하지 아니하면 인내가 굳어지기 어려운 것이요, 위험을 만나지 아니하면 용기가 자라나기 어렵다.

• 窮塞 : 곤궁하고 궁색함.
• 遭 : 만날 조.

【041】

人持大義는 如日月輝이요 人持志節은 似松竹直이라.
인지대의 여일월휘 인지지절 사송죽직

사람이 가진 대의는 해와 달처럼 빛나야 할 것이요, 사람이 가진 지절은 솔과 대처럼 곧아야 한다.

• 大義 : 인간이 마땅히 행해야 할 중대한 의리(義理). 중요한 의의(意義).
• 輝 : 빛날 휘.
• 志節 : 지조(志操)와 절개(節槪).

【042】

大凡人也－懷胸一志는 勝於無用한 千句萬語이라.
대범인야 회흉일지 승어무용 천구만어

대범 사람이 가슴에 품은 한 뜻은 쓸데가 없는 일천 글귀와 일만 말보다 수승(殊勝)한 것이다.

• 殊勝 : 특별히 뛰어남.

〔043〕

大凡守志하야 少不移動하면 猶川歸海하야 成功其中이라.
(대범수지 소불이동 유천귀해 성공기중)

대범 뜻을 지켜서 조금도 옮겨지거나 동요가 되지 않는다면 냇물이 바다로 돌아가는 것과 같아서 공이 그 가운데서 이뤄진다.

〔044〕

淺根栽樹는 迎風易倒이요 立志不堅하면 易搖世波이라.
(천근재수 영풍이도 입지불견 이요세파)

뿌리가 얕게 심어진 나무는 바람을 맞으면 거꾸러지기가 쉬운 것이요, 뜻을 세움이 굳지 아니하면 세상의 풍파에 흔들리기가 쉽다.

• 栽 : 심을 재.
• 世波 : ①세상의 풍파(風波). ②사회의 움직이는 형편. ③괴로움이 많은 쓰라린 사회.

【045】

意自滿者는 要戒驕慢이요 心小狹者는 要懷大
의자만자 요계교만 심소협자 요회대

志이라.
지

뜻에 스스로 만족하는 자는 교만을 경계하는 것이 중요한 것이요, 마음이 작고 좁은 사람은 큰 뜻을 품음이 중요하다.

• 自滿 : ①스스로 흡족하게 여김. ②스스로 만족함.
• 驕 : 교만할 교.
• 慢 : 게으를 만.
• 驕慢 : 잘난 체하고 뽐내며 방자함.

【046】

人也不忘-青雲之志하면 無所不爲이요 無所不
인야불망 청운지지 무소불위 무소불

成이라.
성

사람이 청운의 뜻을 잊지 아니하면 하지 못할 바가 없는 것이요, 이루지 못할 바가 없는 것이다.

• 青雲之志 : '청운의 뜻' 이라는 말로, ①남보다 훌륭하게 출세할 뜻을 갖고 있는 마음. ②속세를 벗어나고 싶어 하는 마음을 비유하여 이르는 말.

【047】

朝開之花는 到夕易零이나 然松栢靑은 至寒不衰이라.
조개지화 도석이영 연송백청 지한불쇠

아침에 피는 꽃은 저녁에 이르러 쉽게 떨어지는 것이지만, 그러나 소나무나 잣나무의 푸름은 차가움이 이르러도 쇠락(衰落)하지 아니한다.

• 零 : 떨어질 영.
• 衰落 : 쇠약하여 말라서 떨어짐.

【048】

有志氣人은 不受人侮이요 有骨氣者는 不受人怜이라.
유지기인 불수인모 유골기자 불수인령

지기가 있는 사람은 남의 업신여김을 받지 않는 것이요, 골기가 있는 자는 사람의 불쌍히 여김을 받지 않는다.

• 志氣 : 뜻과 기백. 의지와 기개.
• 骨氣 : 뼈대와 기질.
• 怜 : 불쌍히 여길 령(영).

【049】

立心之人은 不傾是非하고 不牽喜怒하며 不搖得失이라.
입심지인 불경시비 불견희로 불요득실

마음이 세워진 사람은 옳고 그름에 기울지 아니하고, 기쁘고 성냄에 끌리지 아니하며, 얻고 잃음에 흔들리지 아니한다.

• 是非 : ①시(是)와 비(非). 잘잘못. ②옳으니 그르니 하는 말다툼.
• 喜怒 : 기쁨과 노여움.
• 得失 : ①얻음과 잃음. 득상(得喪). ②이익과 손해. 이해(利害). ③성공과 실패. ④장처(長處)와 단처(短處).

【050】

立庭寒梅는 不賣自香이요 志操士人은 不屈威武이라.
입정한매 불매자향 지조사인 불굴위무

뜰에 선 겨울 매화는 스스로 향기를 팔지 않는 것이요, 지조(志操)를 가진 선비는 위협과 무력에 굽히지 아니한다.

• 寒梅 : 겨울에 피는 매화.
• 志操 : 곧은 뜻과 절조(節操).
• 威武 : ①위세(威勢)와 무력(武力). ②위엄(威嚴) 있고 씩씩함. ③세력이 강함.

【051】

大凡重者는 無如泰山이니 迺大丈夫는 持志如此이라.
대범중자 무여태산 내대장부 지지여차

대범 무겁다는 것은 태산만 같음이 없는 것이니, 이에 대장부는 뜻 가지기를 이와 같이 해야 한다.

• 泰山 : ①높고 큰 산. 교악(喬嶽). ②크고 많음을 가리키는 말.
• 大丈夫 : 사내답고 씩씩한 남자.

【052】

栽庭黃菊은 不懼降霜이요 立志丈夫는 難怕困境이라.
재정황국 불구강상 입지장부 난파곤경

뜰에 심어진 노랑 국화는 서리가 내림을 두려워하지 않는 것이요, 뜻을 세운 장부는 곤궁한 경계를 두려워하지 않는다.

【053】

立隅瓔梅는 不畏寒風이요 堅剛志士는 不懼苦難이라.
입우영매 불외한풍 견강지사 불구고난

모퉁이에 선 어린 매화는 찬바람을 두려워하지 않는 것이요, 굳센 뜻의 선비는 괴롭고 어려움을 두려워하지 않는다.

• 嬰 : 어린아이 영.
• 志士 : 절의(節義)가 있는 선비.
• 苦難 : ①괴로움과 어려움. ②고초(苦楚).

【054】

因受小惠하야 不屈立志이요 因行公事하야 不滿私腹이라.
(인수소혜 불굴입지 인행공사 불만사복)

작은 은혜를 받음으로 인하여 세운 뜻을 굽히지 아니할 것이요, 공공의 일을 행함으로 인하여 사사의 배를 채우지 않아야 한다.

• 小惠 : ①작은 은혜. ②작은 덕.
• 公事 : 관청의 일, 또는 공공에 관계되는 일.
• 私腹 : 사사(私事)로운 배라는 뜻에서, 사리사욕(私利私慾)을 뜻하는 말.

【055】

器滿則溢하고 意滿則驕하며 樂滿則淫하고 傲滿則放이라.
(기만즉일 의만즉교 낙만즉음 오만즉방)

그릇이 가득하면 넘치고, 뜻이 가득하면 교만(驕慢)하며, 즐거움이 가득하면 음탕(淫蕩)하고, 거만이 가득하면 방종(放縱)한다.

• 溢 : 넘칠 일.
• 驕慢 : 잘난 체하고 뽐내며 방자(放恣)함.
• 淫蕩 : 행동이 음란하고 방탕함.
• 放縱 : 아무 거리낌 없이 제멋대로 함부로 행동함.

【056】

對於近人(대어근인)하야는 莫企皆備(막기개비)이요 迎於遠人(영어원인)하야 莫疑逆志(막의역지)이라.

가까운 사람을 대하여서는 다 갖췄는가를 바라지 말 것이요, 먼 사람을 맞이함에는 뜻을 거스를 것인가를 의심하지 말아야 한다.

【057】

若人勝己(약인승기)하면 能勝他人(능승타인)이라 然不勝己(연불승기)하면 接風易折(접풍이절)이라.

만일 사람이 자기를 이기면 능히 다른 사람도 이기는 것이라, 그러나 자기를 이기지 못하면 바람만 접하여도 꺾여 지기가 쉽다.

【058】

信念確立하면 成天下事이요 信念微弱하면 壞自己事이라.
신념확립 성천하사 신념미약 괴자기사

신념이 확실하게 세워지면 천하의 일을 이루는 것이요, 신념이 미약하면 자기의 일도 어그러진다.

- 信念 : 변하지 않은 굳은 생각.
- 微弱 : 힘이 없고 여림.
- 壞 : 무너질 괴.

【059】

當事不抛하면 無非成功이요 亦立志堅하면 無非得望이라.
당사불포 무비성공 역립지견 무비득망

일을 당하여 포기(抛棄)하지 아니하면 공을 이루지 아니함이 없는 것이요, 또한 뜻을 세움이 굳세면 바람을 얻지 아니함이 없다.

• 抛 : 버릴 포.

• 抛棄 : ①하던 일을 중도에 그만두어 버림. ②자기의 권리나 자격을 쓰지 않음.

【060】

大凡勝處(대범승처)에 非愼出驕(비신출교)이요 因此負處(인차부처)에 非愼失意(비신실의)이라.

대범 이긴 처지에서 삼가 교만을 내지 아니할 것이요, 따라서 진 처지에서 삼가 뜻을 잃지 않아야 한다.

【061】

大商之人(대상지인)은 不繫小利(불계소리)이요 大志之人(대지지인)은 不足小成(부족소성)이라.

큰 장사를 하는 사람은 작은 이익에 매이지 않는 것이요, 큰 뜻의 사람은 작은 이룸을 만족하지 않는다.

• 繫 : 맬 계.

【062】

捕獅之人은 不見躍獐이요 大成之人은 不持弱志이라.
포사지인 불견약장 대성지인 부지약지

사자를 잡으려는 사람은 뛰는 노루를 보지 않는 것이요, 크게 이루려는 사람은 허약한 뜻을 갖지 않는다.

- 捕 : 사로잡을 포.
- 獅 : 사자 사.
- 躍 : 뛸 약.
- 獐 : 노루 장.
- 弱志 : 약한 의지(意志).

【063】

對己淸直하야 不邪不貪이요 對人公正하야 不私不偏이라.
대기청직 불사불탐 대인공정 불사불편

자기를 대해서는 맑고 곧아 삿되지 않고 탐욕스럽지 않을 것이요, 남을 대해서는 공변되고 발라 사사롭지 않고 치우치지 않아야 한다.

〔064〕

水雖至柔이나 落滴穿石이요 志雖至微이나 凝縮備力이라.
수수지유 낙적천석 지수지미 응축비력

물이 비록 지극히 부드러운 것이지만 방울물이 떨어지면 돌을 뚫는 것이요, 뜻이 비록 지극히 미미한 것이지만 한데 엉기면 힘을 갖추게 된다.

- 滴 : 물방울 적.
- 穿 : 뚫을 천.
- 凝 : 엉길 응.
- 縮 : 줄일 축.
- 凝縮 : ①한데 엉겨 굳어짐. ②어느 한 점으로 집중되게 함. ③기체(氣體)가 액체(液體)로 변하는 현상.

〔065〕

希有大小하고 志有遠近이라 小近凡人하고 大遠熟人이라.
희유대소 지유원근 소근범인 대원숙인

희망은 크고 작음이 있고, 뜻은 원대(遠大)함과 천근(淺近)함이 있는 것이라 작고 천근하면 보통 사람이 되고, 크고 원대하면 성숙한 사람이 된다.

• 大小 : 사물(事物)의 큼과 작음.
• 遠大 : 견식(見識), 계획 등의 규모가 심원(深遠)하고 큼.
• 淺近 : 깊숙한 맛이 없이 얕음.
• 熟 : 익을 숙.

【066】

千人同心(천인동심)하면 出萬人力(출만인력)이요 千人同志(천인동지)하면 得萬人成(득만인성)이라.

일 천 사람이 마음을 같이하면 만 사람의 힘이 나오는 것이요, 일 천 사람이 뜻을 같이하면 만 사람의 이룸을 얻는다.

【067】

萬人異心(만인이심)하면 無一人力(무일인력)이요 萬人異志(만인이지)하면 無一人成(무일인성)이라.

만 사람이 마음을 달리하면 한 사람의 힘도 없는 것이요, 만 사람이 뜻을 달리하면 한 사람의 이룸도 없다.

【068】

貧不足羞이나 羞貧無志이요 賤不足惡이나 惡賤無望이라.
빈부족수 수빈무지 천부족오 오천무망

가난이 족히 부끄러워할 것은 아니나 가난하면서 뜻이 없는 것이 부끄러운 것이요, 천함이 족히 미워할 것은 아니지만 천하면서 희망이 없는 것이 미움이 된다.

• 羞 : 부끄러울 수.
• 惡 : 미워할 오.

【069】

人也雖貧이라도 浩氣不易이요 亦有通達이라도 立志不放이라.
인야수빈 호기불역 역유통달 입지부방

사람이 비록 가난할지라도 호연(浩然)의 기운을 바꾸지 아니할 것이요, 또한 통달함이 있을지라도 세운 뜻을 놓아 버리지 않아야 한다.

• 浩然 = 浩然之氣 : ①도의(道義)에 근거를 두고 굽히지 않고 흔들리지 않는 바르고 큰 마음. ②하늘과 땅 사이에 가득 찬 넓고 큰 정기(精氣). ③공명정대(公明正大)하여 조금도 부끄럼 없는 용기. ④잡다한 일에서 벗어난 자유로운 마음.
• 通達 : ①막힘없이 환히 통함. ②말이나 문서로써 기별하여 알림. '알림',

'통첩' 으로 순화. ③사물의 이치나 지식, 기술 따위를 훤히 알거나 아주 능란하게 함.

【070】

莫羨臨河하야 泳游之魚하고 速結歸家하야 密罛之具이라.
막선임하 영유지어 속결귀가 밀고지구

물가에 다다라 헤엄치는 고기를 부러워하지 말고 빨리 집으로 돌아가서 빽빽한 고기 그물의 도구를 맺어야 한다.

- 羨 : 부러워할 선.
- 游 : 헤엄칠 유.
- 罛 : 물고기 그물 고.

【071】

大凡誠者는 物之終始이니 不誠無功이요 不誠無志이라.
대범성자 물지종시 불성무공 불성무지

대범 정성이라는 것은 만물의 끝이요 처음이니, 정성스럽지 아니하면 공을 (이룸이) 없는 것이요, 정성스럽지 아니하면 뜻을 (펼침이) 없게 된다.

- 始終 : 처음과 끝. 항상. 처음부터 끝까지.

【072】

建大功者는 持眼界大하나니 成眼界大하면 識見自坼이라.
건대공자 지안계대 성안계대 식견자탁

큰 공을 세우는 사람은 안계를 크게 가지나니, 안계를 크게 이루면 알음알이와 견해가 저절로 터지게 된다.

• 眼界 : ①눈에 보이는 한의 범위. 시계(視界). ②생각이 미치는 범위.
• 坼 : 터질 탁.

【073】

導人之路는 示弱導强하고 示柔導剛하며 示拙導智이라.
도인지로 시약도강 시유도강 시졸도지

사람을 이끄는 길은 약함을 보여서 강하게 이끌고, 부드러움을 보여서 굳세게 이끌며, 옹졸함을 보여서 지혜롭게 이끄는 것이다.

• 導 : 이끌 도.
• 拙 : 졸할 졸.

【074】

夫能知己하면 迺能成稟이요 反能知人하면 乃能成和이라.
부 능 지 기 　 내 능 성 품 　 반 능 지 인 　 내 능 성 화

대범 능히 자기를 알면 이에 능히 천품(天稟)을 이루는 것이요, 반면에 능히 사람을 알면 이에 능히 동화(同和)를 이룬다.

- 天稟 : 타고난 기품(氣稟).
- 同和 : 같이 화합함.

【075】

以金鍍鐵은 非爲眞金이요 以假立志는 難成實功이라.
이 금 도 철 　 비 위 진 금 　 이 가 입 지 　 난 성 실 공

금으로써 도금한 쇠는 참 금이 될 수 없는 것이요, 거짓으로써 뜻을 세움은 실제 공을 이루기가 어렵다.

- 鍍 : 도금할 도.

[076]

路遙之時에 始知馬力이요 日久之際에 始見變
노요지시 시지마력 일구지제 시견변

志이라.
지

길이 멀 때에 비로소 말의 힘을 알게 되는 것이요, 날이 오랠 때에 비로소 의지가 변하는 것을 보게 된다.

[077]

夫樂器大하면 聲必宏響이요 亦意志高하면 事必
부악기대 성필굉향 역의지고 사필

遠大이라.
원대

대범 악기가 크면 소리가 반드시 크게 울리는 것이요, 또한 뜻이 고상하면 사업도 반드시 원대하게 된다.

- 宏 : 클 굉.
- 響 : 울림 향.
- 遠大 : 뜻, 견식(見識), 계획 등의 규모가 심원(深遠)하고 큼.

【078】

人有眞優는 實有眞劣이요 人有眞巧는 實有眞拙이라.
인유진우 실유진열 인유진교 실유진졸

사람이 참으로 우월(優越)함이 있다는 것은 사실 참으로 용렬(庸劣)함도 있다는 것이요, 사람이 참으로 공교(工巧)함이 있다는 것은 사실 참으로 옹졸(壅拙)함도 있다는 것이다.

- 優越 : 다른 것보다 뛰어나게 나음.
- 庸劣 : 못생기고 재주가 남만 못하고 어리석음. 변변하지 못함.
- 工巧 : ①뜻밖에 맞거나 틀림. ②때나 기회가 우연히 생기거나 어긋나거나 하는 일이 썩 기이(奇異)함.
- 壅拙 : 성질이 너그럽지 못하고 생각이 좁음.

【079】

志同行合하면 千里相從이요 異志行逆하면 接顔不通이라.
지동행합 천리상종 이지행역 접안불통

뜻이 같고 행동이 합일하면 천 리라도 서로 좇는 것이요, 뜻이 다르고 행동이 거슬리면 얼굴을 맞대더라도 소통이 안 된다.

【080】

發怒難犯하고 顯威難誹하며 下命難厭하고 示志難逆이라.
발노난범 현위난비 하명난염 시지난역

성냄을 발해도 범하기 어렵고, 위엄을 드러내도 헐뜯기 어려우며 명령을 내려도 싫어하기 어렵고, 뜻을 보여도 거스르기가 어려워야 한다.

【081】

能盡其誠하면 無事不成이요 能盡其志하면 無願不成이라.
능진기성 무사불성 능진기지 무원불성

능히 그 정성을 다하면 일을 이루지 못함이 없는 것이요, 능히 그 의지를 다하면 소원을 이루지 못함이 없다.

【082】

失意之時에 做能回顧－檢討自失이라야 再新出發이라.
실의지시 주능회고 검토자실 재신출발

뜻을 잃었을 때에 능히 자기 실수를 검토해서 되돌아보아야 다시 새로운 출발을 하게 된다.

• 討 : 칠 토.

【083】

持志可高이니 有志不高하면 流陋合汚하야 實難成願이라.
(지지가고 유지불고 유루합오 실난성원)

뜻을 가히 높게 간직할지니, 뜻이 높지 않음이 있으면 비루(鄙陋)한데 흐르고 더러움과 합하여 실로 소원을 이루기가 어렵다.

• 鄙陋 : ①(행동이나 성질이) 더럽고 추저분함. ②행실이 야하고 더러움.
• 陋 : 좁을 루.

【084】

若志不立하면 無勒之馬하야 奔逸無停으로 另無成就이라.
(약지불립 무륵지마 분일무정 영무성취)

뜻이 세워지지 아니하면 굴레가 없는 말과 같아서 뛰고 달아나 정처(定處)가 없음으로 별다른 성취도 없게 된다.

• 勒 : 굴레 륵(늑).

• 奔逸 : ①뛰어서 도망함. ②제 마음대로 행동함.

• 定處 : ①정(定)한 곳. ②일정한 처소.

【085】

志在富貴하면 得志便驕하고 失志卽放하야 哀愁不已이라.
지재부귀 득지변교 실지즉방 애수불이

뜻을 부와 귀에 두면 뜻을 얻음에 문득 교만(驕慢)하고, 뜻을 잃음에 바로 방탕(放蕩)해서 슬픔과 시름이 그치지 않게 된다.

• 哀愁 : 마음을 서글프게 하는 슬픈 근심.

• 愁 : 시름 수.

【086】

若修本志하면 能睚富貴이요 亦重道義하면 迺輕王公이라.
약수본지 능애부귀 역중도의 내경왕공

만일 본래 뜻을 닦으면 능히 부와 귀도 흘겨보는 것이요, 또한 도의를 중하게 여기면 이에 왕공도 가볍게 여겨진다.

• 睚 : 흘겨볼 애.
• 道義 : 사람으로서 마땅히 행해야 할 도덕이나 의리.
• 王公 : 왕(王)과 공(公), 곧 신분이 높은 사람.

【087】

無立志修(무입지수)하면 上下內外(상하내외)로 難成有道-具德之人(난성유도 구덕지인)이라.

뜻을 세움이 없이 닦는다면 위와 아래, 안과 밖으로 도가 있고 덕을 갖춘 사람을 이루기가 어렵다.

【088】

湧水之勢(용수지세)가 能勝熾火(능승치화)이나 然一勺水(연일작수)로는 難救車薪(난구거신)이라.

솟아나는 물의 형세가 능히 치성한 불을 이기는 것이지만, 그러나 한 홉의 물로는 수레의 섶나무도 구제하기가 어렵다.

• 湧 : 샘솟을 용.
• 熾 : 성할 치.
• 薪 : 섶나무 신.

【089】

銳金之勢가 能勝巨樹이나 然一片刃으로는 難刈森木이라.
예금지세 능승거수 연일편인 난예삼목

날카로운 쇠의 형세가 능히 큰 나무를 이기는 것이지만, 그러나 한 조각의 칼날로는 수풀의 나무를 베어내기가 어렵다.

- 銳 : 날카로울 예.
- 刈 : 벨 예.

【090】

積土之勢가 能勝盛水이나 然一塊土로는 難塞激流이라.
적토지세 능승성수 연일괴토 난색격류

쌓인 흙의 형세가 능히 왕성한 물을 이기는 것이지만, 그러나 한 덩이 흙으로는 격랑의 흐름을 막기가 어렵다.

- 塊 : 흙덩이 괴.
- 塞 : 막을 색.

【091】

立志在堅이요 不在銳利이며 成功在久이요 不在迅速이라.
입지재견 부재예리 성공재구 부재신속

뜻을 세움은 굳음에 있는 것이요 예리함에 있는 것이 아니며, 공을 이룸은 오래함에 있는 것이요 신속함에 있는 것이 아니다.

• 銳利 : ①날이 서 있거나 끝이 뾰족함. ②사물을 이해, 판단, 처리하는 힘이 빠름.
• 迅 : 빠를 신.
• 迅速 : 날쌔고 빠름.

【092】

大凡廉恥는 立己大節이요 因此禮義는 行己大度이라.
대범염치 입기대절 인차예의 행기대도

대범 염치는 몸을 세우는 큰 절조(節操)이요, 따라서 예의는 몸이 행하는 큰 법도(法度)이다.

• 廉恥 : 남에게 신세를 지거나 폐를 끼치거나 할 때 부끄럽고 미안한 마음을 가지는 상태.
• 大節 : ①죽기를 각오하고 지키는 절개. ②크게 빛나는 절조(節操).
• 禮義 : 예절(禮節)과 의리(義理).

• 法度 : ①생활상의 예법(禮法)과 제도(制度). ②법률(法律)과 제도(制度).

〖093〗

高山之松은 不渝其操이요 守志之人은 不屈其義이라.
고산지송 불유기조 수지지인 불굴기의

높은 산의 소나무는 그 지조(志操)를 변하지 않는 것이요, 뜻을 지키는 사람은 그 옳음을 굽히지 않는다.

• 渝 : 변할 유.
• 志操 : 곧은 뜻과 절조(節操).

〖094〗

不有立功은 超世之才이요 唯有堅忍-不拔之志이라.
불유입공 초세지재 유유견인 불발지지

공을 세움은 세상을 뛰어넘는 재주에 있는 것이 아니요, 오직 굳세고 인내하여 빼내지 못할 뜻에 있는 것이다.

• 超世 : ①한세상에서 뛰어남. ②세속에 구속되지 않고 초연함. 초속(超俗).
• 堅忍 : 굳게 참고 견딤.
• 不拔 : ①아주 든든하여 빠지지 아니함. ②움직이게 하여 빼낼 수가 없음.

【095】

夫處逸樂이라도 欲希不放이요 雖居貧苦라도 立志不折이라.
부처일락 욕희불방 수거빈고 입지부절

대범 편안히 즐김에 처할지라도 바라고자 함(希望)을 놓지 아니할 것이요, 비록 가난하고 괴로운데 살지라도 세운 뜻이 꺾여서는 안 된다.

• 逸樂 : 편안히 즐김.
• 貧苦 : 가난하고 고생스러움.

【096】

城之有基이요 木之有根이라 人立堅志하면 世無怕事이라.
성지유기 목지유근 인입견지 세무파사

성곽은 기초가 있는 것이요 나무는 뿌리가 있는 것이라, 사람이 굳센 뜻을 세우면 세상에 두려운 일이 없다.

• 怕 : 두려워할 파.

〔097〕

根深葉茂하고 基厚城堅이라 立志深堅하면 無所不成이라.
근심엽무 기후성견 입지심견 무소불성

뿌리가 깊으면 이파리가 무성하고, 기초가 두터우면 성곽이 튼실한 것이라, 세운 뜻이 깊고 굳세면 이루지 못할 바가 없다.

〔098〕

高飛之鳥는 察林而集이요 有志之士은 擇鄉而住이라.
고비지조 찰림이집 유지지사 택향이주

높이 나는 새는 수풀을 살펴서 모이는 것이요, 뜻이 있는 선비는 마을(장소)을 가려서 머문다.

〔099〕

常守道義하고 常行忠信하며 常貴名節하고 常持希志이라.
상수도의 상행충신 상귀명절 상지희지

항상 도와 의를 지키고, 항상 충성과 믿음을 행하며, 항상 명예와 절개를 귀히 여기고, 항상 희망과 뜻을 가져야 한다.

• 道義 : 사람이 마땅히 행해야 할 도덕상의 의리(義理). 도덕과 의리.
• 忠信 : 충성(忠誠)과 신의(信義).
• 名節 : 명예와 절개.

〖100〗

無志之人은 如無帆船이라 欲渡遠海이나 實遇中折이라.
무지지인 여무범선 욕도원해 실우 중절

뜻이 없는 사람은 돛대가 없는 배와 같은 것이라 먼 바다를 건너고자 하지만 실제는 중간에 꺾임을 만난다.

• 帆船 : 돛단배.

〖101〗

大凡人生이 活於斯世에 得時則昌하고 失時則亡이라.
대범인생 활어사세 득시즉창 실시즉 망

대범 인생이 이 세상을 살아감에 때(形勢)를 얻으면 창성하게 되고, 때(形勢)를 잃으면 망하게 된다.

• 形勢 : ①사물의 형편과 세력. ②생활의 경제적 상태. ③풍수(風水) 지리(地

理)에서 산의 모양과 지세(地勢).

〖102〗

夫養志者는 先爲忘形이요 隨致道者는 先做忘心이라.
부양지자 선위망형 수치도자 선주망심

대범 뜻을 기르는 사람은 먼저 형체를 잊어야 되는 것이요, 따라서 도에 이르는 자는 먼저 마음을 잊어야 된다.

〖103〗

偉大之事와 渺小之事가 都分立志와 併不立志이라.
위대지사 묘소지사 도분입지 병불입지

위대한 일과 작은 일이 모두 뜻을 세움과 아울러 뜻을 세우지 않음에서 나누어진다.

〖104〗

自暴自棄는 自絕希望이니 如此之人은 難成自事이라.
자포자기 자절희망 여차지인 난성자사

자포하고 자기하는 것은 스스로 희망을 끊어버리는 것이니, 이와 같은 사람은 자기 일도 이루기가 어렵다.

• 自暴自棄 : 자신을 스스로 해치고 버린다는 뜻으로, 몸가짐이나 행동을 되는 대로 취(取)함.

〖105〗

不如之何-如之何者는 雖也聖人이라도 無如之何이라.
불여지하 여지하자 수야성인 무여지하

어찌할꼬 어찌할꼬 하지 않는 사람은 비록 성인이라 할지라도 어찌할 수가 없다.

• 如之何 : 공자께서 말씀하셨다. "법어의 말을 좇지 않을 수 있겠는가마는 고치는 것이 더 귀함이 된다. 공손한 말을 기뻐하지 않을 수 있겠는가! 다만 그 참 뜻을 찾는 것이 귀중함이 된다. 기뻐하면서도 참뜻을 찾지 않고, 좇으면서도 고치지 않으면 나도 어찌하지 못할 뿐이라."(子曰 "法語之言, 能無從乎? 改之爲貴. 巽與之言, 能無說乎? 繹之爲貴. 說而不繹, 從而不改, 吾末如之何也已矣.")

〖106〗

先立勁志라야 不怠努力이니 然後始成-目標目的이라.
선립경지 불태노력 연후시성 목표목적

먼저 굳센 의지를 세워야 노력하는 것이 게으르지 않는 것이니, 그러한 뒤에 비로소 목표와 목적을 이루게 된다.

• 勁 : 굳셀 경.

〖107〗

夫大丈夫(부대장부)는 少宜立志(소의입지)하고 壯宜施用(장의시용)하며 老宜善藏(노의선장)이라.

무릇 대장부는 젊어서는 마땅히 뜻을 세워야 하고, 장년에는 마땅히 베풀어 써야 하며, 늙어서는 마땅히 잘 갈무리를 해야 한다.

〖108〗

若人捨鍥(약인사계)하면 朽木難折(후목난절)이요 反鋑不捨(반전불사)하면 金石可鏤(금석가루)이라.

만일 사람이 낫을 놓아버리면 썩은 나무라 할지라도 끊기가 어려운 것이요, 반면 새기기를 놓지 아니하면 쇠나 돌이라 할지라도 가히 새겨지게 된다.

• 鍥 : 낫 계.

• 鋑 : 새길 전.
• 鏤 : 새길 루(누).

〖109〗

欲人得生하야 絶不害義이니 迺寧抗節이언정 眞莫賣魂이라.
욕인득생 절불해의 내령항절 진막매혼

사람이 삶을 얻고자 해서 절대로 의를 해롭게 아니할지니, 이에 차라리 지절(志節)에 저항을 할지언정 진정으로 혼을 팔지는 말라.

• 志節 : 지조(志操)와 절개(節槪).
• 魂 : 넋. 혼. 얼. 마음. 생각.

〖110〗

百足之蟲은 至死不顚이요 立志之人은 臨難不屈이라.
백족지충 지사부전 입지지인 임난불굴

백 개의 발을 가진 벌레는 죽음에 이르더라도 넘어지지 아니하는 것이요, 뜻이 세워진 사람은 어려움이 닥치더라도 굽히지 아니한다.

【111】

> 夫玉可碎이나 不變其白이요 亦金可鎔이나 不易其色이라.
> (부옥가쇄 불변기백 역금가용 불역기색)

대범 옥을 가히 부수기는 하지만 그 흰 것은 변하지 않는 것이요, 또한 금을 가히 녹이기는 하지만 그 색깔은 바뀌지지 않는다.

- 碎 : 부술 쇄.
- 鎔 : 녹일 용.

【112】

> 立志欲堅이요 不欲虛弱이며 成功欲久이요 不欲輕忽이라.
> (입지욕견 불욕허약 성공욕구 불욕경홀)

뜻을 세움은 굳게 하고자 함이요, 헛되고 약하게 하고자 함이 아니며, 공덕을 이룸은 오래 하고자 함이요, 가볍고 소홀하게 하려는 것이 아니다.

- 虛弱 : 마음이나 몸이 튼튼하지 못하고 약함.
- 輕忽 : 말이나 행동이 가볍고 소홀함.

〖113〗

志不剛者는 難至成功이요 言不信者는 艱到受訓이라.
지불강자 난지학지 언불신자 간도수 훈

뜻이 굳세지 아니한 자는 성공을 이룸에 이르기가 어려운 것이요, 말을 믿지 아니하는 자는 가르침을 받음에 이르기가 어렵다.

〖114〗

人生之路는 把握時機이요 確立意志이며 不失信念이라.
인생지로 파악시기 확립의지 불실 신념

인생의 길은 때(시기)의 기틀을 파악하는 것이요, 의지를 확실하게 세우는 것이며, 신념을 잃지 않는 것이다.

- 把握 : ①꽉 잡아 쥠. ②어떠한 일을 잘 이해하여 확실하게 바로 앎.
- 時機 : ①적당한 때나 기회. ②〈불교〉정법(正法), 상법(像法), 말법(末法) 따위의 시(時)와 각 시에 따른 자질(資質)의 중생.
- 意志 : ①어떤 일을 해내거나 이루어 내려고 하는 마음의 상태나 작용. 마음. 뜻. 지의(志意). ②이성(理性)을 가지고 사려(思慮)하고 선택하고 결심하여 실행하는 능력. ③지식, 감정과 대립되는 정신(精神) 작용. 어떤 행동을 취할 것인가를 결의하고, 또 그것을 북돋우고 지속시키는 심적(心的) 기능(機能). 도덕적(道德的) 행위의 주체가 되고 객체가 되는 정신작용.
- 信念 : 변하지 않은 굳은 생각.

【115】

肉身之眼은 纔見現物이요 堅志之眼은 能見遂功이라.
육신지안 재견현물 견지지안 능견수공

육신의 눈은 겨우 나타난 물건만을 보는 것이요, 굳센 의지의 눈은 능히 성취될 공까지 보게 된다.

• 纔 : 겨우 재.

【116】

若失希望－夢想偉大하면 如石小草하야 難着活根이라.
약실희망 몽상위대 여석소초 난착활근

만일에 희망과 꿈의 위대함을 잃어버린다면 돌에 작은 풀이 (놓임과) 같아서 살아나려는 뿌리를 붙이기가 어렵다.

• 偉大 : 뛰어나고 훌륭함.

〔117〕

士之守志는 重於生命이니 命限一生이나 志及後代이라.
사지수지 중어생명 명한일생 지급 후대

선비가 지조(志操)를 지키는 것은 생명(生命)보다 소중한 것이니, 생명은 일생에 한한 것이지만 지조는 후대에까지 미친다.

• 志操 : 곧은 뜻과 절조(節操).
• 生命 : ①목숨. 생(生). ②사물의 존립에 관계되는 중요한 것. ③생물이 생물로서 존재할 수 있는 까닭의 본원적 속성으로서 감각, 운동, 자람, 증식(增殖)과 같은 생활 현상으로부터 추상(抽象)되는 일반개념.

〔118〕

大凡有志-於道德人은 不足功名이 其心屈陋이라.
대범유지 어도덕인 부족공명 기심굴루

대범 뜻을 도덕에 둔 사람은 족히 공명(富貴 등)이 그 마음을 굽히거나 비루하게 하지 못한다.

• 道德 : 사람으로서 지켜야 할 도리.
• 功名 : ①공을 세워 이름을 떨침. ②공적(功績)과 명예(名譽). ③공을 세운 이름.

【119】

古成大事는 不有秀才이요 有不拔志로 一行不休이라.
(고성대사 불유수재 유불발지 일행불휴)

옛날에 큰일을 이루는 것은 빼어난 재주에 있는 것이 아니요, 뽑아내지 못할 뜻으로 한결같이 행하여 쉬지 않는데 있었다.

- 一行 : ①하나의 행위, 또 일정한 방식. ②한 동아리, 여행 등에 있어 함께 가는 사람, 또는 함께 가는 사람. 전체.
- 不休 : ①쉬지 않음. ②조금도 쉬지 않고 계속함.

【120】

大凡有志는 不在年高이나 若無立志면 猶長十歲이라.
(대범유지 부재연고 약무입지 유장십세)

대범 뜻이 있음은 나이가 높음에 있는 것이 아니지만, 만일 뜻을 세움이 없다면 오히려 열 살도 긴 것이다.

【121】

大凡貧者－不足恥也라 實眞恥者란 爲富無志
대범빈자　부족치야　실진치자　위부무지

이라.

대범 가난이라는 것은 족히 부끄러운 것이 아니라, 정말 참으로 부끄러움이란 부유하면서 뜻이 없는 것이다.

【122】

寧可孤獨－一生粗活이언정 不能屈志－一時華
영가고독　일생조활　불능굴지　일시화

活이라.
활

차라리 가히 고독하게 일생을 조악(粗惡)하게 살지언정 능히 뜻을 굽혀 한때를 영화롭게 살지 않아야 한다.

• 孤獨 : ①주위에 마음을 함께 할 사람이 없어 혼자 동떨어져 있음을 느끼는 상태. 외로움. ②부모 없는 어린아이와 자식 없는 늙은이.
• 粗 : 거칠 조.
• 粗惡 : (물건이) 거칠고 나쁨.

【123】

外境亂時에 要檢己心이니 非然流慾하야 沒己立志이라.
외경란시 요검기심 비연류욕 몰기 입지

바깥 경계가 어지러울 때에는 자기의 마음을 점검하는 것이 중요하나니, 그렇지 않으면 욕심으로 흘러서 자기의 세운 의지를 매몰(埋沒)시키게 된다.

• 埋沒 : 파묻음. 파묻힘.

【124】

夫立自身하면 從毁與譽하되 世亂不變－旣豎之志이라.
부립자신 종훼여예 세난불변 기수지 지

대범 자신이 세워진다면 헒과 더불어 기림을 좇아가되 세상이 어지러울지라도 이미 세웠던 뜻을 변하지 않아야 한다.

• 毁譽 : 남을 비방함과 칭찬함.
• 豎 : 세울 수. 더벅머리 수.

〘125〙

凡知足者는 從權與利하되 世難不易－旣立之
범 지 족 자　종 권 여 리　세 난 불 역　기 립 지

節이라.
절

대범 구족(具足)함을 아는 사람은 권세와 더불어 이익을 따라가되 세상이 어렵더라도 이미 세운 절조를 바꾸지는 않아야 한다.

• 具足 : 충분히 갖추어 있음.

〘126〙

水不流動하면 漸腐不淸이요 志不勁强하면 隨勢
수 불 유 동　점 부 불 청　지 불 경 강　수 세

易變이라.
이 변

물이 흘러서 움직이지 아니하면 점점 썩어서 맑지 않는 것이요, 뜻이 굳세거나 강하지 아니하면 형세를 따라 변화되기가 쉬운 것이다.

【127】

凡忍難者는 必發奮進이요 又忍辱者는 必知恥愼이라.
범인난자 필발분진 우인욕자 필지치신

대범 어려움을 참는 사람은 반드시 의분(義奮)을 발하여 나아가는 것이요, 또한 욕됨을 참는 자는 반드시 부끄러움을 알아서 삼가한다.

• 奮 : 떨칠 분.
• 義奮 : 의(義)를 위하여 분발(奮發)함.

【128】

失面不恥이요 不立志恥이며 失學不怜이요 不受斆怜이라.
실면불치 불립지치 실학불령 불수효령

체면(體面)을 잃은 것이 부끄러운 것이 아니요, 뜻을 세우지 않음이 부끄러운 것이며, 배움을 잃은 것이 불쌍한 것이 아니요, 가르침을 받지 못함이 불쌍한 것이다.

• 體面 : 남을 대하기에 떳떳한 도리나 얼굴.
• 斆 : 가르칠 효.

【129】

大凡憂苦는 人之所厭이나 然有不苦하면 艱自志憤이라.
대범우고 인지소염 연유불고 간자지분

대범 걱정과 괴로움은 사람의 싫어하는 바이지만 그러나 괴롭지 않은 것만 있게 된다면 자신의 의지를 분발시키기가 어렵다.

- 憂苦 : 근심하고 괴로워함.
- 憤 : 결낼 분.

【130】

有有志者는 百計千方이요 有無志者는 千難萬險이라.
유유지자 백계천방 유무지자 천난만험

뜻이 있는 사람은 백 가지 계획과 천 가지 방법이 있는 것이요, 뜻이 없는 자는 천 가지 어려움과 만 가지 험함이 있다.

[131]

胸不懷酷하고 毅然奮起를 謂之意志라 하나니 立
흉불회혹 의연분기 위지의지 입

志成功이라.
지성공

가슴에 잔혹(殘酷)을 품지 아니하고 의연히 분발하여 일어서는 것을 일러서 의지라 하나니, 의지가 서면 공을 이루게 된다.

- 酷 : 독할 혹.
- 殘酷 : 잔인하고 혹독함.
- 毅然 : 의지(意志)가 강하여 사물에 동하지 않은 모양.
- 意志 : ①어떤 일을 해내거나 이루어 내려고 하는 마음의 상태나 작용. 마음. 뜻. 지의(志意). ②이성(理性)을 가지고 사려(思慮)하고 선택하고 결심하여 실행하는 능력. ③지식, 감정과 대립되는 정신 작용. 어떤 행동을 취할 것인가를 결의하고, 또 그것을 북돋우고 지속시키는 심적(心的) 기능. 도덕적(道德的) 행위의 주체가 되고 객체가 되는 정신작용.

[132]

事業成功은 要立信念이요 學問成功은 要立意
사업성공 요립신념 학문성공 요립의

志이라.
지

사업에 공을 이루는 것은 신념을 세움이 중요한 것이요, 학문에 공을 이룸은 의지를 세움이 중요한 것이다.

【133】

夫人無懷一節志之人의 千言萬語는 如耳邊風
부인무회 절지지인 천언만어 여이변풍

이라.

대범 사람으로 절개와 지조를 품음이 없는 사람의 일 천 마디 말과 일 만 마디의 말은 귀가의 바람과 같은 것이다.

【134】

夫人胸懷一節志之人의 半語一言은 如時來雨
부인흉회 절지지인 반어일언 여시래우

이라.

대범 사람으로 가슴에 절개(節槪)와 지조(志操)를 품은 사람의 반 마디 말이나 한마디 말은 때에 오는 비와 같은 것이다.

• 節槪 : 절의와 기개, 신념 등을 지키어 굽히지 않는 충실한 태도.
• 志操 : 곧은 뜻과 절조(節操).

【135】

奮發爲準하면 可以養志이요 澹泊爲準하면 可以
분발위준 가이양지 담박위준 가이

養心이라.
양심

분발을 표준으로 삼으면 가히 써 뜻이 길러질 것이요, 담박을 표준으로 삼으면 가히 써 마음이 길러진다.

• 奮發 : 가라앉은 마음과 힘을 떨쳐 일으킴.
• 養志 : ①자기의 뜻을 기름. ②심지(心志)를 고상하게 갈고 닦음. ③부모의 뜻을 받들어 지극한 효도를 다하는 일.
• 澹泊=淡泊 : ①욕심이 없고 마음이 깨끗함. ②맛이나 빛이 산뜻함.
• 養心 : 심성을 기름. 심성을 닦음.

〔136〕

不怕人生－活不如人이라 實際恐惜－志立不立이라.
불파인생 활불여인 실제공석 지입불입

인생의 삶이 남만 같지 못함을 두려워할 것이 아니라, 실제로 뜻이 서고 서지 못함을 두려워하고 애석해해야 한다.

• 恐 : 두려울 공.

〔137〕

大凡心虛하면 自明理致이요 因此心實하면 自堅意志이라.
대범심허 자명이치 인차심실 자견의지

대범 마음이 비워지면 저절로 이치가 밝아지는 것이요,

따라서 마음이 실다워지면 저절로 의지가 굳어진다.

【138】

夫成功者(부성공자)는 唯顯自己(유현자기)의 努力結果(노력결과)이니 尋無他途(심무타도)이라.

대범 성공이라는 것은 오직 자기의 노력한 결과에서 드러나는 것이니 찾더라도 다른 길은 없는 것이다.

【139】

大凡人也(대범인야)－若志不立(약지불립)하면 無於世上(무어세상)에 可成之事(가성지사)이라.

대범 사람이 만일 뜻을 세우지 아니하면 세상에 가히 이루어야 할 일이 없다.

【140】

夫最癡人(부최치인)이란 迺喪己志(내상기지)하야 不測自身(불측자신)의 前路未來(전로미래)이라.

대범 가장 어리석은 사람이란, 이에 자기의 뜻을 잃어서 자신의 앞길과 미래를 추측(推測)하지 못하는 것이다.

• 推測 : 미루어 생각하여 헤아리거나 어림을 잡음.

〔141〕

人生之路(인생지로)에 最貴立志(최귀입지)이니 迺有志者(내유지자)는 衆事必成(중사필성)이라.

사람의 길에 가장 귀중한 것은 뜻을 세움이니, 이에 뜻이 있는 사람은 뭇 일을 반드시 이루게 된다.

〔142〕

成就自意(성취자의)는 尊重自我(존중자아)이요 打擊別人(타격별인)은 毁滅自我(훼멸자아)이라.

자기의 뜻을 성취하는 것은 자아를 존중하는 것이요, 다른 사람을 두드려 치는 것은 자아를 훼멸하는 것이다.

• 自我 : 자기 자신에 대한 의식이나 관념(觀念).
• 打擊 : ①때리어 침. ②어떤 영향을 받아서 기운이 크게 꺾임. 쇼크. ③손해. 손실.
• 毁滅 : 헐어 망침.

【143】

起念莫折하고 起念莫疊하며 起念莫屈하고 起念莫放이라.
기념막절 기념막첩 기념막굴 기념막방

생각이 일어나면 꺾지 말고, 생각이 일어나면 접지 말며, 생각이 일어나면 굽히지 말고, 생각이 일어나면 놓지 말라.

• 疊 : 접을 첩. 겹쳐질 첩.

【144】

不敷一教하면 難行善事이요 不習一學하면 難成鴻志이라.
불부일교 난행선사 불습일학 난성홍지

하나의 가르침을 펴지 아니하면 선한 일을 행하기가 어려운 것이요, 하나의 배움을 익히지 아니하면 큰 뜻을 이루기가 어렵다.

• 敷 : 펼 부.
• 鴻志 : 큰 뜻.

〔145〕

夫離實踐하는 理想希望은 不過一種의 妄想空想이라.
부리실천 이상희망 불과일종 망상공상

대범 실천을 여읜 이상이나 희망은 일종의 망령되 생각이나 비어버린 생각에 지나지 않는다.

- 理想 : ①생각할 수 있는 가장 완전한 상태. ②실현하고자 하는 궁극의 목표.
- 妄想 : 이치에 어긋나는 헛된 생각. 이것이 지나치면 병적인 것으로 되어 피해망상, 과대망상(誇大妄想) 따위의 정신 이상이 일어남.
- 空想 : ①이루어질 수 없는 헛된 생각. ②외계에 상응하는 객관적 사실이 없는 생각.

〔146〕

傲不可長이요 慾不可滿이며 志不可屈이요 樂不可極이라.
오불가장 욕불가만 지불가굴 낙불가극

거만이란 가히 길어서는 안 되는 것이요, 욕심이란 가히 채워서는 안 되는 것이며, 뜻이란 가히 굽혀져서는 안 되는 것이요, 즐거움이란 가히 극하여서는 안 된다.

【147】

志小小成하고 志中中成하며 志大大成하고 志無無成이라.
지소소성 지중중성 지대대성 지무무성

뜻이 작으면 작음을 이루고, 뜻이 중간이면 중간을 이루며, 뜻이 크면 큼을 이루고, 뜻이 없으면 없음을 이룬다.

【148】

業力現前이라도 不折修志하고 盡力精進하면 自發蓮花이라.
업력현전 부절수지 진력정진 자발연화

업력이 앞에 나타날지라도 수행의 뜻을 꺾지 아니하고 힘을 다하여 정진하면 저절로 연꽃이 피어난다.

- 業力 : 과보를 이끄는 업인(業因)의 큰 힘.
- 精進 : 속(俗)된 생활을 버리고 선형을 닦아 오로지 불도(佛道)에만 열중하는 일. 정력(精力)을 다해 나아감. 아주 열심히 노력함.

【149】

不恥失敗이요 無志可惜이며 成功不喜이요 不守可惜이라.
불치실패 무지가석 성공불희 불수가석

실패하는 것은 부끄러운 것이 아니요, 뜻이 없는 것이 가히 슬픈 것이며, 공을 이룸이 기쁜 것이 아니요, 지키지 못하는 것이 가히 슬픔이다.

〖150〗

風箏迎風하면 卽高上昇이요 人間遇逆하면 卽生突力이라.
풍쟁영풍 즉고상승 인간우역 즉생돌력

연이 바람을 맞으면 곧 높이 위로 올라가는 것이요, 사람이 역경을 만나면 바로 돌파할 힘이 생기는 것이다.

• 風箏 : 연. 곧 지연(紙鳶).
• 箏 : 쟁 쟁.

〖151〗

立志之人은 必有成的이요 實踐之人은 必有成功이라.
입지지인 필유성적 실천지인 필유성공

뜻이 세워진 사람은 반드시 목적을 이룸이 있을 것이요, 실천을 하는 사람은 반드시 공을 이룸이 있다.

【152】

人能百忍하면 結到無爭이요 人能千耐하면 結立事功이라.
인능백인 결도무쟁 인능천내 결립사공

사람이 능히 백 번을 참으면 결국 다툴 것이 없는데 이르는 것이요, 사람이 능히 천 번을 견디면 결국 일(사업)을 함에 공을 세우게 된다.

• 耐 : 견딜 내.

【153】

兵主其勇이요 人主其智이며 善主其德이요 功主其志이라.
병주기용 인주기지 선주기덕 공주기지

병사(군대)는 그 용기가 주장이 되는 것이요, 사람은 그 지혜가 주장이 되는 것이며, 선은 그 덕이 주장이 되는 것이요, 성공은 그 의지가 주장이 되는 것이다.

【154】

大凡立志(대범입지)는 不在年高(부재연고)이니 有志竟成(유지경성)하고 無志結敗(무지결패)이라.

대범 뜻이 세워지는 것은 나이가 높음에 있는 것이 아니니, 뜻이 있으면 마침내 이루어지고 뜻이 없으면 결국 실패를 하게 된다.

【155】

夫小也者(부소야자)는 非關身相(비관신상)이라 有關立志(유관입지)의 大小堅弱(대소견약)이라.

대범 "작다"는 것은 몸의 모양과 관계되는 것이 아니라, 세운 뜻의 크고 작음과 굳세고 약함에 관계가 있는 것이다.

【156】

志節不堅(지절불견)하면 難成己事(난성기사)이요 反此勁固(반차경고)하면 無所不成(무소불성)이라.

의지와 절조가 굳혀지지 아니하면 자기의 일도 이루기 어려운 것이요, 이와 반대로 굳세면 이루지 못할 바가 없다.

〔157〕

大凡自古(대범자고)로 成功之人(성공지인)은 立志行人(입지행인)이요 非任命運(비임명운)이라.

대범 예로부터 공을 이룬 사람은 뜻을 세워서 실행한 사람들이요, 명운에 맡겨놓은 것이 아니다.

• 命運=運命 : ①앞으로의 존망이나 생사(生死)에 관한 처지. ②운수(運數)와 명수(命數). 곧 인간을 둘러싼 선악(善惡), 길흉(吉凶), 화복(禍福) 등의 온갖 것이 초인간적(超人間的)인 위력에 의하여 조성되고 지배된다고 믿어지는 그 섭리. 전(轉)하여, 일이 되어 가는 형편. 운수(運數). 숙명(宿命).

〔158〕

丈夫處身(장부처신)은 得志偕人(득지해인)이나 若不敷志(약부부지)하면 獨行持道(독행지도)이라.

대장부가 처신하는 것은 뜻을 얻으면 사람과 함께하는 것이지만, 만일 뜻을 펴지 못하겠으면 홀로 가진 도를 실행하는 것이다.

【159】

難無勇志하면 克伏困境이요 難無毅力하면 成就事功이라.
(난무용지 극복곤경 난무의력 성취사공)

용감한 의지가 없으면 곤란한 경계를 극복하기가 어려울 것이요, 굳센 힘이 없으면 사체(事體)의 공을 성취하기가 어렵다.

• 毅 : 굳셀 의.
• 事體 : ①일의 이치와 당사자의 체면. ②사태(事態).

【160】

我雖處賤이라도 不屈立志이요 我雖陷困이라도 不失希望이라.
(아수처천 불굴입지 아수함곤 불실희망)

내가 비록 빈천(貧賤)한데 처할지라도 세운 뜻을 굽히지 아니할 것이요, 내가 비록 곤궁(困窮)에 빠졌을지라도 희망을 잃지 않아야 한다.

• 貧賤 : 가난하고 천함.
• 困窮 : ①가난하여 살림이 구차함. ②어렵고 궁핍함.

【161】

堅立意志하면 能成鴻業이요 勁有恒心하면 能成大器이라.
견립의지 능성홍업 경유항심 능성대기

굳게 의지를 세우면 능히 큰 업적(業績)을 이루는 것이요, 굳세게 변하지 않는 마음이 있으면 능히 큰 그릇을 이룬다.

• 業績 : 어떤 사업이나 연구 따위에서 이룩해 놓은 성과.
• 恒心 : 늘 지니고 있어서 변하지 않는 마음.

【162】

少年立志하고 靑年立行하며 壯年立果하고 老年立安이라.
소년입지 청년입행 장년입과 노년입안

소년에는 뜻을 세우고 청년에는 실행을 세우며, 장년에는 (결실의) 성과(成果)를 세우고, 노년에는 평안을 세워야 한다.

• 成果 : 일의 이루어진 결과.

【163】

不因富貴하야 改易態度이요 不因挫折하야 改易信念이라.
불인부귀 개역태도 불인좌절 개역신념

부귀로 인하여 태도를 고치고 바꿔서는 안 되는 것이요, 좌절로 인하여 신념을 고치고 바꿔서는 안 된다.

- 挫 : 꺾을 좌.
- 挫折 : 마음과 기운이 꺾임.

【164】

渡海之時에는 必持針盤이요 活世之時에는 必持信念이라.
도해지시 필지침반 활세지시 필지신념

바다를 건널 때에는 반드시 나침반(羅針盤)을 가져야 하는 것이요, 세상을 살아갈 때에는 반드시 신념을 가져야 한다.

- 羅針盤 : ①자침(磁針)이 남북을 가리키는 특성을 이용하여 만든, 지리적인 방향지시 계기. 방위나 지평각(地平角), 특히 배나 항공기의 가는 길을 잡기 위하여 그 물체에 장치하도록 만들었음. 자침이 가리키는 남북은, 지구의 남북극(南北極)과 정확하게 일치하지는 않음. ②지침의 뜻으로 이르는 말. 나침의(羅針儀). 컴퍼스.
- 信念 : 변하지 않은 굳은 생각.

【165】

不取於人하면 迺謂淸廉이요 不屈於人하면 乃謂堅勁이라.
불취어인 내위청렴 불굴어인 내위견경

사람에게 취하지 아니하면 이에 청렴하다 이를 것이요, 사람에게 굽히지 아니하면 이에 굳세다 이르는 것이다.

【166】

立信之人은 說之毁譽하고 愶之威武라도 不易其志이라.
입신지인 세지훼예 협지위무 불역기지

신념이 세워진 사람은 헐과 기림으로 달래고 위협과 무력으로 으르더라도 그 뜻을 바꾸지 않는다.

• 愶 : 으를 협.
• 威武 : ① 위세(威勢)와 무력(武力). ② 위엄(威嚴) 있고 씩씩함. ③ 세력이 강함.

【167】

立志之人은 說之富財하고 愶之權利라도 不變其節이라.
입지지인 세지부재 협지권리 불변기절

뜻이 세워진 사람은 부유와 재물로 달래고 권세와 이익으로 으르더라도 그 절조(節操)를 변하지 않는다.

• 節操 : ① 절개(節槪)와 지조(志操). ② 굳게 지키는 지조.

〔168〕

短壽非殤이요 失志爲殤이며 無隣非孤이요 喪德爲孤이라.
단수비상 실지위상 무린비고 상덕위고

목숨(長壽) 짧음이 일찍 죽는 것이 아니요, 뜻을 잃음이 일찍 죽는 것이며, 이웃 없음이 외로운 것이 아니요, 덕을 잃음이 외로운 것이다.

• 殤 : 일찍 죽을 상.

〔169〕

志不勁者는 難成事功이요 心不堅者는 難醒道意이라.
지불경자 난성사공 심불견자 난성도의

뜻이 굳세지 아니한 사람은 일에 공을 이루기가 어려운 것이요, 마음이 굳지 아니한 사람은 도의 뜻을 깨우치기가 어렵다.

【170】

對失意人하야 莫談得意이요 處得意境하야 莫忘失意이라.
대실의인 막담득의 처득의경 막망실의

뜻을 잃은 사람에 대해서는 뜻 얻음을 말하지 말 것이요, 뜻을 얻은 경계에 처해서는 뜻을 잃게 되는 것을 잊지 말아야 한다.

【171】

有三通人하니 通言語人이요 通志氣人이며 通心行人이라.
유삼통인 통언어인 통지기인 통심행인

세 가지 통하는 사람이 있으니, 말이 통하는 사람이요, 지기가 통하는 사람이며, 심행이 통하는 사람이다.

• 志氣 : ①어떤 일을 이루려는 의지와 기개를 아울러 이르는 말. ②패기. ③진취성.
• 心行 : 마음의 작용.

【172】

衆怒難制이요 群利難奪이며 人心難團이요 勁志難屈이라.
중노난제 군리난탈 인심난단 경지 난굴

대중의 성냄은 제압하기가 어려운 것이요, 대중의 이익은 빼앗기가 어려운 것이며, 사람의 마음은 뭉치기가 어려운 것이요, 굳센 뜻은 굽히기가 어려운 것이다.

【173】

夫篤信念은 不破者也이요 不屈者也이며 不散者也이라.
부독신념 불파자야 불굴자야 불산 자야

대범 돈독한 신념은 부서지는 것이 아니요, 굽혀지는 것이 아니며, 흩어지는 것이 아니다.

• 信念 : 변하지 않은 굳은 생각.

【174】

卓越之人의 不從優點은 能當諸難이라도 百折不撓이라.
탁월지인 부종우점 능당제난 백절 불요

탁월한 사람의 좇을 수 없는 우수한 점은 능히 모든 어려움을 당하여 백 번을 끊어는 질지라도 구부려지지(휘어지지)는 않는 것이다.

• 卓越 : 월등하게 뛰어남.
• 撓 : 구부러질 요. 휘어질 요.

〔175〕

鳥有鳥意하고 木有木意하며 山有山意하야 有物各意이라.
(조유조의 목유목의 산유산의 유물각의)

새에는 새의 의지(意志)가 있고, 나무에는 나무의 의지가 있으며, 산에는 산의 의지가 있어서 만물이 각각 의지가 있는 것이다.

• 意志 : ①어떤 일을 해내거나 이루어 내려고 하는 마음의 상태나 작용. 마음. 뜻. 지의(志意). ②이성(理性)을 가지고 사려(思慮)하고 선택하고 결심하여 실행하는 능력. ③지식, 감정과 대립되는 정신작용. 어떤 행동을 취할 것인가를 결의하고, 또 그것을 북돋우고 지속시키는 심적 기능. 도덕적 행위의 주체가 되고 객체가 되는 정신작용.

〔176〕

初志一貫하면 無所不成이요 初志一延하면 無所不至이라.
(초지일관 무소불성 초지일연 무소부지)

처음 뜻 하나로 뚫어가면 이루지 못할 바가 없는 것이요, 처음 마음 하나로 뻗어가면 이르지 못할 바가 없는 것이다.

• 初志一貫 : ①처음에 세운 뜻을 이루려고 끝까지 밀고 나감. ②처음 품은 뜻을 한결같이 꿰뚫음.

〖177〗

逐妄想心(축망상심)하면 得正念心(득정념심)이요 逐差別心(축차별심)하면 得平等心(득평등심)이라.

망상의 마음을 쫓아내면 정념의 마음을 얻을 것이요, 차별의 마음을 쫓아내면 평등의 마음을 얻는다.

• 妄想 : 이치에 어긋나는 헛된 생각. 이것이 지나치면 병적인 것으로 되어 피해망상, 과대망상(誇大妄想) 따위의 정신 이상이 일어남.
• 正念 : ①팔성도(八聖道)의 한 가지. 즉, 제법의 성상(性相)을 바로 기억하여 잊지 아니함. ②정법에 의하여 극락에 왕생함을 믿는 생각. ③아니타불(阿彌陀佛)에 열심히 염불하는 일.

〖178〗

千年老松(천년노송)은 不憚霰霜(불탄산상)이요 嚴冬雪梅(엄동설매)는 不畏氷凜(불외빙름)이라.

천 년의 늙은 소나무는 싸라기눈이나 서리를 꺼려하지 않는 것이요, 엄동의 눈 속 매화는 얼음이나 차가움을 두려워하지 않는다.

• 憚 : 꺼릴 탄.
• 霰 : 싸라기눈 산.
• 雪梅 : 눈 속에 피는 매화.
• 凜 : 찰 름(늠).

〔179〕

若樹無皮하면 難生維持이요 亦人無志하면 難開己路이라.
약수무피 난생유지 역인무지 난개기로

만일 나무가 껍질이 없으면 삶을 유지하기가 어려운 것이요, 또한 사람이 뜻이 없으면 자기의 길을 열기가 어렵다.

〔180〕

人志於道하야 迺被麤衣하고 又食粗飯이라도 少無所忌이라.
인지어도 내피추의 우식조반 소무소기

사람이 도에 뜻해서 이에 거친 옷을 입고 또한 거친 밥을 먹을지라도 조금도 꺼리는 바가 없어야 한다.

• 麤 : 거칠 추.
• 麤衣 : 거친 옷.
• 粗 : 거칠 조.
• 粗飯 : 거친 밥. 변변치 못한 식사.

〔181〕

夫人不馴-無度之慣이요 亦是不立-無成之夢이라.
부인불순 무도지관 역시불립 무성지몽

대범 사람은 법도가 없는 버릇을 길들이지 아니할 것이요, 또한 이룰 수 없는 꿈(뜻)은 세우지 않아야 한다.

• 馴 : 길들일 순.
• 慣 : 버릇 관. 습관 관.

〔182〕

大凡人也-爲主信念하면 順逆之境에 不失自志이라.
대범인야 위주신념 순역지경 불실자지

대범 사람이 신념을 위주로 한다면 순한 경계(順境)와 거슬리는 경계(逆境)에 자기의 의지를 잃지 않게 된다.

• 順境 : 뜻한 일이 마음먹은 대로 잘 되어 가는 경우, 또는 모든 일이 순조로운

환경.

• 逆境 : ①일이 뜻대로 되지 않는 불행한 경우나 환경. ②불운한 처지.

〔183〕

希望奮鬪(희망분투)는 成功捷徑(성공첩경)이요 挫折失敗(좌절실패)는 成功鋪路(성공포로)이라.

희망과 분투는 성공의 빠른 지름길이요, 좌절과 실패는 성공의 포장길이다.

• 奮 : 떨칠 분.
• 鬪 : 싸움 투.
• 奮鬪 : 있는 힘을 다하여 싸움.
• 捷 : 이길 첩.
• 徑 : 지름길 경.
• 捷徑 : ①지름길. ②빠른 방법.

〔184〕

不厭大海(불염대해)는 溪水之流(계수지류)이요 不懼志人(불구지인)은 困難之境(곤난지경)이라.

큰 바다는 시냇물의 흘러듦을 싫어하지 않는 것이요, 뜻을 (세운) 사람은 곤란한 경계를 두려워하지 아니한다.

[185]

膽大之人(담대지인)은 騎龍騎虎(기룡기호)이요 膽小之人(담소지인)은 騎猫騎犬(기묘기견)이라.

담력이 큰 사람은 용을 타고 호랑이를 타는 것이요, 담력이 작은 사람은 고양이를 타고 개를 타는 것이다.

- 膽大 : 담력(膽力)이 큼. 겁이 없이 용기가 많음.
- 騎 : 말탈 기.
- 膽小 : ①담력이 작음. ②겁이 많고 배짱이 없음.
- 猫 : 고양이 묘.

[186]

航海之時(항해지시)에는 要知方向(요지방향)이요 人生之路(인생지로)에는 要立理想(요립이상)이라.

배가 바다를 갈 때에는 방향을 아는 것이 중요한 것이요, 사람이 나가는 길에는 이상을 세움이 중요하다.

- 理想 : ①생각할 수 있는, 가장 완전한 상태. ②실현하고자 하는 궁극의 목표.

〖187〗

清明之念으로 養吾之神이요 剛大之念으로 養吾之志이라.
청명지념 양오지신 강대지념 양오지지

맑고 밝은 생각으로 나의 정신을 기를 것이요, 굳세고 큰 생각으로 나의 뜻을 길러야 한다.

〖188〗

吾何畏彼는 於大丈夫에 大雄大志－不可無故이라.
오하외피 어대장부 대웅대지 불가무고

“내가 어찌 저를 두려워 하리요” 하는 것은, 대장부에게 크게 뛰어나고 크게 뜻하는 것이 가히 없지 않기 때문이다.

〖189〗

經一挫折하면 長一識見이요 忍一橫逆하면 增一器量이라.
경일좌절 장일식견 인일횡역 증일기량

한 번의 좌절을 경험하면 하나의 식견이 자라나는 것이요, 한 번의 횡역을 견디면 하나의 기량이 증장(增長)된다.

• 挫折 : 마음과 기운이 꺾임.
• 識見 : ①사물을 식별하고 관찰하는 능력. ②학식(學識)과 견문(見聞).
• 橫逆 : 떳떳한 이치에 어그러짐.
• 器量 : 사람의 덕량(德量)과 재능.
• 增長 : 힘을 도와 전보다 더 잘 하게 함.

【190】

夫爲持身은 氷淸玉潔이요 又做氣槪는 泰山喬嶽이라.
(부위지신 빙청옥결 우주기개 태산교악)

대범 몸가짐은 얼음처럼 맑고 옥처럼 깨끗하여야 하는 것이요, 또한 기개는 큰 산처럼 높은 뫼처럼 되어야 한다.

• 持身 : ①몸가짐. ②제 몸의 처신.
• 氷淸玉潔 : 얼음 같이 맑고 옥같이 깨끗하다는 뜻으로, "청렴결백(淸廉潔白)한 절조(節操)나 덕행(德行)"을 나타내는 말.
• 氣槪 : 씩씩한 기상과 꿋꿋한 절개.
• 山嶠嶽 : ①높고 큰 산과 웅장한 봉우리. ②사람의 인품이나 능력이 뛰어나 모든 사람들로부터 존경과 신뢰를 받을만한 것을 비유하는 말.

【191】

夫聰明者는 常戒太察이요 又剛强人은 恒戒太進이라.
(부총명자 상계태찰 우강강인 항계태진)

대범 총명한 사람은 항상 지나치게 살핌을 경계해야 하는 것이요, 또한 굳세고 강한 사람은 항상 지나치게 (앞으로) 나아가는 것을 경계해야 한다.

【192】

一夫持念하고 堅扛一鋤하야 遇虎死鬪하면 其人必勝이라.
일부지념 견강일서 우호사투 기인필승

한 지아비가 신념을 가지고 한 개의 농기구를 굳게 들고서 호랑이를 만나 죽기로 싸우면 그 사람은 반드시 이기게 된다.

• 死鬪 : 죽을힘을 다하여 싸우거나 목숨을 내어 걸고 싸움, 또는 그 싸움.

【193】

志不勍者는 功也難成이요 言不信者는 行也寡果이라.
지불경자 공야난성 언불신자 행야과과

뜻이 굳세지 아니한 사람은 공을 이루기가 어려운 것이요, 말이 믿어지지 아니한 자는 행동의 과단(果斷)이 적게 된다.

• 勍 : 굳셀 경.

• 寡 : 적을 과.
• 果斷 : 딱 잘라 용기 있게 결정함.

〖194〗

凡有於人에 失大意事는 無力易生 - 得小意時이라.
범 유 어 인 실 대 의 사 무 력 이 생 득 소 의 시

대범 사람에 있어서 큰 뜻을 잃게 되는 일은 힘들임이 없이 작은 뜻을 얻었을 때에 생겨나기가 쉽다.

〖195〗

大凡成功은 實非甚難이요 反處成功하야 守之有難이라.
대 범 성 공 실 비 심 난 반 처 성 공 수 지 유 난

대범 공을 이루는 것은 사실 심히 어려운 것이 아니요, 반면 성공에 처해서 그것을 지키기가 어려움이 있는 것이다.

〖196〗

淨心明志하면 可得鴻智이니 譬如拭鏡하야 除垢現明이라.
정 심 명 지 가 득 홍 지 비 여 식 경 제 구 현 명

마음을 맑히고 뜻을 밝히면 가히 큰 지혜를 얻게 될 것이니, 비유하자면 거울을 닦아서 먼지를 제거하면 밝음이 나타나는 것과 같다.

• 拭 : 닦을 식.
• 垢 : 먼지 구. 때 구.

〖197〗

慎終如始(신종여시)하면 絕無敗事(절무패사)이요 行志如初(행지여초)하면 必得功成(필득공성)이라.

마침을 삼가기를 처음처럼 하면 절대로 실패하는 일이 없는 것이요, 뜻을 실행하기를 처음같이 하면 반드시 공 이룸을 얻게 된다.

• 慎終如始 : 일이 마지막에도 처음과 같이 신중을 기함.

〖198〗

大凡不知-自制之人(대범부지 자제지인)이면 絕對不稱-得意之人(절대불칭 득의지인)이라.

대범 스스로 억제할 줄을 알지 못한다면 절대로 뜻을 얻은 사람이라고 일컫지 못하리라.

• 得意 : 바라던 일이 이루어져서 뽐냄. 뜻을 이루어 자랑함.

〔199〕

樹大佛大(수대불대)이요 水大江大(수대강대)이며 字大册大(자대책대)이요 志大功大(지대공대)이라.

나무가 크면 불상(佛像)도 큰 것이요, 물이 크면 강도 큰 것이며, 글자가 크면(많으면) 책도 큰 것이요, 뜻이 크면 성공도 큰 것이다.

〔200〕

大凡一志(대범일지)는 能透諸難(능투제난)이요 反面一信(반면일신)은 能成萬事(능성만사)이라.

대범 한 뜻은 능히 모든 어려움을 뚫는 것이요, 반면에 한 신념은 능히 뭇 일(사업)을 이루게 된다.

VI

斅學編(효학편)

가르침과 배움

VI

斆學編효학편

가르침과 배움

〖001〗

雖愚之人이라도 勤學日智이요 亦傻之人이라도 勤斆日賢이라.
(수우지인 근학일지 역사지인 근효일현)

비록 어리석은 사람이라도 부지런히 배우면 날로 지혜(智慧)로워지는 것이요, 또한 멍청한 사람이라도 부지런히 가르치면 날로 어질어진다.

- 智慧 : ①삶의 경험이 풍부하거나 세상 이치나 도리를 잘 알아 일을 바르고 옳게 처리하는 마음이나 두뇌의 능력. 슬기. ②미혹(迷惑)을 없애고 보리(菩提)를 성취하는 힘.
- 傻 : 약을 사. 멍청하다. 어리석다.
- 斆 : 가르칠 효.

【002】

對外世人하야 能斅聖訓이요 對內自身하야 能學賢文이라.
대외세인 능효성훈 대내자신 능학 현문

밖으로 세상 사람을 대해서는 성인의 교훈(敎訓)을 가르칠 것이요, 안으로 자신을 대해서는 능히 어진 이의 글을 배워야 한다.

- 聖訓 : 성인 또는 임금의 교훈(敎訓).
- 敎訓 : 가르치고 깨우침. 타이름. 훈계(訓戒)함.

【003】

耕種有穫하고 學習明智하며 施財得人하고 受斅成賢이라.
경종유확 학습명지 시재득인 수효 성현

갈고 씨 뿌리면 거둠이 있고 배우고 익히면 지혜가 밝아지며, 재물을 베풀면 사람을 얻고 가르침을 받으면 어짊을 이룬다.

- 穫 : 거둘 확.

【004】

家藏備書하야 可以敎子이니 遺金滿籯하면 猶爲災種이라.
가장비서 가이교자 유금만영 유위 재종

집안에 책을 갖추어서 가히 써 자식을 가르칠 것이니, 금(돈 · 재산 등)을 광주리에 가득 담아 끼쳐준다면 오히려 재앙의 종자가 된다.

- 籯 : 광주리 영.
- 災 : 재앙 재.

【005】

夫好之者는 不如學之이요 隨學之者는 不如覺之이라.
부호지자 불여학지 수학지자 불여각 지

대범 좋아하는 것은 배우는 것만 같지 못한 것이요, 따라서 배우는 것은 깨닫는 것만 같지 못하다.

【006】

知己曰明이요 知人曰智며 勝己曰强이요 善人曰德이라.
지기왈명 지인왈지 승기왈강 선인왈덕

자기를 아는 것을 밝음이라 이르는 것이요, 사람을 아는 것을 지혜로움이라 이르는 것이며, 자기를 이기는 것을 강함이라 이르는 것이요, 사람에게 선한 것을 덕이라 이른다.

【007】

若知自愚하면 此非大愚이요 亦知己惑하면 迺非大惑이라.
약지자우 차비대우 역지기혹 내비대혹

만일 자기가 어리석은 줄을 알면 이는 크게 어리석은 것이 아니요, 또한 자기가 미혹한 줄을 알면 이에 크게 미혹한 것이 아니다.

【008】

臨於水邊에 知淵魚性이요 到於山麓에 識壑鳥音이라.
임어수변 지연어성 도어산록 식학조음

물가에 다다름에 연못 고기의 성질을 아는 것이요, 산기슭의 이름에 골짜기 새의 소리를 안다.

• 麓 : 산기슭 록.
• 壑 : 골짜기 학.

【009】

大凡道德은 不厭舊行이요 隨而知識은 不厭新學이라.
대범도덕 불염구행 수이지식 불염신학

대범 도덕은 옛날 행해졌던 것이 싫은 것이 아니요, 따라서 지식은 새로운 학문(學問)이 싫은 것이 아니다.

• 道德 : 사람으로서 지켜야 할 도리.
• 新學 = 新學問 : 재래의 한학(漢學)에 대하여 서양에서 들어온 새로운 학문.
• 學問 : 어떤 분야를 체계적으로 배워서 익힘, 또는 그런 지식.

【010】

大凡於人에 有益一事는 勝於無用한 千敎萬示이라.
대범어인 유익일사 승어무용 천교만시

대범 사람에 이익이 있는 한 일은 쓸데가 없는 일 천 가르침과 일 만 보여줌보다 수승한 것이다.

【011】

欲勝人者는 必先勝己이요 欲知人者는 必先知己이라.
욕승인자 필선승기 욕지인자 필선지기

남을 이기고자 하는 사람은 반드시 먼저 자기를 이길 것이요, 남을 알고자 하는 자는 반드시 먼저 자기를 알아야 한다.

【012】

視其所好하고 視其所遊하며 視其所用이면 能知其人이라.
시기소호 시기소유 시기소용 능지기인

그 좋아하는 바를 보고 그 노니는 바를 보며, 그 쓰는 바를 보면 능히 그 사람을 안다.

【013】

無實假飾은 難爲眞行이요 無慧知識은 難醒眞理이라.
무실가식 난위진행 무혜지식 난성진리

실이 없는 거짓 꾸밈은 참된 행동을 하기가 어려운 것이요, 지혜가 없는 알음알이는 참된 이치를 깨닫기가 어렵다.

• 假飾 : ①속마음과 달리 언행을 거짓으로 꾸밈. ②임시로 장식함.
• 醒 : 깰 성.

【014】

積聚黃金(적취황금)은 非丈夫業(비장부업)이니 窓邊迎風(창변영풍)하며 讀萬卷書(독만권서)이라.

황금을 쌓고 모으는 것은 대장부의 사업이 아니니 창가의 바람을 맞이하며 만 권의 책을 읽어야 한다.

【015】

以樂成學(이락성학)하고 以樂成事(이락성사)하며 以樂成功(이락성공)하고 以樂成名(이락성명)이라.

즐김으로써 학문을 이루고, 즐김으로써 일을 이루며, 즐김으로써 공을 이루고, 즐김으로써 명예를 이루어야 한다.

【016】

學海萬里－無斟無泳이라 勤讀書人만 始昇士林이라.
학해만리 무짐무영 근독서인 시승사림

배움의 바다 만 리를 짐작할 수가 없고 헤엄칠 수도 없는 것이라, 부지런히 글을 읽은 사람만이 비로소 사림에 오르게 된다.

• 學海 : 냇물이 쉬지 아니하고 흘러서 바다로 들어간다는 뜻에서, 사람이 학문에 힘쓰는 것의 비유. 학문을 넓고 깊은 바다에 비유한 말.
• 斟 : 짐작할 짐.
• 士林＝儒林 : 유도(儒道)를 닦는 학자들.

【017】

如幼之學은 聳日瀉光이요 如老之學은 秉燭夜遊이라.
여유지학 용일사광 여노지학 병촉야유

어려서 배움은 해가 솟아 쏟아지는 빛과 같은 것이요, 늙어서(나이 먹음) 배움은 촛불을 잡고 밤에 노는 것과 같다.

• 瀉 : 쏟을 사.
• 秉 : 잡을 병.
• 燭 : 촛불 촉.
• 秉燭夜遊 : 촛불을 들고 밤에 논다는 뜻으로, 경치가 좋을 즈음 낮에 놀던 흥(興)이 미진해서 밤중까지 놂을 이르는 말.

【018】

大凡眼睛은 心靈之窓이요 因此書籍은 智慧之燈이라.
대범안정 심령지창 인차서적 지혜지등

대범 눈동자는 심령의 창호(窓戶)가 되는 것이요, 따라서 서적은 지혜의 등불이 되는 것이다.

- 眼睛 : 눈동자.
- 睛 : 눈동자 정.
- 心靈 : 정신의 근원이 되는 의식의 본바탕. 곧 마음속의 영혼(靈魂). 육체를 떠나서 존재한다는 마음의 주체. 과학으로는 풀이할 수 없는 신비하고 불가사의(不可思議)한 심적(心的) 현상.
- 窓戶 : 창과 문의 통칭.
- 書籍 : 책. 서사(書史).
- 智慧 : ①삶의 경험이 풍부하거나 세상 이치나 도리를 잘 알아 일을 바르고 옳게 처리하는 마음이나 두뇌의 능력. 슬기. ②미혹(迷惑)을 없애고 보리(菩提)를 성취하는 힘.

【019】

學業之人이 不變初心하면 能成學問이요 亦成君子이라.
학업지인 불변초심 능성학문 역성군자

학업을 하는 사람이 첫 마음이 변하지 아니하면, 능히 학문을 이루는 것이요, 또한 군자를 이루게 된다.

• 學業 : 공부하여 학문을 닦는 일.

• 初心 : ①처음에 가진 마음. ②초심자(初心者).

• 君子 : ①학식과 덕행이 높은 사람. ② 벼슬이 높은 사람. ③ 아내가 자기 남편을 높여 일컫는 말.

【020】

不嘗飮食하면 難知其旨이요 不修深學하면 艱知其理이라.
불상음식 난지기지 불수심학 간지 기리

마시고 먹기를 맛보지 아니하면 그 맛을 알기가 어려운 것이요, 깊은 학문을 닦지 아니하면 그 이치를 알기가 어렵다.

• 嘗 : 맛볼 상.

【021】

凡如人也－讀書蓄識하면 蠶吐絲纏하야 普用有鬲이라.
범여인야 독서축식 잠토사전 보용유 격

대범 사람이 글을 읽어서 지식만을 쌓으면 누에가 실을 토해 얽는 것과 같아서 널리 쓰이는데 막힘이 있다.

• 蠶 : 누에 잠.

• 鬲 : 막을 격.

【022】

夫如人涯는 一編文章이니 好惡是非가 無所不載이라.
부여인애 일편문장 호오시비 무소부재

대범 사람의 생애는 한 편의 문장과 같은 것이니 좋음과 나쁨, 옳음과 그름이 실려지지 아니한 바가 없다.

- 涯 : 물가 애.
- 編 : 엮을 편.
- 文章 : ①생각 · 느낌 · 사상(思想) 등을 글로 표현한 것. ②구절을 모아서 한 문제를 논술한 글의 한 편. 문장가(文章家). ③한 나라의 문명을 형성한 예악과 제도, 또는 그것을 써 놓는 글.
- 載 : 실을 재.

【023】

聚今物質은 下等之人이요 學古聖賢은 上等之人이라.
취금물질 하등지인 학고성현 상등지인

지금에 물질만을 모으는 것은 하등의 사람이요, 옛 성현을 배우는 것은 상등의 사람이다.

- 下等 : 낮은 등급이나 수준이나 정도.
- 上等 : 높은 등급이나 또는 좋은 품질.

【024】

大凡求學은 猶植樹木이니 到春開花하야 至秋
대 범 구 학 유 식 수 목 도 일 개 화 지 추

結實이라.
결 실

대범 배움을 찾는 것은 나무를 심는 것과 같은 것이니, 봄이 이르면 꽃이 피어서 가을에 이르면 열매를 맺는다.

• 求學 : 배움의 길을 찾음.

【025】

匠工削木은 欲建大廈이요 人懋學問은 要知天
장 공 착 목 욕 건 대 하 인 무 학 문 요 지 천

理이라.
리

큰 장인이 나무를 깎는 것은 큰 집을 세우고자 함이요, 사람이 학문에 힘쓰는 것은 하늘의 이치를 알고자 함이다.

• 匠工 : 일정한 수준의 기술을 가지고 있던 사람.
• 削 : 깎을 착. 벨 착.
• 廈 : 큰 집 하.
• 懋 : 힘쓸 무.
• 天理 : ①천지자연의 도리. ②하늘의 바른 도리.

【026】

思也不足이라 故尋師學이요 知也不及이라 故修智明이라.
사야부족 고심사학 지야불급 고수지명

생각으로는 부족한지라 그러므로 스승을 찾아서 배우는 것이요, 알음알이로는 미치지 못하는 지라 그러므로 닦아서 지혜를 밝히는 것이다.

【027】

大開胸裏하면 心如空天이요 確闊思想하면 自增學德이라.
대개흉리 심여공천 확활사상 자증학덕

크게 가슴속이 열리면 마음이 텅 빈 하늘과 같은 것이요, 확실하게 사상을 넓히면 저절로 학문과 덕행이 증장 된다.

- 闊 : 트일 활.
- 思想 : ①사유(思惟)를 통하여 생겨나는 생각. ②사고(思考) 작용의 결과로 생기는 의식 내용. ③논리적 정합성을 가진 판단(判斷) 체계(體系). ④사회와 인생에 대한 원리적으로 통일된 견해나 관점, 또는 태도.
- 學德 : 학문(學問)과 덕행(德行).

【028】

不惜光陰하면 過時必悔이요 黑髮不學하면 至用必恥이라.
불석광음 과시필회 흑발불학 지용필치

광음(시간)을 아끼지 아니하면 때가 지나서 반드시 뉘우치는 것이요, 검은 머리에 배우지 아니하면 쓰는데 이르러 반드시 부끄러운 것이다.

- 光陰 : 해와 달이라는 뜻으로, 흘러가는 시간. 세월. 때.
- 黑髮 : ①검은 머리. ②젊은 시절.

【029】

學松常青하고 學竹不屈하며 學海包容하고 學風無私이라.
학송상청 학죽불굴 학해포용 학풍무사

솔에서 항상 푸름을 배우고, 대에서 굽히지 않음을 배우며, 바다에서 포용을 배우고, 바람에서 사사 없음을 배워야 한다.

- 不屈 : 온갖 어려움에도 굽히지 아니함.
- 包容 : ①아량 있고 너그럽게 감싸 받아들이다. ②남을 아량 있고 너그럽게 감싸 받아들임.
- 無私 : 사심(私心)이 없이 공평함.

【030】

大凡智慧는 求之於己이요 因此學問은 聽之於
대범지혜 구지어기 인차학문 청지어

師이라.
사

대범 지혜는 자기(마음)에게서 구할 것이요, 따라서 학문은 스승에게서 들어야 한다.

- 學問 : ①지식을 체계적으로 배워서 익히는 일, 또는 사물을 탐구하여 이론적으로 체계화된 지식을 세우는 일. ②일정한 분야에서 어떤 이론을 토대로 하여 체계화한 지식의 영역.

【031】

眼界希闊이어든 遍覽山川이요 度量希宏이어든
안계희활 편람산천 도량희굉

熟讀經書이라.
숙독경서

안계가 넓어지기를 바라거든 산천을 두루 유람할 것이요, 도량이 커지기를 바라거든 경서를 익숙하도록 읽어야 한다.

- 眼界 : ① 눈으로 바라볼 수 있는 범위. ② 생각이 미치는 범위.
- 遍 : 두루 편.
- 覽 : 볼 람(남).
- 度量 : ①사물을 너그럽게 용납하여 처리할 수 있는 넓은 마음과 깊은 생각. ②너그러운 마음과 깊은 생각. ③일을 알고 잘 다루는 품성.

• 經書 : 옛 성현들이 유교의 사상과 교리를 써 놓은 책. 《역경》·《서경》·《시경》·《예기》·《춘추》·《대학》·《논어》·《맹자》·《중용》 따위를 통틀어 이른다.

【032】

積塵成山(적진성산)하고 積滴成海(적적성해)하며 積錢成富(적전성부)하고 積功成學(적공성학)이라.

티끌이 쌓여서 산을 이루고 물방울이 쌓여서 바다를 이루며, (일전의) 돈이 쌓여서 부유를 이루고, 공부가 쌓여서 학문을 이룬다

【033】

大凡仁者(대범인자)는 始於奉親(시어봉친)이요 隨而義者(수이의자)는 肇於尊賢(조어존현)이라.

대범 어짊은 어버이를 받듦에서 시작해야 하는 것이요, 따라서 의는 어진 이를 존경함에서 비롯해야 한다.

• 肇 : 비롯할 조.

【034】

大凡仁者는 莫大愛人이요 隨而知者는 莫大解人이라.
대범인자 막대애인 수이지자 막대해인

대범 어진 것은 사람을 사랑하는 것보다 더 큼이 없는 것이요, 따라서 알음알이는 사람을 아는 것보다 더 큼이 없다.

【035】

有膏於燈하면 不滅炷火이요 有目於學하면 不遊懈怠이라.
유고어등 불멸주화 유목어학 불유해태

기름이 등잔에 있으면 심지의 불이 소멸하지 않을 것이요, 목적이 학문에 있으면 게으르게 놀지 않아야 한다.

- 膏 : 기름 고.
- 炷 : 심지 주.
- 懈 : 게으를 해.

〔036〕

若寬度量인대 先捨己學이요 亦成正行인대 先守禮學이라.
약관도량　선사기학　역성정행　선수례학

만일 도량을 넓히고자 할진대 먼저 자기를 놓고 배울 것이요, 또한 바른 행을 이루고자 할진대 먼저 예의를 지키고 배워야 한다.

〔037〕

若蓄德業인대 先耐窮學이요 亦成心平인대 先斥邪學이라.
약축덕업　선내궁학　역성심평　선척사학

만일 덕업을 쌓고자 할진대 먼저 곤궁을 견디고 배울 것이요, 또한 마음의 평정을 이루고자 할진대 먼저 삿됨을 물리치고 배워야 한다.

- 德業 : ①덕을 세우는 사업. ②인덕(仁德)과 공업(功業).
- 斥 : 물리칠 척.
- 斥邪 : ①사기(邪氣)를 물리침. ②간사(奸邪)한 것을 물리침.

【038】

古之學者는 爲己功夫이요 今之學者는 示人功夫이라.
고지학자 위기공부 금지학자 시인공부

옛날 학자는 자기를 위하여 공부를 한 것이요, 지금 학자는 남에게 보이려고 공부를 한다.

【039】

功夫之人은 眼見人過하고 又見人愧거든 歸己卽察이라.
공부지인 안견인과 우견인괴 귀기즉찰

공부하는 사람은 눈에 남의 허물이 보이고, 또한 남의 부끄러움이 보이거든 몸에 돌려서 바로 살펴야 한다.

• 愧 : 부끄러울 괴.

【040】

礪石之旁에 夠集鈍刀이요 慧人之門에 多臻學徒이라.
여석지방 구집둔도 혜인지문 다진학도

숫돌 곁에는 무딘 칼이 많이 모이는 것이요, 지혜로운 사람의 문전에는 배우려는 무리가 많이 이른다.

• 礪 : 숫돌 여.
• 夠 : 모을 구.
• 鈍 : 무딜 둔.
• 鈍刀 : 날이 무딘 칼. 잘 안 드는 칼.
• 臻 : 이를 진.
• 學徒 : ①학생의 무리. ②학문을 닦는 사람.

【041】

夫好之者(부호지자)는 不如學者(불여학자)이요 隨而學者(수이학자)는 不如覺者(불여각자)이라.

대범 좋아하기만 하는 자는 배우는 자만 같지 못한 것이요, 따라서 배우는 자는 깨닫는 자만 같지 못하니라.

【042】

見聞去來(견문거래)가 以身所行(이신소행)이요 解學悟道(해학오도)는 以心所成(이심소성)이라.

보고 듣고 가고 오는 것은 몸으로써 행하는 바이요, 학문을 알고 도를 깨닫는 것은 마음으로써 이루는 바이다.

• 悟道 : ①번뇌에서 벗어나 부처의 세계에 들어갈 수 있는 길. ②불도의 진리를 깨달음, 또는 그런 일.

【043】

借衣而着(차의이착)하면 四肢不中(사지부중)이요 假知而藏(가지이장)하면 難成眞智(난성진지)이라.

옷을 빌려 입으면 사지에 맞지 않는 것이요, 알음알이를 빌려 갈무리면 참 지혜를 이루기가 어렵다.

• 四肢=四支 : ①고등 척추(脊椎) 동물의 운동 기관(器官). 곧 두 쌍의 다리로서 상지(上肢)와 하지(下肢), 또는 전지(前肢)와 후지(後肢). ②사람의 두 팔과 두 다리. 사체(四體).

【044】

功夫之人(공부지인)은 得言外旨(득언외지)하고 悟行外教(오행외교)라야 不惑不癡(불혹불치)이라.

공부하는 사람은 말밖에 지취(旨趣)를 얻고 행동 밖에 가르침을 깨우쳐야 미혹되지 아니하고 어리석지 아니한다.

• 旨趣 : 어떠한 일에 대하여 마음먹고 있는 뜻.

【045】

> 鐵不入火(철불입화)하면 不成寶器(불성보기)이요 人無學道(인무학도)하면 難登聖地(난등성지)이라.

쇠가 불 속에 들어가지 아니하면 보배로운 그릇을 이루지 못하는 것이요, 사람이 도를 배움이 없으면 성현의 경지에 오르기 어렵다.

【046】

> 欲正他人(욕정타인)인대 先正自身(선정자신)이요 欲教他人(욕교타인)인대 先學自己(선학자기)이라.

다른 사람을 바루고자 할진대 먼저 자신을 바룰 것이요, 다른 사람을 가르치고자 할진대 먼저 자기가 배워야 한다.

【047】

人一習成하면 我十習成이요 人百學成하면 我千學成이라.
인일습성 아십습성 인백학성 아천학성

사람이 한 번에 익혀서 이루면 나는 열 번을 익혀서 이룰 것이요, 사람이 백 번에 배워서 이루면 나는 천 번을 배워서 이루리라.

【048】

孔子大成-十五立志하니 早立志速이요 晩立志遲이라.
공자대성 십오입지 조입지속 만입지지

공자께서 열다섯 살에 뜻을 세워서 크게 이뤘으니 일찍 뜻을 세우면 빠를 것이요, 늦게 뜻을 세우면 더디다.

- 공자(孔子)는 일찍이 《논어(論語)》 "위정(爲政)" 편에서 다음과 같이 말씀을 하였다. "나는 열다섯에 학문에 뜻을 두었고, 서른 살에 섰으며, 마흔 살에 미혹되지 않았고, 쉰 살에 천명을 알았으며, 예순 살에 귀가 순했고, 일흔 살에 마음이 하고자 하는 바를 따랐지만 법도에 넘지 않았다.(十有五而志于學, 三十而立, 四十而不惑, 五十而知天命, 六十而耳順, 七十而從心所欲不踰矩..)" 이 글은 공자가 자신의 일생을 돌아보고 학문의 심화된 과정을 술회한 것이다. 공자의 이 말로부터 15세를 지학(志學), 30세를 이립(而立), 40세를 불혹(不惑), 50세를 지천명(知天命), 60세를 이순(耳順), 70세를 종심(從心)이라고 부르게 되었다.
- 遲 : 더딜 지. 늦을 지.

【049】

生而知之하고 學而知之하며 困而知之이나 至知爲一이라.
생이지지 학이지지 곤이지지 지지위일

나면서 알고, 배워서 알며, 애써서 아는 것이 앎에 이르러서는 하나가 되는 것이다.

• 《논어(論語)》 '계씨(季氏)' 에 "生而知之者, 上也, 學而知之者, 次也, 困而學之, 又其次也, 困而不學, 民斯爲下矣."라 하였다. '태어나면서부터 아는 자는 상등이요, 배워서 아는 자는 다음이라 통하지 못하는 바가 있어서 배우는 자는 또 그 다음이니, 통하지 못하는 바가 있는데도 배우지 않으면 백성으로서 이에 아래이니라.'

【050】

於儒家門에 忘食功成이요 於禪門中에 死關功成이라.
어유가문 망식공성 어선문중 사관공성

유가의 문정에는 먹는 것도 잊음으로 공부(道通君子)를 이룬 것이요, 선가의 문정에는 죽음의 관문으로 공부(悟理道人)를 이루었다.

• 儒家 : 공자의 학설, 학풍(學風) 등을 신봉하고 연구하는 학자나 학파, 유가(儒家)를 닦는 사람.
• 忘食 : 《논어(論語)》에 나오는 말이다. 어느 날 초(楚)나라 섭현(葉縣)의 장관

심제량(沈諸梁)이 공자(孔子)의 제자 자로(子路 : B.C. 543~B.C. 480)에게 "너의 스승은 도대체 어떤 인물인가?"라고 물었다. 자로는 심제량의 질문에 스승의 인품이 일반인과는 매우 다른 탁월한 인물이기 때문에 어떻게 대답해야 할지 언뜻 적당한 말이 떠오르지 않아 결국 대답하지 못하였다. 그 뒤 공자가 이 사실을 알고 나서 자로에게 이르기를 "(학문에) 발분하면 먹는 것도 잊고 (도를) 즐겨 근심을 잊으며 늙음이 장차 이르러도 알지 못하는 사람입니다.(發憤忘食, 樂以忘憂, 不知老之將至.)라고 대답하지 않았느냐."고 하였다.

- 禪門 : ①선종(禪宗)의 문파. ②불문(佛門). ③불문에 들어간 남자.
- 死關 : 원(元)나라의 고봉 원묘(高峯原妙 : 1238~1295) 스님은 용수산(龍鬚山)에 9년간 살면서 싸리를 엮어 조그마한 암자를 만들고, 겨울이나 여름이나 누더기 한 벌로 지냈다. 후에 천목산(天目山) 서암(西巖)의 바위 동굴 속에 배 모양의 조그마한 방을 꾸미고, 현판(榜)에는 "사관(死關 : 죽음의 관문)"이라고 써 붙이고 공부하였다.

【051】

不讀終歲-聖人之書언정 不可一日이라도 近小人輩이라.
부독종세 성인지서 불가일일 근소인배

해가 마쳐지도록 성인의 글을 읽지 아니할지언정 가히 하루라도 소인의 무리를 가까이 하지 않아야 한다.

- 小人 : ①나이 어린 사람. ②몸집이 몹시 작은 사람. ③간사(奸邪)하고 도량(度量)이 좁은 사람. ④무식하고 천한 사람.

【052】

己賢會賢하고 己癡會癡하며 己能會能이 如腥會蠅이라.
기현회현 기치회치 기능회능 여성회승

자기가 어질면 어진 이가 모이고, 자기가 어리석으면 어리석은 이가 모이며, 자기가 능하면 능한 이가 모이는 것이 비린내에 파리가 모이는 것과 같다.

- 腥 : 비릴 성.
- 蠅 : 파리 승.

【053】

癡也好學하면 能開知路이요 傻也好問하면 能啓智程이라.
치야호학 능개지로 사야호문 능계지정

어리석더라도 배우기를 좋아하면 능히 알음알이의 길이 열리는 것이요, 멍청하더라도 묻기를 좋아하면 능히 지혜의 길이 열린다.

- 傻 : 약을 사. 멍청하다. 우둔하다. 미련하다. 어리석다.

【054】

不恥下問은 廣知之路이요 博學篤志는 成學之程이라.
불치하문 광지지로 박학독지 성학지정

아래에 물음을 부끄럽게 여기지 않음은 알음알이를 넓히는 길이요, 배움이 넓고 뜻이 돈독함은 학문을 이루는 길이다.

- 不恥下問 : 《논어(論語)》 공야장(公冶長)에 "민첩하고 배우기를 좋아하여 아래 사람에게 묻는 것을 부끄러워하지 않는다.(敏而好學不恥下問.)"
- 博學篤志 : 《논어(論語)》에 자하(子夏)가 말하기를 "널리 배워서 뜻을 돈독하게 하고, 간절하게 묻고 가까이 생각하면 어짊이 그 가운데 있느니라.(博學而篤志, 切問而近思, 仁在其中矣.)"

【055】

人也功夫에 不盡專心하고 亦不致志하면 難得成學이라.
인야공부 부진전심 역불치지 난득성학

사람이 공부에 오롯한 마음을 다하지 않고, 또한 뜻을 이르지 아니하면 학문 이룸을 얻기가 어렵다.

【056】

塵垢久積하면 終成泰嶽이요 問學不捨하면 竟成大智이라.
진구구적 종성태악 문학불사 경성 대지

티끌 먼지가 오래 쌓이면 마침내 큰 산을 이루는 것이요, 묻고 배우기를 놓지 아니하면 마침내 큰 지혜를 이룬다.

• 嶽 : 큰 산 악.

【057】

大凡斯世에 農工商重이나 士之教訓은 重中尤重이라.
대범사세 농공상중 사지교훈 중중우 중

대범 이 세상에 농업(農業)과 공업(工業)과 상업(商業)이 소중하나 선비의 가르침은 소중한 가운데 더욱 소중한 것이다.

• 農業 : ① 농작물을 심어 가꾸고 거두어들이는 생산 분야. ② 땅을 이용하여 유용한 식물을 재배하거나 유용한 동물을 먹이는 유기적 생산업. ③ 넓은 의미에서는 농산(農産) 가공(加工) · 임업(林業)도 포함됨.
• 工業 : 자연물(自然物)이나 거칠게 만든 물품에 인공을 가하여 유용한 물품을 만드는 생산업(生產業). 현재는 주로 공장에서 기계로써 만들어 내는 것을 일컬음.
• 商業 : 상품의 매매에 의하여 생산자와 소비자 상에서 재화(財貨)의 전환(轉換)을 매개하고 이익을 얻는 것을 업으로 하는 일. 장사.

• 선비 : ①예전에, 학식은 있으나 벼슬하지 않은 사람을 이르던 말. ②학문을 닦는 사람을 예스럽게 이르는 말. ③학식이 있고 행동과 예절이 바르며, 의리와 원칙을 지키고, 관직과 재물을 탐내지 않는 고결한 인품을 지닌 사람을 이르는 말.

【058】

一人之農은 纔活十口이요 一人之學은 能矯衆人이라.
일인지농 재활십구 일인지학 능교중인

한 사람의 농사는 겨우 열 입을 살리는 것이요, 한 사람의 학문은 능히 뭇 사람을 바로잡게 된다.

• 纔 : 겨우 재.
• 矯 : 바로잡을 교.

【059】

養子之法이 如養芝蘭이니 積學培之하고 積善誘之이라.
양자지법 여양지란 적학배지 적선유지

자식을 기르는 법이 지초(芝草)와 난초(蘭草)를 기름과 같나니, 배움을 쌓도록 북돋아 주고 선을 쌓도록 유도(誘導)해야 한다.

• 芝草 : 버섯의 한 종류로, 예로부터 상서로운 풀로 여김.

• 蘭草 : ①난초과(蘭草科)에 속하는 식물의 총칭. 여러해살이풀로 관상용으로 재배하며 향기가 진함. 국향(國香). [준말] 난(蘭). ②난초가 그려져 있는 화투짝. 5월이나 다섯 끗을 나타냄.

• 誘 : 꾈 유.

• 誘導 : 꾀어서 이끎. 도유(導誘).

【060】

文章猶舟(문장유주)라 舟無貴賤(주무귀천)하나니 載君子貴(재군자귀)이요 乘小人賤(승소인천)이라.

문장이란 배와 같은 것이라 배란 귀하고 천함이 없나니, 군자가 실려지면 귀하고 소인이 타면 천하게 된다.

• 君子 : ①학식(學識)과 덕행(德行)이 높은 사람. ②벼슬이 높은 사람. ③아내가 자기 남편을 높여 일컫는 말.

• 小人 : ①나이 어린 사람. ②몸집이 몹시 작은 사람. ③간사(奸邪)하고 도량(度量)이 좁은 사람. ④무식(無識)하고 천(賤)한 사람.

【061】

小人所學(소인소학)은 纔得利慾(재득이욕)이요 君子所學(군자소학)은 能平天下(능평천하)이라.

소인의 배우는 바는 겨우 이욕을 얻자는 것이요, 군자의 배우는 바는 능히 천하를 평화롭게 하자는 것이다.

- 纔 : 겨우 재.
- 利慾 : 이익을 탐내는 욕심.
- 平天下 : 천하를 평정(平定)함.

【062】

一株橘枳(일주귤지)는 味樣相異(미양상이)하나니 栽南爲橘(재남위귤)하고 植北做枳(식북주지)이라.

한 그루의 귤과 탱자는 맛과 모양이 서로 다르나니, 남쪽에 심어지면 귤이 되고, 북쪽에 심어지면 탱자가 된다.

- 橘 : 귤나무 귤.
- 枳 : 탱자나무 지.
- 橘枳 = 南橘北枳 : ①강남에는 귤나무, 강북에는 탱자나무. ②장소가 바뀌면 물건도 바뀐다.

【063】

夫擧一綱(부거일강)하면 網目自張(망목자장)이요 亦悟一書(역오일서)하면 群册自通(군책자통)이라.

대범 한 벼리를 들면 그물코가 저절로 펼쳐지는 것이요, 또한 한 책을 깨우치면 뭇 책이 저절로 통해진다.

• 벼리 : 고기 잡는 그물의 코를 꿰어 그물을 잡아당길 수 있게 한 동아줄.
• 綱 : 벼리 강.
• 網 : 그물 망.

【064】

聖人之路는 本無常師하나니 無所不模이요 無所
성 인 지 로 본 무 상 사 무 소 불 모 무 소

不學이라.
불 학

성인의 길은 본래 떳떳한(정해진) 스승이 없나니 본뜨지 아니한 바가 없는 것이요, 배우지 아니한 바가 없는 것이다.

• 常師 : '일정(一定)한 스승이 없다' 는 뜻.

【065】

我之所立을 先遷於人하고 我之所達을 頓敎於
아 지 소 립 선 천 어 인 아 지 소 달 돈 교 어

人이라.
인

내가 세운 바를 먼저 사람에게 옮겨주고, 내가 통달(通達)한 바를 단번에 사람에게 가르쳐주어야 한다.

• 通達 : ①막힘이 없이 환히 통함. 효달(曉達). ②도(道)에 깊이 통함. 사물의 이치에 거침없이 숙달함. ③고(告)하여 알림. 통(通)하여 알려 줌. 통지(通知). ④상급(上級) 관청이 소관의 기관 및 직원에 대하여 행하는 통지(通知). 통첩(通牒).

【066】

若璞不琢(약박불탁)이면 不造珍皿(부조진명)이요 若人不敎(약인불교)하면 難成賢者(난성현자)이라.

만일 박옥(璞玉)을 쪼지 아니하면 보배 그릇을 만들지 못하는 것이이요, 만일 사람을 가르치지 아니하면 어진 사람을 이루기가 어렵다.

• 璞 : 옥돌 박. 다듬지 아니한 옥돌.
• 璞玉 : 아직 제품으로 쪼거나 갈지 아니한 옥(玉).
• 琢 : 쫄 탁.

【067】

大凡誠正(대범성정)은 學問之體(학문지체)이요 隨而孝悌(수이효제)는 學問之用(학문지용)이라.

대범 성의(誠意)와 정심(正心)은 학문의 바탕이요, 따라서 효도와 공경은 학문의 작용이다.

• 誠意 : 진실 되고 정성스러운 뜻.
• 正心 : 마음을 곧고 바르게 가짐.
• 孝悌 : 부모에 대한 효도와 형제에 대한 우애.
• 悌 : 공경할 제.

【068】

易子教之는 養子之法이요 易地思之는 處世之方이라.
역자교지 양자지법 역지사지 처세지방

자식을 바꾸어 가르치는 것은 자식을 기르는 방법이요, 처지를 바꾸어 생각하는 것은 세상에 처하는 방법이다.

• 易子教之 : 《맹자(孟子)》 이루(離婁)에 "옛날에는 아들을 서로 바꾸어 가르쳤었다. 아들을 서로 바꾸어 가르침은, 부자간의 은혜를 온전히 하면서도 또한 가르침을 잃지 않게 하는 것이다.(古者易子而敎之. 易子而敎, 所以全父子之恩. 而亦不失其爲敎.)"
• 易地思之 : 《맹자(孟子)》 이루(離婁)에 "처지를 바뀌면 다 그런 것이라.(易地則皆然.)"

【069】

施教之由는 在明人倫이요 設學之理는 在正人行이라.
시교지유 재명인륜 설학지리 재정인행

가르침을 베푸는 연유는 사람의 윤리를 밝히는데 있는

것이요, 배움을 설치한 이유는 사람의 행동을 바루는데 있다.

• 人倫 : ①사람이 지켜야 할 떳떳한 도리. ②초자연적으로 정해진 인류의 질서 관계. ③오륜(五倫)의 도(道).

【070】

扁鵲之方에는 不必新藥이요 仲尼之門에는 不要新書이라.
편작지방 불필신약 중니지문 불요 신서

편작의 처방에는 새로운 약이 필요가 없는 것이요, 중니의 문정에는 새로운 책이 필요하지 않는 것이다.

• 扁鵲 : 중국(中國) 전국(戰國) 시대(時代)의 의학자(醫學者). 명의(名醫)로서 전설적(傳說的) 명성(名聲)을 남겼으며, 그의 저서(著書)라고 하는 의서(醫書)가 많음. 시기(猜忌)를 받아 암살(暗殺)되었다 함. 인도(印度)의 명의 기파(耆婆)와 아울러 일컬어짐.

• 仲尼 : 공자(孔子)의 자호(字號)이다. 일생은 먼저 논어(論語)의 주인공(主人公)인 공자의 일생을 살펴보는 것이 좋다. 공자(B.C. 551~479), 이름은 구(丘), 자(字)는 중니(仲尼). 춘추시대(春秋時代, B.C. 770-404)의 말기(末期)에 노국(魯國)에서 탄생하였다. 그 조상(祖上)은 송(宋)의 귀족이라고 전하지마는, 그의 부친(父親) 숙량흘(叔梁紇)은 노(魯)의 교외에 사는 하급무사(下級武士)에 지나지 않았다. 이 '노'라는 지방은 원래 은족(殷族)의 발전의 중심지였을 뿐만 아니라 주공(周公)의 후예(後裔)인 아들 백금(伯禽)이 다스리던 곳으로 문물(文物)이 가장 풍부하였기 때문에 공자는 은(殷), 주(周) 2대의 우미(優美)한 전통을 종합하여 중국 고대 문화를 대성(大成)할 수 있었다. 공자는 19세에 정관씨(井官氏)와 결혼하여 20세에 아들 리(鯉)〈자는 백어(伯魚)〉를 낳았는데, 백어(伯魚)는 그의 아들 잉(仍 ; 자는 子思)을 두고 50세에 공자(孔子)보다 앞서 죽었다. 이로부터 대를 이어 현재 대만(臺灣)에 살고 있는 공덕성(孔德成)은 공자의 77세손(世孫)이다. 공자의 자손으로 저명한 인물은 자사(子思), 자신(子愼), 자양(子襄), 안국(安國) 등이다.

【071】

爲人不學이면 如對面牆이요 爲人無敎면 似驅禽獸이라.
위인불학 여대면장 위인무교 사구 금수

사람이 되어 배우지 아니하면 얼굴을 담장에 대는 것과 같은 것이요, 사람이 되어 가르침이 없으면 금수에 몰아넣는 것과 같은 것이다.

- 面牆 : 담벼락을 마주 대하고 선 것같이 앞이 내다보이지 않는다는 뜻으로, 견문이 좁음을 비유적으로 이르는 말.
- 牆 : 담 장.
- 驅 : 몰 구.
- 禽獸 : 날짐승과 길짐승이라는 뜻으로, ①즉 모든 짐승을 말함. ②무례(無禮)하고 추잡한 행실을 하는 사람을 빗대어 하는 말.

【072】

平常遠書하면 艱闊度量이요 亦是遙道하면 難入理體이라.
평상원서 간활도량 역시요도 난입 이체

평상에 책을 멀리하면 도량이 넓어지기가 어려운 것이요, 또한 도를 멀리하면 이치 바탕에 들어가기가 어렵다.

- 艱 : 어려울 간.
- 闊 : 넓을 활. 트일 활.

• 遙 : 멀 요.
• 理體 : 이성(理性)으로서 포착되는 사유(思惟)의 대상.

〔073〕

有勇之人이 易遇強敵이요 有才之人이 易錯平事이라.
유용지인 이우강적 유재지인 이착평사

용맹 있는 사람이 강력한 적을 만나기가 쉬운 것이요, 재주 있는 사람이 평상의 일을 어지럽히기가 쉬운 것이다.

• 強敵 : ①힘이 강한 적군. ②강한 상대.
• 錯 : 어지러울 착.

〔074〕

五穀不熟하면 難免稗粃이요 爲人不學하면 難免癡劣이라.
오곡불숙 난면패비 위인불학 난면치열

오곡이 익지 않으면 피와 쭉정이를 면하기가 어려운 것이요, 사람 되어 배우지 아니하면 어리석고 열등(劣等)을 면하기가 어렵다.

• 五穀 : ①다섯 가지 곡식. 곧 쌀, 보리, 조, 콩, 기장. ②온갖 곡식을 통틀어 일컫는 말.

• 稗 : 피 패.
• 粃 : 쭉정이 비.
• 劣等 : 낮은 등급. 평균적인 수준의 것과 비교해서 뒤떨어져 있음.

〔075〕

有虛空經하니 無紙無字라 智人能讀하고 亦爲能聽이라.
유허공경 무지무자 지인능독 역위 능청

한 권 허공의 경전이 있으니 종이도 없고 글자도 없음이라, 지혜로운 사람은 능히 읽고 또한 능히 듣게 된다.

〔076〕

木根下地하면 莖葉自鬱이요 學問積心하면 慧德自顯이라.
목근하지 경엽자울 학문적심 혜덕 자현

나무뿌리가 땅에 내리면 줄기와 잎이 저절로 무성한 것이요, 학문이 마음에 쌓이면 지혜와 덕화가 저절로 드러난다.

• 莖 : 줄기 경.
• 鬱 : 성할 울.

【077】

人一醒能이거든 我百醒能이요 人一學能이어든 我
인 일 성 능　　아 백 성 능　　인 일 학 능　　아

百學能이라.
백 학 능

사람이 한 번 깨우쳐 능하거든 나는 백 번 깨우쳐 능할 것이요, 사람이 한 번 배워 능하거든 나는 백 번 배워 능해야 한다.

【078】

不調飮食하면 易好偏食이요 不覽聖經하면 易流
부 조 음 식　　이 호 편 식　　불 람 성 경　　이 류

巧智이라.
교 지

마시고 먹는 것이 고르지 아니하면 가려 먹기를 좋아하기 쉬운 것이요, 성인의 경전을 보지 아니하면 약삭빠른 슬기로 흐르기가 쉬운 것이다.

- 偏食 : 어떤 음식만을 가려서 즐겨 먹음.
- 覽 : 볼 람(남). 열
- 巧智 : 약삭빠른 슬기.

【079】

非淸淨水면 難洗衣垢이요 非聖賢訓이면 艱學正路이라.
비청정수 난세의구 비성현훈 간학 정로

맑은 물이 아니면 옷의 때를 씻기가 어려운 것이요, 또한 성현의 가르침이 아니면 바른 길을 배우기가 어렵다.

【080】

學問進展이 猶如登山이니 步平止險하면 難到目的이라.
학문진전 유여등산 보평지험 난도 목적

학문에 진전하는 것이 산에 오르는 것과 같나니, 평지라고 걷고 험하다고 그치면 목적지에 이르기가 어렵다.

• 險 : 험할 험.

【081】

若學不足하면 從師爲學이요 又智不明하면 入理爲窮이라.
약학부족 종사위학 우지불명 입리 위궁

만일 학문이 부족하면 스승을 좇아서 배우면 되는 것이요, 또한 지혜가 밝지 않으면 이치에 들어가 궁구(窮究)하면 된다.

• 窮究 : 속속들이 깊이 연구함.

【082】

人也智愚는 別無差等이니 唯分從師하야 學與不學이라.
인야지우 별무차등 유분종사 학여불학

대범 지혜로움과 어리석음은 별반 차등이 없는 것이니, 오직 스승을 좇아서 배우고 배우지 아니함으로 나뉜다.

【083】

夫道學者는 學術之主이요 功夫之本으로 銘心不忘이라.
부도학자 학술지주 공부지본 명심불망

대범 도학이란 학술의 주인이요, 공부의 근본으로 마음에 새겨서 잊지 않아야 한다.

• 道學 : 도덕(道德)에 관한 학문(學問). 유학(儒學), 특히 송대(宋代)의 정주(程朱)학파의 학(學). 곧, 심성(心性) · 이기(理氣)의 학. 송학(宋學). 심학(心學)의 별칭.

• 學術 : ①학문(學問)의 기술. ②학문의 방법이나 이론.

• 銘心不忘 : 마음에 새기어 오래오래 잊지 아니함.

【084】

渡江棄筏이요 到點捨圖이라 因經語悟이나 悟後放經이라.
(도강기벌 도점사도 인경어오 오후방경)

강을 건넜으면 떼배를 버리는 것이요, 점 찍은데(목적지) 이르렀으면 지도를 놓는 것이라, 경전의 말씀으로 인하여 깨닫는 것이지만 깨달은 뒤에는 경전도 놓아야 한다.

• 筏 : 떼 벌. 뗏목.

【085】

夫讀文者는 當知本意이요 又慕賢者는 當從思想이라.
(부독문자 당지본의 우모현자 당종사상)

대범 글을 읽는 사람은 마땅히 근본의 뜻을 알자는 것이요, 또한 어진 이를 사모하는 자는 마땅히 사상을 따르자는 것이다.

• 本意 : ①애당초 마음속에 가지고 있는 뜻. ②본디 가진 참된 심정(心情).

• 思想 : ①사유(思惟)를 통하여 생겨나는 생각. ②사고(思考) 작용의 결과로 생기는 의식(意識) 내용. ③논리적 정합성을 가진 판단체계. ④사회와 인생에 대한 원리적으로 통일된 견해나 관점, 또는 태도.

【086】

爲功夫時에는 自己心始이요 做事業時에는 自己
위 공 부 시　　자 기 심 시　　주 사 업 시　　자 기

事始이라.
사 시

공부를 할 때에는 자기의 마음으로부터 시작을 할 것이요, 사업을 할 때에는 자기의 일로부터 시작을 해야 한다.

【087】

愚而成智하고 賤而成貴하며 貧而成富는 因學
우 이 성 지　　천 이 성 귀　　빈 이 성 부　　인 학

有可이라.
유 가

어리석은데 지혜를 이루고, 천한데 귀함을 이루며, 가난한데 부자를 이루는 것은 배움으로 인해서 가능성(可能性)이 있다.

• 可能性 : ①가능한 성질. ②완성될 수 있는 성질. ③일정한 조건 밑에 현실적이 될 수 있는 자격을 갖고 있는 일.

【088】

人無效學하면 難脫凡人이요 亦罕見聞하면 難免
인 무 효 학　　난 탈 범 인　　역 한 견 문　　난 면

裏狹이라.
이 협

사람이 본받고 배움이 없으면 보통 사람을 벗어나기가 어려운 것이요, 또한 보고 들음이 드물면 속 좁음을 면하기가 어렵다.

• 罕 : 드물 한.
• 狹 : 좁을 협.

【089】

終日而思는 不如所聞이요 終日而研은 不如所
종 일 이 사　　불 여 소 문　　종 일 이 연　　불 여 소

學이라.
학

종일토록 생각하는 것은 (지자에게) 듣는 것만 같지 못한 것이요, 해가 지도록 연마하는 것은 (지자에게) 배우는 것만 같지 못하다.

【090】

華花難續-十日之發이요 超學難到-至性之地이라.
화화난유 십일지발 초학난도 지성지지

화려한 꽃이라도 열 흘 피어 있기가 어려운 것이요, 뛰어난 학문이라도 지극한 성품의 경지에 이르기가 어렵다.

- 續 : 이을 속
- 超 : 넘을 초. 뛸 초.
- 至性 : 지극한 본래 성품.

【091】

日不讀書하면 不近理路이요 日不正行하면 難近聖圍이라.
일부독서 불근이로 일불정행 난근성위

하루라도 글을 읽지 아니하면 이치의 길이 가까워지지 않는 것이요, 하루라도 행동을 바루지 아니하면 성인의 둘레가 가까워지기 어렵다.

- 理路 : 사물의 도리(道理).

【092】

若知不足이거든 廣學而取이요 亦驗不足이거든 廣問而補이라.
약지부족 광학이취 역험부족 광문이보

만일 알음알이가 부족하거든 널리 배워서 취할 것이요, 또한 경험이 부족하거든 널리 물어서 보충해야 한다.

• 廣 : 넓을 광
• 驗 : 증험할 험. 경험.

【093】

人之渡川에 要知深淺이요 人之學道에 貴知正邪이라.
인지도천 요지심천 인지학도 귀지정사

사람이 내를 건넘에 깊고 얕음을 아는 것이 중요한 것이요, 사람이 도를 배움에 바르고 삿됨을 아는 것이 귀한 것이다.

• 深淺 : 깊음과 얕음.
• 正邪 : ①바른일과 간사한 일. ②정기(正氣)와 사기(邪氣).

【094】

少年之節은 絶不重來이요 學問之時는 絶不再至이라.
소년지절 절불중래 학문지시 절불재 지

소년의 시절은 절대로 거듭 오는 것이 아니요, 학문하는 때는 절대로 두 번 이르지 아니한다.

• 重來 : ①갔다가 다시 옴. ②같은 벼슬을 두 번 거듭함.

【095】

知癡無別하니 讀書與否이요 禍福無他하니 積善與否이라.
지치무별 독서여부 화복무타 적선 여부

알음알이와 어리석음은 다른 것이 없는 것이니 글을 읽음과 안 읽음이요, 재앙과 복도 다른 것이 없는 것이니 선을 쌓음과 안 쌓음이다.

• 與否 : ①그러함과 그러하지 아니함. ②틀리거나 의심할 여지.
• 禍福 : 재앙(災殃)과 복.

【096】

一事好學(일사호학)하고 一時好學(일시호학)하며 一處好學(일처호학)하면 做成(주성)功路(공로)이라.

한 일이라도 배우기를 좋아하고, 한 때라도 배우기를 좋아하며, 한 처지라도 배우기를 좋아하면 공을 이루는 길이 된다.

• 好學 : 학문을 좋아함.

【097】

常學知事(상학지사)하고 常學積智(상학적지)하며 常學適時(상학적시)가 成功(성공)之路(지로)이라.

항상 배워서 일을 알고, 항상 배워서 지혜를 쌓으며, 항상 배워서 시기를 맞추는 것이 성공의 길이다.

• 適時 : ①마침 알맞은 때. ②적당한 시기.

【098】

若人不聞이거든 莫若不言이요 亦人不知거든 莫若不教이라.
약인불문 막약불언 역인부지 막약불교

만일 사람들이 들으려 아니 하거든 말을 안 하는 것만 같음이 없는 것이요, 또한 사람들이 알려 아니하거든 가르치지 않는 것만 같음이 없다.

【099】

不憂不知라 憂不苦學이며 不憂不行이라 憂不德積이라.
불우부지 우불고학 불우불행 우부덕적

알지 못함을 걱정할 것이 아니라 괴롭더라도 배우지 아니함을 걱정할 것이며, 행하지 못함을 걱정할 것이 아니라 덕이 쌓이지 않음을 걱정해야 한다.

• 苦學 : 학비를 벌어 고생하며 배움.

〔100〕

人稟不高는 唯因利字이요 學問不進은 唯首懶字이라.
인품불고 유인이자 학문불진 유수라 자

인품이 고상하지 못함은 오직 「이로울 리」자가 원인이요, 학문이 나아가지 못함은 오직 「게으를 라」자가 머리가 된다.

• 人稟 : 사람의 품격.

〔101〕

一切經書와 及諸文獻은 迺因心慧하야 建最高敎이라.
일체경서 급제문헌 내인심혜 건최고 교

일체의 경서 및 모든 문헌은 이에 마음의 지혜로 인하여 가장 높은 가르침을 세워 놓은 것이다.

• 經書 : 옛 중국의 성현들의 가르침을 기록한 책 이름의 총칭. 사서오경(四書五經) 등 유교(儒敎)의 가르침을 쓴 서적.

• 文獻 : ①옛날의 제도나 문물을 아는 데에 증거로 되는 기록이나 서적(書籍). ②특정한 연구에 대하여 참고 자료로 되는 인쇄물, 또는 쓰여진 것.

[102]

不馴之馬는 難奔遠逕이요 不訓之人은 艱脫邪路이라.
불순지마 난분원경 불훈지인 간탈사로

길들지 않는 말은 먼 길을 달리기 어려운 것이요, 가르침을 (받지) 않은 사람은 삿된 길을 벗어나기 어렵다.

- 馴 : 길들 순.
- 奔 : 달릴 분.
- 邪路 : (도덕적으로) 그릇되고 옳지 못한 길.

[103]

不足飮食하면 人心不常이요 不教禮義하면 人行難宜이라.
부족음식 인심불상 불교례의 인행난의

마시고 먹음이 넉넉하지 아니하면 사람 마음이 평상(平常)이 되지 않는 것이요, 예의를 가르치지 아니하면 사람의 행동이 적의(適宜)하기가 어렵다.

- 平常 : 평상시(平常時)의 준말. 항상. 늘. 보통.
- 禮義 : 예절과 의리.
- 適宜 : (무엇을 하기에) 알맞고 마땅함.

【104】

植木之人은 過歲摘果이요 養人之者는 盈力使用이라.
식목지인 과세적과 양인지자 영력사용

나무를 심은 사람은 세월이 지나가야 과일을 따는 것이요, 사람을 기르는 자는 힘이 채워져야 부려서 쓴다.

• 摘 : 딸 적.

【105】

合衆社會는 因人文明이요 別個人者는 成敎覺醒이라.
합중사회 인인문명 별개인자 성교각성

무리가 모인 사회는 사람으로 인하여 문명이 되는 것이요, 별개의 사람은 교육(敎育)으로 인하여 깨우침을 이루게 된다.

• 社會 : ①촌민(村民)이 사일(社日)에 모이던 모임. ②같은 동아리. ③세상. 세간. ④모든 형태의 인간의 집단적 생활을 일컬음. 가족, 촌락(村落), 길드, 교회, 군집(群集), 계급, 국가, 회사, 정당 등은 그 주요한 형태로서 초자연적으로 발생한 집단과 인위적으로 특정한 이해와 목적 등에 따라 만들어지는 것이 있음. ⑤ 일정한 지역에 자리 잡고 있는 인간의 집단. ⑥어느 특정한 발전단계를 이룩한 집단.
• 文明 : 사회의 기술적, 물질적 여러 요소 발전에 의해 이루어진 소산, 또는 그

렇게 하여 인간 생활이 발전된 상태.

- 別個 : ①관련성이 없어서 구별되는 딴 것. ②다른 한 날.
- 教育 : ①가르치어 지능을 가지게 하는 일. ②개인 또는 특정한 기관이 일정한 이상 또는 가치를 지향하여 미성숙(未成熟)한 아이나 청년을 지도하여, 사회의 유지와 전진을 위하여 하는 의식적(意識的)인 활동. ③개인의 전체적인 인간 형성의 사회적 과정.
- 覺醒 : ①눈을 떠서 정신을 차림. ②사람의 주의를 환기시킴. ③자기의 잘못을 깨달음.

〔106〕

夫教育者(부교육자)는 外諧學問(외습학문)이요 內寤忘我(내오망아)하야 爲人世施(위인세시)이라.

대범 교육이라는 것은 밖으로 학문을 익히는 것이요, 안으로 잊혀진 나를 깨워서 사람과 세상을 위해 베푸는 것이다.

- 諧 : 익힐 습.
- 忘我 : ①본래 있는 나를 잊어버림. ②어떤 사물에 마음을 빼앗겨 자기 자신을 잊음.

【107】

盜家之子는 易謂盜行이요 道家之人은 易習道義이라.
도가지자 이습도행 도가지인 이습도의

도적질하는 집안의 자식은 도적의 행위를 익히기가 쉬운 것이요, 도덕 집안의 사람은 도의를 익히기가 쉬운 것이다.

- 盜 : 도둑 도.
- 義 : 도덕상의 의리.

【108】

「己所不欲을 勿施於人」이요 己所好欲은 躬施於人이라.
기소불욕 물시어인 기소호욕 궁시어인

「내가 하고자 아니하는 바를 사람에게 베풀지 말 것이요」 내가 좋아 하는 바를 몸소 사람에게 베풀어야 한다.

- 己所不欲 勿施於人 : 《논어(論語)》 안연(顔淵)에 "중궁(仲弓=염옹)이 어떻게 하는 것이 인이냐"고 물으니, 공자는 말했다. "문을 나가서 일을 할 때는 마치 중요한 손님을 만나는 것같이 하고, 백성을 부릴 때는 마치 중요한 제사를 받드는 것같이 한다. 자기가 하고자 하지 않는 일을 남에게 억지로 시키지 말아야 한다. 이렇게 한다면 나라에서 일을 하는 가운데도 원망이 없을 것이고, 가족생활 가운데서 원망이 없을 것이다." 중궁이 말하기를 '제가 비록 총명하지 못하지만 반드시 이 말을 실천하겠습니다.' (仲弓問仁. 子曰「出門如見

大賓, 使民如承大祭. 己所不欲, 勿施於人. 在邦無怨, 在家無怨.」仲弓日「雍雖不敏, 請事斯語矣.」)

【109】

教人之法은 我先知解이요 我先實行이며 我先覺醒이라.
교인지법 아선지해 아선실행 아선각성

사람을 가르치는 법은 내가 먼저 알아야 하는 것이요, 내가 먼저 실행해야 하는 것이며, 내가 먼저 깨우쳐야 하는 것이다.

【110】

人也不學하면 無成廣才이요 亦非立志하면 難成大學이라.
인야불학 무성광재 역비입지 난성대학

사람이 배우지 아니하면 넓은 재주를 이룰 수 없는 것이요, 또한 뜻이 세워지지 아니하면 큰 배움을 이루기가 어렵다.

【111】

讀不盡者는 天下群書이요 行不盡者는 世上衆訓이라.
(독부진자 천하군서 행부진자 세상중훈)

읽어도 다하지 못하는 것은 천하의 많은 책이요, 행하여도 다하지 못하는 것은 세상의 뭇 가르침이다.

【112】

學在爲己이요 不在爲人이며 斅在興己이요 不在興人이라.
(학재위기 부재위인 효재흥기 부재흥인)

배움은 나를 위하는데 있는 것이요 남을 위하는데 있는 것이 아니며, 가르침은 나를 일으키는데 있는 것이요 남을 일으키는데 있는 것이 아니다.

【113】

有三不敎하니 不敎作罪이요 不敎犯惡이며 不敎侮人이라.
(유삼불교 불교작죄 불교범악 불교모인)

세 가지 가르치지 않음이 있을지니 죄 짓는 것을 가르치지 않을 것이요, 악 범하는 것을 가르치지 않을 것이며, 사람 업신여김(속임)을 가르치지 않아야 한다.

〘114〙

知者行始이요 行者知成이니 知而不行은 卻是未知이라.
지자행시 행자지성 지이불행 각시 미지

안다는 것은 실행의 시작이요, 실행은 알음알이의 이룸이니, 알기만하고 실행하지 아니하면 도리어 알지 못한 것과 같다.

• 卻 : 도리어 각.

〘115〙

莫爲功路에 背負師恩하고 欺誑同學하며 嫉賢妬能이라.
막위공로 배부사은 기광동학 질현 투능

공부의 길에 스승의 은혜를 등져버리고 같이 배운 사람을 속이며, 어진 이를 미워하고 능한 이를 질투하지 말라.

• 誑 : 속일 광.
• 嫉 : 시기할 질.

• 妬 : 강샘할 투.

【116】

造弓家子는 必先學箕이요 冶金家子는 必先學裘이라.
조궁가자 필선학기 야금가자 필선학구

활을 만드는 집안 자식은 반드시 먼저 키 만드는 것을 배우게 되는 것이요, 쇠를 불리는 집안 자식은 반드시 먼저 갖옷 집는 것을 배우게 된다.

• 造弓 : 활을 만드는 것.
• 箕 : 키 기.
• 冶金 : 광석에서 쇠붙이를 공업적으로 골라내거나 합금을 만드는 일.
• 裘 : 갖옷 구. 갖옷.

【117】

求學之人이 不遇明師하면 智行難得이요 性理難醒이라.
구학지인 불우명사 지행난득 성리난성

배움을 구하는 사람이 밝은 스승을 만나지 못하면, 지혜와 실행을 얻기가 어려운 것이요 성품과 이치를 깨닫기가 어렵다.

• 求學 : 배움의 길을 찾음.

• 性理 : ①인성(人性)과 천리(天理). ②인성과 원리.

〔118〕

夫道也者는 無經不傳이요 又諸經典은 無師難說이라.
부도야자 무경부전 우제경전 무사난설

대범 도라는 것은 경전(經典)이 없으면 전해지지 못하는 것이요, 또한 모든 경전은 스승이 없으면 설해지기가 어렵다.

• 經典 : 경서(經書), 종교의 교리를 적은 글, 또는 성인의 말이나 행실을 적은 글. 사서오경(四書五經) 따위.

〔119〕

耳有所聞라도 不學如聾이요 目有所見라도 不學如盲이라.
이유소문 불학여롱 목유소견 불학여맹

귀로 듣는 바가 있을지라도 배우지 아니하면 귀머거리와 같은 것이요, 눈으로 보는 바가 있을지라도 배우지 아니하면 소경과 같은 것이다.

• 聾 : 귀먹을 롱(농).

• 盲 : 소경 맹.

【120】

年少之學은 如東聳日이요 靑壯之學은 似日浮中이라.
연소지학 여동용일 청장지학 사일부중

나이 어려 배움은 동쪽에서 솟아오르는 태양과 같은 것이요, 청년이나 장년의 배움은 해가 공중에 뜬 것과 같은 것이다.

• 聳 : 솟을 용.

【121】

大凡嘗謂-敎學相長이라 하나니 學以醒己하고 敎以醒人이라.
대범상위 교학상장 학이성기 교이성인

대범 일찍이 "가르치고 배움이 학문을 증장 시킨다" 일렀나니, 배움으로써 자기를 깨우고 가르침으로써 사람을 깨우는 것이다.

• 嘗 : 일찍 상. 맛볼 상.
• 敎學相長 : 사람에게 가르쳐 주거나 스승에게 배우거나 모두 나의 학업을 증진시키게 된다는 의미이다.

〔122〕

人之好學은 如金如玉이요 隨不好學은 如石如草이라.
인지호학 여금여옥 수불호학 여석여초

사람이 배우기를 좋아하는 것은 금과 같고 옥과 같은 것이요, 따라서 배우기를 좋아하지 않는 것은 돌과 같고 풀과 같은 것이다.

〔123〕

讀經書者는 意在硏理이요 養氣運者는 意在練性이라.
독경서자 의재연리 양기운자 의재연성

경서를 읽는다는 것은 뜻이 진리를 연마하는데 있는 것이요, 기운을 기른다는 것은 뜻이 성품을 정련(精練)하는데 있다.

• 精練 : 기술이나 지식 등을 익숙해지도록 연습함.

〔124〕

與人同學이라도 勝我先覺이요 與人同師라도 好問先進이라.
여인동학 승아선각 여인동사 호문선진

사람으로 더불어 함께 배울지라도 나보다 수승하여 먼저 깨닫는 것이요, 사람으로 더불어 함께 스승할지라도 묻기를 좋아하면 먼저 진취(進就)하게 된다.

- 先覺 : 세상 물정에 대하여 남보다 먼저 깨달음.
- 先進 : 문화, 경제, 산업, 기술 등의 어떤 발전 수준에 있어서 발달하거나 진보적임.
- 進就 : 일을 차차 이루어 감.

〔125〕

行商之人은 開口吐利이요 學道之人은 開口吐理이라.
행상지인 개구토리 학도지인 개구토리

장사를 행하는 사람은 입을 열면 이익이 토해지는 것이요, 도를 배우는 사람은 입을 열면 진리가 토해진다.

【126】

吾們讀書가 卽未成名이라도 必得至極는 人稟
오 문 독 서　즉 미 성 명　필 득 지 극　인 품

高雅이라.
고 아

우리가 글을 읽는 것이 바로 명성을 이루지는 못할지라도 반드시 궁극에 이르러서는 인품이 고상(高尙)하고 청아(淸雅)함을 얻게 된다.

- 高尙 : ①몸가짐과 품은 뜻이 깨끗하고 높아 세속된 비천한 것에 굽히지 아니함. ②학문, 예술(藝術) 등의 정도가 높아 저속(低俗)하지 아니함.
- 淸雅 : 맑고 아름다움.

【127】

醫不叩門이요 道不輕傳이며 智不易言이요 利不
의 불 고 문　도 불 경 전　지 불 이 언　이 불

先取이라.
선 취

의사는 문을 두드리는 것이 아니요, 도는 가볍게 전하는 것이 아니며, 지혜는 쉽게 말하는 것이 아니요, 이익은 먼저 취하는 것이 아니다.

- 叩 : 두드릴 고.

【128】

> 青碧於藍하고 氷寒於水하나니 人踰古人은 可能在學이라.
> 청벽어람　빙한어수　인유고인　가능재학

푸름은 쪽보다 푸르고 얼음은 물보다 차갑나니, 사람이 옛사람을 넘어서는 것은 가능성(可能性)이 배움에 있다.

• 踰 : 넘을 유.
• 可能性 : ①가능한 성질. ②완성될 수 있는 성질. ③일정한 조건 밑에 현실적이 될 수 있는 자격을 갖고 있는 일.

【129】

> 道在經中하야 微妙難解라 若非師訓이면 難可知理라.
> 도재경중　미묘난해　약비사훈　난가지리

도가 경전 가운데 있어서 미묘하여 알기가 어려움이라, 만일 스승의 가르침이 아니면 가히 이치를 알기가 어렵다.

• 微妙 : ①어떤 현상이나 내용이 뚜렷하게 드러나지 않으면서 야릇하고 묘함. ②섬세하고 묘함.
• 師訓 : 스승의 교훈(敎訓).

〔130〕

大凡念經은 不逮念心이요 亦是看經은 無及看心이라.
대범염경 불체염심 역시간경 무급간심

대범 경을 생각하는 것은 마음을 생각함에 미치지 못하는 것이요, 또한 경을 보는 것은 마음을 봄에 미칠 수가 없다.

• 念經 : 경문(經文)을 생각하고 욈.
• 逮 : 미칠 체.
• 看經 : ①불경(佛經)을 봄. ②경문(經文)을 소리 내지 않고 읽음.

〔131〕

有人問風하면 搖樹示之이요 又問半月하면 敷扇示之이라.
유인문풍 요수시지 우문반월 부선시지

어떤 사람이 바람에 대하여 물으면 나무를 흔들어 보여줄 것이요, 또 반쪽 달을 물으면 부채를 펼쳐 보여줄 것이다.

• 扇 : 부채 선.

【132】

人有修心하면 妄染自瀞이요 亦有讀書하면 了知自博이라.
인유수심 망염자정 역유독서 요지자박

사람이 마음을 닦음이 있으면 망령에 물듦이 저절로 맑아지는 것이요, 또한 글을 읽음이 있으면 명백한 알음알이가 저절로 넓어진다.

- 了 : 마칠 요. 명백하다. 깨우치다. 밝다.

【133】

大凡鐵中에는 黃金第一이요 反面學中에는 心學第一이라.
대범철중 황금제일 반면학중 심학제일

대범 쇠 가운데는 황금이 으뜸이요, 반면 학문 가운데는 심학이 제일이다.

- 黃金 : '금'을 누른빛을 띤다는 뜻에서, 다른 금속과 구별하여 쓰는 말.
- 心學 : 마음을 닦는 학문의 뜻으로 '성리학(性理學)'을 일컫는 말이다. 성리학이란 송(宋)나라 때의 유학(儒學)의 한 계통으로 성명(性命)과 이기(理氣)의 관계를 논한 유교(儒敎) 철학.

【134】

一樹百獲(일수백획)은 果穀之類(과곡지류)이요 一理多得(일리다득)은 學醒之果(학성지과)이라.

한 나무에서 (과일을) 백여 개 얻는 것은 과일이나 곡식의 종류이요, 한 이치에서 수많은 (지혜를) 얻는 것은 배움이나 깨달음의 결과이다.

【135】

人之知才(인지지재)는 成於專學(성어전학)이니 不在巧技(부재교기)나 邪術奇騙(사술기편)이라.

사람의 알음알이나 재주는 오롯한 배움에서 이뤄지는 것이니, 공교한 재주나 삿된 술수나 기이한 속임에 있는 것이 아니다.

• 巧技 : 교묘한 재주.
• 邪術 : ①올바르지 못하며 간교(奸巧)한 수단. ②요사스런 술법.

【136】

夫人槪知－以食免饑이나 反面不知－以學醒癡
부 인 개 지 이 식 면 기 반 면 부 지 이 학 성 치

이라.

대범 사람이 대개 먹음으로써 배고픔이 면해지는 것을 알지만, 반면에 배움으로써 어리석음에서 깨어나는 것은 알지 못한다.

• 饑 : 줄일 기.

【137】

無車馬者는 不恥道步이요 欲得學人은 不恥下
무 거 마 자 불 치 도 보 욕 득 학 인 불 치 하

問이라.
문

수레나 말이 없는 사람은 길에 걷는 것을 부끄럽게 여기지 않는 것이요, 배움을 얻고자 하는 사람은 아래에 묻기를 부끄럽게 여기지 않는다.

• 不恥下問 : (지위 · 학식 · 나이 따위가) 자기보다 아랫사람에게 묻는 것을 부끄럽게 여기지 아니함을 두고 이르는 말.

〔138〕

長山曲木이라도 從繩自直이요 遊市凡人이라도 受敎自醒이라.
장산곡목 종승자직 유시범인 수교자성

산에서 자란 구부러진 나무라도 먹줄을 따르면 저절로 곧아지는 것이요, 시장에 노는 보통 사람이라도 가르침을 받으면 저절로 깨어난다.

• 繩 : 줄 승. 먹줄.

〔139〕

大凡文也-不能盡言이요 亦是言也-不能盡意이라.
대범문야 불능진언 역시언야 불능진의

대범 글이란 능히 말을 다하지 못하는 것이요, 또한 말이란 능히 뜻을 다하지 못 하는 것이다.

• 盡言 : 생각 했던 바를 다 쏟아 놓는 말.
• 盡意 : ①의견을 충분히 말하다. ②생각을 충분히 표현하다. ③실컷 하다.

【140】

爲學之道는 莫先窮理이니 窮理之要는 唯在讀書이라.
위학지도 막선궁리 궁리지요 유재독서

학문을 하는 도는 이치를 궁구하는 것보다 먼저가 없는 것이니, 이치를 궁구하는 요긴함은 오직 글을 읽는데 있다.

- 窮理 : ①일이나 물건을 처리하거나 밝히기 위하여 따져 헤아리며 이치를 깊이 연구함. ②좋은 도리를 발견하려고 이모저모 생각함.
- 讀書 : 책을 그 내용과 뜻을 헤아리거나 이해하면서 읽는 것.

【141】

心之精微를 口不盡言이요 言之精妙를 文不盡書이라.
심지정미 구불진언 언지정묘 문불진서

마음의 정미함을 입으로는 다 말하지 못하는 것이요, 말의 정묘함을 글로는 다 쓰지 못하는 것이다.

- 精微 : ①깊고 정밀하다. ②정교하고 오묘하다. ③깊고 미묘한 비밀.
- 精妙 : ①정묘하다. ②정교하고 아름답다.

【142】

夫有惡人이 胸懷學問은 恰似癲人이 執手銳劍
부 유 악 인　 흉 회 학 문　 흡 사 전 인　 집 수 예 검

이라.

대범 악한 사람이 가슴에 학문을 품고 있는 것은 흡사 미친 사람이 손에 날카로운 칼을 잡음과 같은 것이다.

- 癲 : 미칠 전.
- 銳 : 날카로울 예.

【143】

問之不切하면 不專其聽이요 思之不深하면 不叡
문 지 부 절　 부 전 기 청　 사 지 불 심　 불 예

其判이라.
기 판

묻는 것이 간절(懇切)하지 아니하면 그 들음이 오롯하지 못한 것이요, 생각이 깊지 아니하면 그 판단(判斷)이 슬기롭지 못한 것이다.

- 懇切 : 지성(至誠)스럽고 절실(切實)함.
- 叡 : 슬기로울 예. 밝을 예.
- 判斷 : ①어떤 사물의 진위(眞僞), 선악(善惡), 미추(美醜) 등을 생각하여 판가름함. 판정(判定). 단정(斷定). ②길흉(吉凶)을 점침. ③형식 논리학(論理學)상 주사(主辭)와 빈사(賓辭)와의 종합. 이 판단이 집합하여 추리로 되며, 따라서 판단은 개념과 추리의 중간에 있는 작용이고, 이것을 언어로 표시하면 명제(命題)로 됨. 단정(斷定).

〔144〕

若耕不懋하면 難得多穀이요 亦學不勤하면 難知深道이라.
약경불무 난득다곡 역학불근 난지 심도

만일 갈기를 힘쓰지 아니하면 많은 곡식을 얻기가 어려운 것이요, 또한 배우기를 부지런히 아니하면 깊은 도를 알기가 어렵다.

• 懋 : 힘쓸 무.
• 穀 : 곡식 곡.

〔145〕

夫銳劍者는 纔一人敵이요 大成學問은 能數萬敵이라.
부예검자 재일인적 대성학문 능수만 적

대범 날카로운 칼은 겨우 한 사람을 대적하는 것이요, 크게 이룬 학문은 능히 수만을 대적한다.

• 纔 : 겨우 재.
• 敵 : 대적할 적. 원수 적.

〖146〗

觀書熟讀하야 言吐吾口이요 靜潛精思하야 意出
관 서 숙 독 언 토 오 구 정 잠 정 사 의 출

吾心이라.
오 심

글을 봄에 익숙하도록 읽어서 말이 내 입에서 토해지도록 할 것이요, 고요하게 잠기고 정밀하게 생각하여 뜻이 내 마음에서 나오도록 해야 한다.

• 熟 : 익을 숙.
• 潛 : 잠길 잠.

〖147〗

蔭下之菌은 難堪瀉日이요 避境之功은 艱當來
음 하 지 균 난 감 사 일 피 경 지 공 간 당 내

事이라.
사

그늘 아래의 버섯은 쏟아지는 해를 감당하기가 어려운 것이요, 경계를 피하는 공부는 오는 일을 당해내기가 어렵다.

• 蔭 : 그늘 음.
• 菌 : 버섯 균.
• 堪 : 견딜 감.
• 瀉 : 쏟을 사.
• 避境 : 마음공부를 시작한 사람이 밖으로부터 유혹하는 경계를 멀리 피하는 공부법.

【148】

夫人不學은 猶穀未熟이라 未熟不飯이요 未學不賢이라.
부인불학 유곡미숙 미숙불반 미학불현

대범 사람이 배우지 않음은 곡식이 익지 않은 것과 같은 것이라 익지 않으면 밥을 (짓지) 못하는 것이요, 배우지 않으면 어진 이를 (이루지) 못한다.

【149】

捕魚之人은 不避激浪이요 功夫之人은 不躱境界이라.
포어지인 불피격랑 공부지인 불타경계

고기를 잡는 사람은 격랑을 피하지 않는 것이요, 공부하는 사람은 경계를 비키지 아니한다.

- 捕 : 사로잡을 포.
- 激浪 : 센 물결, 거센 파도.
- 躱 : 피할 타. 비낄 타.

〔150〕

大凡思惟는 可增智慧이요 因此妄想은 可增煩惱이라.
대범사유 가증지혜 인차망상 가증번뇌

대범 사유는 가히 지혜를 증장시키는 것이요, 따라서 망상은 가히 번뇌를 증장 시키는 것이다.

- 思惟 : ①마음으로 생각함. ②개념(槪念), 구성(構成), 판단(判斷), 추리(推理) 등을 행하는 인간의 이성(理性)이 작용. 인간은 이것에 의하여 논리적인 대상의 인식(認識)이나 관계의 파악 등을 할 수 있음.
- 妄想 : 이치에 어긋나는 헛된 생각. 이것이 지나치면 병적인 것으로 되어 피해망상, 과대망상(誇大妄想) 따위의 정신 이상이 일어남.
- 煩惱 : ①마음이 시달려서 괴로움. ②마음이 시달려서 괴로워하다.

〔151〕

夫眞學者는 堅守不變이요 又正覺者는 確智不疑이라.
부진학자 견수불변 우정각자 확지불의

대범 참으로 배운 사람은 굳게 지켜서 변하지 않는 것이요, 또한 바르게 깨달은 사람은 확실하게 지혜로워 의심하지 않는 것이다.

- 正覺 : 올바른 깨달음. 곧 망혹(妄惑)을 단멸(斷滅)한 여래(如來)의 참되고 바른 각지(覺智). 정등각(正等覺).

〔152〕

知欺不騙은 持智之人이요 不欺知騙은 持癡之人이라.
지기불편 지지지인 불기지편 지치지인

속이는 줄 알면서 속지 않는 것은 지혜를 가진 사람이요, 속이지 않는데 속이는 줄로 아는 것은 어리석음을 가진 사람이다.

• 欺 : 속일 기.
• 騙 : 속일 편.

〔153〕

人才雖高이나 不懋學問하면 難成大功이요 艱近賢聖이라.
인재수고 불무학문 난성대공 간근현성

사람의 재주가 비록 고상할지라도 학문에 힘쓰지 아니하면 큰 공부를 이루기가 어려운 것이요, 어진 성인에도 가까워지기가 어렵다.

• 懋 : 힘쓸 무.

【154】

颯風之聲과 降雨之聲과 讀書之聲이 好聲入耳이라.
삽풍지성 강우지성 독서지성 호성입이

바람 부는 소리와 비 내리는 소리와 글 읽는 소리가 좋은 소리로 귀에 들어와야 한다.

• 颯 : 바람 소리 삽.

【155】

不學自解하고 不問自覺은 自古以來로 未嘗不無이라.
불학자해 불문자각 자고이래 미상불무

배우지 않고 스스로 알고, 묻지 않고 스스로 깨우침은 예로부터 옴으로 아닌 게 아니라 없었다.

• 未嘗不 : ①아닌 게 아니라. ②아마도, 과연.

【156】

平常之時에 能深涵養하면 臨時觸境하야 不必功夫이라.
평상지시 능심함양 임시촉경 불필공부

평상의 때에 능히 깊게 함양을 하면 시간에 다다르고 경계에 접촉하여 공부할 필요가 없다.

• 涵養 : ①서서히 양성함. 차차 길러 냄. ②학문과 식견을 넓혀서 심성을 닦음.
• 觸 : 부딪칠 촉. 닿을 촉.

【157】

一時之醒(일시지성)은 說人以言(설인이언)이나 然而百世(연이백세)는 非書難醒(비서난성)이라.

한 때의 깨우침은 사람에게 말로써 설명할 수는 있지만, 그러나 백 세는 글(책)이 아니면 깨우치기가 어렵다.

• 百世=百代 : ①백 번째의 대. ②오래 이어 내려오는 여러 세대(世代). ③멀고 오랜 세월.

【158】

無財非貧(무재비빈)이요 無學眞貧(무학진빈)이며 無爵非賤(무작비천)이요 詎恥眞賤(거치진천)이라.

재물 없는 것이 가난한 것이 아니요 배움 없는 것이 참으로 가난한 것이며, 벼슬 없는 것이 천한 것이 아니요 부끄러워할줄 모르는 것이 참으로 천한 것이다.

• 爵 : 벼슬 작.
• 詎 : 모를 거.

〔159〕

言不信者는 持行不正이요 心不堅者는 學道難成이라.
언불신자 지행부정 심불견자 학도난성

말이 믿어지지 않는 사람은 행실 가짐이 바르지 아니한 것이요, 마음이 굳지 않는 자는 도를 배워도 이루기가 어렵다.

〔160〕

通經多聞하면 心行不陋이요 博學夠識하면 氣度不凡이라.
통경다문 심행불루 박학구식 기도불범

경전을 통달하고 많이 들으면 마음 작용이 고루(固陋)하지 않는 것이요, 널리 배우고 많이 알면 기개와 도량이 평범하지 않는다.

• 心行 : 마음의 작용.
• 固陋 : 완고(頑固)하고 식견이 없음.

• 博學 : 배운 것이 많고 학식이 넓은 사람.

• 氣度 : 기개와 도량을 아울러 이르는 말.

【161】

若樸不斷이면 難成美器이요 亦人不學이면 難知鴻理이라.
(약박불착 난성미기 역인불학 난지홍리)

만일 통나무를 깎지(다듬지) 아니하면 아름다운 그릇을 이루기가 어려운 것이요, 또한 사람이 배우지 아니하면 큰 이치를 알기가 어렵다.

• 樸 : 통나무 박.

【162】

大凡當世에 立身揚名은 不積學問하면 實難成就이라.
(대범당세 입신양명 부적학문 실난성취)

대범 당세에 몸을 세우고 이름을 드날리는 것은 학문을 쌓지 아니하면 실로 성취하기가 어렵다.

• 立身揚名 : ①사회적으로 인정을 받고 출세하여 이름을 세상에 드날림. ②후세에 이름을 떨쳐 부모를 영광되게 해 드리는 것.

• 成就 : 목적한 바를 이룸.

〔163〕

聖賢之學은 非一日成이니 晝夜勤修하면 必至大成이라.
성현지학 비일일성 주야근수 필지대성

성현의 학문이 하루에 이루어진 것이 아니니, 낮과 밤으로 부지런히 닦아 가면 반드시 크게 이룸에 이른다.

- 勤修 : 힘써 닦음.

〔164〕

進化根本은 在於敎育이요 均活根本은 在於公道이라.
진화근본 재어교육 균활근본 재어공도

진화의 근본은 가르치고 기름에 있는 것이요, 고르게 잘 사는 근본은 공익의 도에 있다.

- 進化 : 진보하여 차차 더 나은 것이 됨.
- 敎育 : ①가르치어 지능(知能)을 가지게 하는 일. ②개인 또는 특정한 기관이 일정한 이상(理想) 또는 가치(價値)를 지향하여 미성숙(未成熟)한 아이나 청년을 지도하여 사회의 유지와 전진을 위하여 하는 의식적인 활동. ③개인의 전체적인 인간 형성의 사회적 과정.
- 公道 : 공평하고 올바른 도리.

〔165〕

譬有良醫가 雖知諸方이라도 難救自疾하나니 多知如是이라.
비유양의 수지제방 난구자질 다지여시

비유하자면, 어진 의사가 비록 여러 처방을 알고 있을지라도 자기의 병은 구제하가 어려운 것이니 많이 알기만 하는 것도 이와 같다.

• 良醫 : 이름난 의원이나 의사.

〔166〕

逢師不學하다가 輒去後悔이요 遇賢不交하다가 便離後悔이라.
봉사불학 첩거후회 우현불교 변리후회

스승을 만나서 배우지 않다가 문득 가버린 뒤에 뉘우치는 것이요, 어진 이를 만나 사귀지 않다가 문득 떠나버린 뒤에 뉘우친다.

【167】

學問之極은 在於治心이라 故心不治하면 懋學無益이라.
학 문 지 극 재 어 치 심 고 심 불 치 무 학 무 익

학문하는 궁극은 마음을 다스리는데 있는 것이라, 그러므로 마음이 다스려지지 아니하면 배움에 힘써도 이익이 없다.

• 懋 : 힘쓸 무.

【168】

讀書求精이요 不求博讀이며 用心求專이요 不求雜用이라.
독 서 구 정 불 구 박 독 용 심 구 전 불 구 잡 용

글을 읽는 데는 정밀(精密)함을 요구하는 것이요 널리 읽음을 요구하는 것이 아니며, 마음을 쓰는 데는 오롯함을 요구하는 것이요 뒤섞여 씀을 요구하는 것이 아니다.

• 精密 : ①가늘고 촘촘함. ②아주 잘고 자세함. ③정세(精細)하고 치밀(緻密)함.

〔169〕

夫劍銳利이나 不砥難斷이요 人才怜悧이나 不學艱高이라.
부검예리 부지난단 인재영리 불학 간고

대범 칼은 예리한 것이지만 숫돌에 (갈지) 않으면 (물건을) 끊기가 어려운 것이요, 사람의 재주는 영리한 것이지만 배우지 아니하면 (학문, 인품이) 고상하기가 어렵다.

• 怜悧 : ①눈치가 빠르고 똑똑함. ②슬기롭고 민첩함.

〔170〕

大凡胸中에 些無所學은 迺如沒海하야 無一依物이라.
대범흉중 사무소학 내여몰해 무일의 물

대범 가슴 가운데에 조금이라도 배운 바가 없는 것은 이에 바다에 빠져서 하나의 의지할만한 물건이 없는 것과 같은 것이다.

【171】

大凡名者는 實之賓也라 하니 有人最實은 心力智慧이라.
대범명자 실지빈야 유인최실 심력 지혜

대범 "명분이란 실제(實際)의 손님이라" 하였으니, 사람에 있어서 최고의 실제는 심력과 지혜이다.

- 名者實之賓 : 명분은 실제의 손님이라. 진실한 덕행이 있은 뒤에야 명예가 따른다는 뜻으로 명(名)은 객(客)이요, 실(實)이 주(主)이다. 이 말은 《장자(莊子)》 소요유(逍遙遊)에 나온다.
- 實際 : 거짓이 아닌 실지의 경우나 형편. 참 상태.
- 心力 : ①마음과 힘. ②마음이 미치는 힘.

【172】

一誠所及하면 金石爲穿이요 一志不渝하면 學事無難이라.
일성소급 금석위천 일지불유 학사 무난

한결 정성이 미치면 쇠나 돌도 뚫리게 되는 것이요, 한결 뜻이 변하지 않으면 배우는 일에 어려움이 없는 것이다.

- 穿 : 뚫을 천.
- 渝 : 변할 유. 달라질 유.

〔173〕

破器盛水하면 終日難盈이요 癡心積學하면 終身
파기성수　　종일난영　　치심적학　　종신

艱成이라.
간성

부서진 그릇에 물을 담으려 하면 날이 마치더라도 채우기가 어려운 것이요, 어리석은 마음에 학문을 쌓으려 하면 몸이 마치더라도 이루기가 어렵다.

• 破 : 부서질 파. 깨뜨릴 파.
• 盈 : 찰 영. 채울 영.

〔174〕

成學之人이 遇種種苦라도 心不退屈하면 終有
성학지인　　우종종고　　심불퇴굴　　종유

大得이라.
대득

학문을 이루려는 사람이 갖가지 괴로움을 만날지라도 마음이 물러나고 굽히지 아니하면 마침내 크게 얻을 수 있다.

• 退屈 : 더 발전하지 못하고 물러서거나 굴복하는 것.

〔175〕

大凡聞學하면 智略自勝이요 因此勤修하면 德業自積이라.
대범문학 지략자승 인차근수 덕업자적

대범 듣고 배우면 지략이 저절로 수승해지는 것이요, 따라서 부지런히 닦으면 덕업이 저절로 쌓여진다.

- 智略 : 슬기로운 계략(計略). 슬기와 꾀.
- 德業 : ① 덕을 세우는 사업. ② 인덕(仁德)과 공업(功業).

〔176〕

學問之路는 求於放心이요 學道之程은 覺於眞理이라.
학문지로 구어방심 학도지정 각어진리

학문을 하는 길은 놓아버린 마음을 찾자는 것이요, 도를 배우는 길은 진리를 깨닫자는 것이다.

- 求放心 : 《맹자(孟子)》에 "인(仁)은 사람의 마음이다, 의는 사람의 길이다. 그 길을 버리고 따라가지 않고 마음을 놓아버리고 찾을 줄을 모르니 슬프다. 사람들은 닭이나 개를 놓아버리게 되면 그것들을 찾으려 하지만 마음을 드러내 놓아버리게 되면 찾을 줄을 모른다. 학문하는 길은 다른 것이 없다, 놓아버린 마음을 찾는 것일 따름이다.(仁人心也, 義人路也, 舍其路而不由, 放其心而不知求哀哉, 人有鷄犬放則知求之, 有放心而不知求. 學問之道無他, 求其放心而已矣.)"

〔177〕

不深耒田하면 難種多穀이요 不精求學하면 難成
불 심 뇌 전　　난 종 다 곡　　부 정 구 학　　난 성

賢禀이라.
현 품

밭을 쟁기질하는 것이 깊지 않으면 많은 곡식을 심기가 어려운 것이요, 배움을 구함이 정밀하지 아니하면 어진 인품을 이루기가 어렵다.

• 耒 : 쟁기 뢰.
• 求學 : 배움의 길을 찾음.

〔178〕

夫要刺針은 正確血位이요 又要功夫는 明師斅
부 요 자 침　　정 확 혈 위　　우 요 공 부　　명 사 효

導이라.
도

대범 침을 놓는 데는 정확한 혈 자리가 중요한 것이요, 또한 공부를 하는 데는 밝은 스승이 가르쳐 인도함이 중요한 것이다.

• 刺針 : 몸의 통증(痛症)이나 병 따위를 고치기 위해 바늘로 찌름.
• 斅 : 가르칠 효.

【179】

心牽於事는 非功夫人이요 事用於心이 卽功夫人이라.
심견어사 비공부인 사용어심 즉공부인

마음이 일에 끌리는 것은 공부하는 사람이 아니요, 일이 마음에서 활용되어지는 것이 바로 공부하는 사람이다.

• 牽 : 끌 견.

【180】

日不讀書하면 不效聖人이요 時不攝心하면 難壓妄念이라.
일부독서 불효성인 시불섭심 난압망념

하루라도 글을 읽지 아니하면 성인을 본받지 못하는 것이요, 한때라도 마음을 추스르지 아니하면 망령된 생각을 누르기가 어렵다.

• 攝 : 추스를 섭.
• 壓 : 누를 압.

〔181〕

人之學也－迺不日進하면 反有日退이니 手不釋卷이라.
인지학야 내불일진 반유일퇴 수불석권

사람의 배움이라는 것은 이에 날로 나아가지 아니하면 반대로 날로 물러감이 있는 것이니 손에서 책을 놓지 않아야 한다.

• 手不釋卷 : ①늘 책이나 글을 읽다. ②손에서 책을 놓지 않는다는 뜻으로, 늘 글을 읽음을 이르는 말. ③열심히 공부함을 일컫는 말.

〔182〕

人之學也－時過後至하야 毋論懋學이라도 實難成就이라.
인지학야 시과후지 무론무학 실난성취

사람의 배움은 때가 지나간 뒤에 이르러서 아무리 배움에 힘쓸지라도 실로 성취하기가 어려운 것이다.

• 毋論 : 아무리.

〔183〕

> 大凡在人-功夫之路는 內淸其心하고 外正其行이라.
> 대범재인 공부지로 내청기심 외정기 행

대범 사람의 공부하는 길은, 안으로 그 마음을 맑히고 밖으로 그 행동을 바르게 하는데 있다.

〔184〕

> 大匠斲木은 欲建大廈이요 人懋修學은 欲變氣質이라.
> 대장착목 욕건대하 인무수학 욕변기 질

큰 장인이 나무를 깎는 것은 큰 집을 세우고자 함이요, 사람이 닦고 배움에 힘쓰는 것은 기질을 변화시키고자 함이다.

- 大匠 : 기량이 뛰어난 장인. 명장(名匠).
- 斲 : 깎을 착.
- 氣質 : 기력과 체질을 아울러 이르는 말.

〖185〗

癡學之路는 終成知解이요 賢學之程은 能得智慧이라.
치학지로 종성지해 현학지정 능득지혜

어리석게 배우는 길은 마침내 알음알이를 이루는 것이요, 어질게 배우는 길은 능히 지혜를 얻게 된다.

〖186〗

小滴久積하면 終成廣海이요 問學不捨하면 竟成大智이라.
소적구적 종성광해 문학불사 경성대지

작은 물방울을 오래 쌓으면 마침내 넓은 바다를 이루는 것이요, 묻고 배우기를 놓지 아니하면 마침내 큰 지혜를 이룬다.

〖187〗

人之高知는 成於專學으로 不得巧技나 雜識之類이라.
인지고지 성어전학 부득교기 잡식지류

사람의 높은 알음알이는 오롯한 배움에서 이뤄지는 것으로, 교묘한 재주나 잡된 앎의 부류(部類)에서 얻어지는 것이 아니다.

• 部類 : 서로 구별되는 특성에 따라 갈린 종류.

【188】

好問請敎(호문청교)하면 知識豊裕(지식풍유)이요 自是爲固(자시위고)하면 知解淺薄(지해천박)이라.

묻기를 좋아하고 가르침을 청하면 지식이 풍부하고 넉넉해지는 것이요, 스스로 옳다고 고집을 하면 알음알이가 얕고 엷어진다.

• 豊 : 풍성할 풍.
• 裕 : 넉넉할 유.
• 淺薄 : 학문(學問)이나 생각이 얕음.
• 薄 : 엷을 박.

【189】

要在啓心(요재계심)하고 要在行身(요재행신)하며 要在學經(요재학경)하고 要在成智(요재성지)이라.

중요한 것은 마음을 엶에 있고, 중요한 것은 몸으로 실행함에 있으며, 중요한 것은 경전을 배움에 있고, 중요한 것은 지혜를 이룸에 있다.

• 啓 : 열 계.

【190】

孔子論語에는 克己復禮라 하고 曾子大學에는 格物致知이라.
공자논어 극기복례 증자대학 격물치지

공자님의 《논어》에서는 "자기를 이기고 예로 돌아가라." 하였고, 증자의 《대학》에서는 "사물에 이르러 앎을 이룬다." 하였다.

• 克己復禮 : 자기의 욕망 · 감정을 이겨내고 사회적 법칙인 예를 따르다. 《論語》에는 인(仁)에 관한 언급이 매우 많다. 이유는 공자의 대표적 사상이 인이었기 때문이며, '극기복례(克己復禮)' 도 그 인의 정의의 하나이다. 《논어》 안연(顔淵)편에, 안연이 인에 대하여 물었다. 공자가 말하기를 '나를 이기고 예로 돌아감이 인이 된다.(顔淵問仁, 子曰克己復禮爲仁.)' '하루라도 나를 이기고 예로 돌아가면 천하가 인으로 돌아간다.(一日克己復禮, 天下歸仁焉.)' '인을 행함은 자기를 말미암은 것이니 다른 사람에게 말미암겠는가.(爲仁由己而由人乎哉.)' 안연이 그 조목을 여쭈었다. "공자가 말하기를, 예가 아닌 것은 보지 말고, 예가 아닌 것은 듣지 말고, 예가 아닌 것은 말하지 말고, 예가 아니면 행동하지 말라.(子曰, 非禮勿視, 非禮勿聽, 非禮勿言, 非禮勿動.)"
• 格物致知 : 《대학(大學)》에 나오는 말로, 주자(朱子)와 양명(陽明)의 사상이 갈라진 대목이기도 하다. 주자는 격(格)을 이른다[至]는 뜻으로 해석하여 모든 사물의 이치(理致)를 끝까지 파고 들어가면 앎에 이른다[致知]고 하는, 이른

바 성즉리설(性卽理說)을 확립하였고, 왕양명은 사람의 참다운 양지(良知)를 얻기 위해서는 사람의 마음을 어둡게 하는 물욕(物慾)을 물리쳐야 한다고 주장하여 격을 물리친다는 뜻으로 풀이한 심즉리설(心卽理說)을 확립하였다. 즉, 주자의 격물치지가 지식 위주인 것에 반해 왕양명은 도덕적 실천을 중시하고 있어 오늘날 주자학(朱子學)을 이학(理學)이라 하고, 양명학(陽明學)을 심학(心學)이라고도 한다.

【191】

夫學深廣은 在於不怠이니 不怠之方은 在持堅志이라.
부학심광 재어불태 불태지방 재지견지

대범 배움의 깊고 넓음은 게으르지 않는데 있는 것이니, 게으르지 않는 방법은 굳센 의지를 가짐에 있다.

【192】

行止不端하면 讀書無益이요 心誕行傲하면 博學無益이라.
행지부단 독서무익 심탄행오 박학무익

행하고 그침이 단정하지 아니하면 글을 읽어도 이익이 없는 것이요, 마음이 허탄(虛誕)하고 행동이 거만(倨慢)하면 널리 배워도 이익이 없다.

• 虛誕=虛妄 : ①거짓되어 망령됨. ②어이없고 허무함. ③거짓이 많고 근거가

없음.

• 誕 : 태어날 탄. 허탄할 탄.

• 倨慢 : 젠체하는 건방진 태도.

• 博學 : 배운 것이 많고 학식이 넓은 사람.

【193】

贈財於人하고 贈玉於人이라도 不若贈人一善文善敎이라.
(증재어인 증옥어인 불약증인 선문 선교)

재물을 사람에게 주고 구슬을 사람에게 줄지라도, 사람에게 선한 글과 선한 가르침을 주는 것만 같지 못한 것이다.

【194】

人能因訓하야 可以增長이요 人學因修하야 可以進陟이라.
(인능인훈 가이증장 인학인수 가이 진척)

사람의 능력은 훈련(訓練)으로 인하여 가히 써 증장이 되는 것이요, 사람의 학문은 닦음으로 인하여 가히 써 진척이 되는 것이다.

• 訓練＝訓鍊 : 무예(武藝)나 기술 등을 실지로 활용할 수 있도록 되풀이하여 연습하는 일.

• 增長 : 힘을 도와 전보다 더 잘 하게 함.
• 進陟 : ① 일이 진행되어 감. ② 벼슬이 올라감.
• 陟 : 오를 척.

〔195〕

學問最要 - 博大精深이요 養心最要 - 一誠忍耐이라.
(학문최요 박대정심 양심최요 일성인내)

학문은 넓고 크고 정밀하고 깊음이 가장 중요한 것이요, 마음을 기름은 한결같은 정성으로 참고 견딤이 가장 중요한 것이다.

• 精深 : 정세(精細)하고 깊음.
• 忍耐 : 참고 견딤. 감인(堪忍). 내인(耐忍).

〔196〕

道文盡讀하고 事文多讀하며 雜文少讀하고 妄文莫讀이라.
(도문진독 사문다독 잡문소독 망문막독)

도의 글은 모두 읽고, 일의 글은 많이 읽으며, 잡된 글은 조금 읽고, 망령된 글은 읽지를 말라.

【197】

學問一方은 在於治事이니 治事不善하면 立功有錯이라.
(학문일방 재어치사 치사불선 입공유착)

학문의 한 방법은 일을 다스리는데 있는 것이니, 일을 다스리길 잘 하지 않으면 공을 세우는데 어긋남이 있다.

• 錯 : 어긋날 착.

【198】

學問得力하면 直筆正寫이요 斅訓勤行하면 人醒知理이라.
(학문득력 직필정사 효훈근행 인성지리)

학문에 힘을 얻으면 곧은 붓으로 바르게 쓸 것이요, 가르치기를 부지런히 행하면 사람이 깨어나 이치를 알게 된다.

• 直筆 : ①무엇에도 영향을 받지 아니하고 사실을 그대로 적음, 또는 그렇게 적은 글. ②어떤 사실을 무엇에 구애됨이 없이 있는 그대로 적은 사필(史筆).
• 勤行 : 부처 앞에서 독경(讀經), 회향(回向)하는 일.

【199】

大凡學問은 使人謙虛이요 因此無知는 使人驕傲이라.
대범학문 사인겸허 인차무지 사인교오

대범 학문은 사람으로 하여금 겸허하게 하는 것이요, 따라서 무지는 사람으로 하여금 교오하게 한다.

- 謙虛 : ①겸손하게 자기를 낮춤. ②자기의 무력(無力)과 죄업(罪業)에 대한 심각한 자각에서 우러나오는, 신(神)의 의사에 어디까지나 순종하려는 마음.
- 無知 : ①아는 것이 없음. ②미련하고 우악스러움.
- 驕傲 : ①젠체하여 남을 업신여길 만큼 건방짐. ②칠죄종(七罪宗)의 한 가지.

【200】

獲得智慧는 修養之中이요 增長知解는 勤習之中이라.
획득지혜 수양지중 증장지해 근습지중

지혜는 수양하는 가운데서 얻어지는 것이요, 알음알이는 부지런히 익히는 가운데서 증장이 된다.

- 修養 : 심신을 단련하여 품성이나 지식이나 도덕을 닦음.
- 增長 : 힘을 도와 전보다 더 잘 하게 함.

VII

富儉編(부검편)

부유와 근검

VII

富儉編부검편

부유와 근검

【001】

少物知足이라도 謂之富裕이요 奢懈解放을 謂之勤儉이라.
소물지족 위지부유 사해해방 위지 근검

조그만 물질이라도 만족을 아는 것을 일러서 부유라 하는 것이요, 사치와 게으름을 놓을 줄 아는 것을 일러서 근검이라 한다.

- 知足 : 제 분수를 알아 마음에 불만함이 없음, 곧 무엇이 넉넉하고 족(足)한 줄을 앎.
- 富裕 : 재산이나 재물이 썩 많고 넉넉함.
- 奢侈 : 필요 이상으로 돈이나 물건을 씀.
- 勤儉 : 부지런하고 검소(儉素)함.

【002】

人也勤者는 半富之得이요 隨而儉者도 半富之獲이라.
인야근자 반부지득 수이검자 반부지획

사람이 부지런한 것은 절반의 부유를 얻는 것이요, 따라서 검소(儉素)한 것도 절반의 부유를 얻는 것이다.

• 半 : 반 반. 절반 반.
• 儉素 : 치레하지 않고 수수함.

【003】

夫人勤勞하면 人飯我粥이요 隨而儉惜하면 人瓦我草이라.
부인근로 인반아죽 수이검석 인와아초

대범 사람이 부지런히 노력하면 남들은 밥을 먹음에 나는 죽은 먹을 것이요, 따라서 검소하게 아끼면 남은 기와집 삶에 나는 초가집은 산다.

• 勤勞 : ① 일정한 시간 동안 일정한 노무에 종사하는 일. ② 심신(心身)을 수고롭게 하여 일에 힘씀.

【004】

蹞步不息하면 跛鱉千里이요 積塵不輟하면 深壑高阜이라.
(규보불식 파별천리 적진불철 심학고부)

반걸음을 쉬지 아니하면 절뚝발이 금계(金鷄)라도 천 리를 가는 것이요, 티끌 쌓기를 그치지 아니하면 깊은 골이라도 높은 언덕이 된다.

- 蹞 : 반걸음 규.
- 蹞步 : 반걸음 밖에 안 되는 가까운 거리, 또는 반걸음.
- 跛 : 절뚝발이 파.
- 鱉 : 금계 별.
- 金鷄 : 꿩과에 딸린 화려한 새. 날개의 길이 17~20cm. 수컷은 광택 있는 황금색(黃金色)에 등은 금록색을 띠며 매우 아름다움. 암컷은 엷은 갈색. 중국의 남서부 산악지에 분포함. 길들이어 집 새로 기름.
- 輟 : 그칠 철.
- 阜 : 언덕 부.

【005】

爲主私營하면 我死世死이요 爲主公經하면 我生世生이라.
(위주사영 아사세사 위주공경 아생세생)

사사로운 경영을 주체로 하면 나도 죽고 세상도 죽을 것이요, 공익 경영을 주체로 하면 나도 살고 세상도 산다.

• 私營 : 한 개인의 사적인 경영, 사인(私人)의 경영.

• 公經=公共經濟 : 국가나 공공단체 따위의 공익을 목적으로 삼는 경제.

【006】

受幇別人(수방별인)이라도 解決難題(해결난제)하야 能脫苦痛(능탈고통)하면 做大所得(주대소득)이라.

다른 사람의 도움을 받아서라도 곤란한 문제를 해결하여 능히 괴롭고 아픔에서 벗어난다면 크게 얻은 바가 된다.

• 幇 : 도울 방.

• 苦痛 : 몸이나 마음의 괴로움과 아픔.

【007】

身無一錢(신무일전)이라도 持片良心(지편양심)하면 如此之人(여차지인)은 決不貧人(결불빈인)이라.

몸에 한 푼의 돈이 없을지라도 조각만한 양심을 가진다면 이와 같은 사람은 결코 가난한 사람이 아니다.

• 良心 : ①사람으로서 마땅히 가져야 할 바르고 착한 마음. ②자기의 행위에 대하여 옳고 그름, 선악을 판단하고 명령하는 도덕의식.

[008]

人也活世에 或有貧窮하면 不勞欲獲이니 是不正理이라.
인야활세 혹유빈궁 불로욕획 시불정리

사람이 세상을 살아가면서 혹 가난하고 궁색함이 있으면 수고롭지 아니하고 얻으려 하나니, 이는 바른 이치가 아니다.

- 貧窮 : 가난하여 궁함.
- 勞 : 수고로울 로(노). 일할 로(노).
- 獲 : 얻을 획.

[009]

設持尺金이라도 未爲貴珍이요 尙居安樂이 勝於千金이라.
설지척금 미위귀진 상거안락 승어천금

설사 한 자 되는 금을 가졌을지라도 귀중한 보배가 되는 것이 아니요, 오히려 편안하고 즐겁게 살아가는 것이 천척(千尺)의 금보다 수승(殊勝)하다.

- 安樂 : 편안하고 즐거움.
- 千尺 : 매우 높은 높이.
- 殊勝 : 특별히 뛰어남.

【010】

不自重者는 能易受辱이요 不自求人은 能難得益이라.
부자중자 능이수욕 부자구인 능난득 익

스스로 (행동이) 무겁지 않는 사람은 능히 욕됨을 받기가 쉬운 것이요, 스스로 구하려하지 않는 사람은 능히 이익을 얻기가 어렵다.

【011】

潛井之罐은 必盈水昇이요 沒貧之人은 必過痛得이라.
잠정지관 필영수승 몰빈지인 필과통 득

샘에 잠긴 두레박은 반드시 물을 채워서 올라오는 것이요, 가난에 빠진 사람은 반드시 아픔을 지내서 얻어진다.

• 潛 : 잠길 잠. 자맥질할 잠.
• 罐 : 두레박 관.

【012】

大凡人也－最高樂味는 莫甛自己－惰習戰勝
대 범 인 야　　최 고 낙 미　　막 첨 자 기　　타 습 전 승

이라.

대범 사람이 최고로 즐거운 맛은 자기의 게으른 습성과 싸워서 이기는 것보다 더 달콤함이 없는 것이다.

• 甛 : 달 첨.
• 惰 : 게으를 타.

【013】

人也一時에 懶怠不伏하면 自初至終토록 難前
인 야 일 시　　나 태 불 복　　자 초 지 종　　난 전

奔進이라.
분 진

사람이 한때에 게으름을 항복시키지 아니하면 처음부터 끝에 이르도록 앞으로 달려 나가기가 어렵다.

• 奔 : 달릴 분.

【014】

不識喜別하면 事難其勞이요 不知心宜하면 路遙其遠이라.
불식희별 사난기로 부지심의 노요 기원

기쁨을 나누면 일이 어려워도 그 수고로움을 알아차리지 못하는 것이요, 마음이 맞으면 길이 멀지라도 그 먼 것임을 알지 못한다.

【015】

名門之家는 無非積德이요 巨族之門은 無非救人이라.
명문지가 무비적덕 거족지문 무비구 인

명문의 집안은 덕을 쌓지 아니함이 없어야 할 것이요, 거족의 문벌은 사람을 구제하지 아니함이 없어야 한다.

- 名門 : 이름이 난 집안이나 학교.
- 巨族 : 문벌이 좋고 대대로 번창한 집안.

[016]

大凡富裕하면 如枷鎖纏이요 因此貧窮함은 似飛蒼天이라.
대범부유 여가쇄전 인차빈궁 사비창천

대범 부유한 것은 형틀이나 쇠사슬에 얽힌 것과 같은 것이요, 따라서 빈궁한 것은 푸른 하늘을 나는 것과 같은 것이다.

- 枷 : 형틀 가.
- 鎖 : 쇠사슬 쇄.
- 纏 : 얽힐 전.
- 枷鎖 : 죄인의 목에 칼을 씌우고, 발에 쇠사슬을 채움.

[017]

奢侈爲害는 其生戕賊이요 亦傷廉恥하며 亦落人稟이라.
사치위해 기생장적 역상염치 역락인품

사치가 해가 되는 것은 그 생을 죽이고 해치는 것이요, 또한 염치를 상하는 것이며, 또한 인품을 떨어뜨리는 것이다.

- 奢侈 : 필요 이상으로 돈이나 물건을 씀.
- 戕 : 죽일 장.
- 廉恥 : 남에게 신세를 지거나 폐를 끼치거나 할 때 부끄럽고 미안한 마음을 가지는 상태.
- 人稟 : 사람의 품격.

【018】

大凡奢侈는 必隨淫亂이요 亦是淫亂은 爲主酒色이라.
대범사치 필수음란 역시음란 위주주 색

대범 사치에는 반드시 음란이 따르는 것이요, 또한 음란에는 술과 색이 주체가 되는 것이다.

• 淫亂 : 음탕하고 난잡함.
• 酒色 : ①술과 계집. 음주와 여색. ②얼굴에 드러난 술기운.

【019】

寧可清貧하야 自樂而活이언정 不可淺富로 負憂而居이라.
영가청빈 자락이활 불가천부 부우 이거

차라리 가히 맑고 가난하여 스스로 즐겁게 살지언정 가히 천박(淺薄)한 부유로 근심을 짊어지고 살지 않아야 한다.

• 清貧 : ①청백하여 가난함. ②성품이 깨끗하여 가난함.
• 自樂 : 스스로 즐김.
• 淺薄 : 학문이나 생각이 얕음.

【020】

養人勿吝하고 誨人勿慳하며 用人勿疑하고 容人勿躇이라.
양인물인 회인물간 용인물의 용인물저

사람을 기르는데 아끼지 말고, 사람을 가르치는데 아끼지 말며, 사람을 쓰는데 의심하지 말고, 사람을 포용하는데 머뭇거리지 말라.

• 吝 : 아낄 린(인).
• 慳 : 아낄 간.
• 躇 : 머뭇거릴 저.

【021】

貧不效儉이라도 儉素自臻이요 富不學奢라도 奢侈自到이라.
빈불효검 검소자진 부불학사 사치자도

가난하면 검소함을 본받지 않아도 검소가 저절로 이르는 것이요, 부유하면 사치를 배우지 않아도 사치가 저절로 이른다.

【022】

人能知足하면 天不爲貧이요 隨能忍辱하면 理不降殃이라.
인능지족 천불위빈 수능인욕 이불강앙

사람이 능히 만족할 줄을 알면 하늘도 가난하게 못하는 것이요, 따라서 능히 욕됨을 참으면 진리도 재앙을 내리지 않는다.

• 忍辱 : 어떤 모욕이나 박해에도 견디어 마음을 움직이지 아니함.
• 殃 : 재앙 앙.

【023】

夫儉美德이나 甚過慳吝하며 併爲鄙陋하야 反落邪坑이라.
부검미덕 심과간인 병위비루 반락사갱

대범 검박한 것이 아름다운 덕이나 너무 지나치면 아끼고 인색하며, 아울러 비루하게 되어 도리어 삿된 구덩이에 떨어지게 된다.

• 美德 : 아름다운 덕성(德性).
• 鄙陋 : ①(행동이나 성질이) 더럽고 추저분함. ②행실이 야하고 더러움.
• 坑 : 구덩이 갱.

〔024〕

大凡驕奢는 生於富貴이요 亦是禍亂은 出於侈吝이라.
대범교사 생어부귀 역시화란 출어치인

대범 교만하고 사치하는 것은 부하고 귀함에서 생기는 것이요, 또한 재앙과 어지러움은 사치하고 인색함에서 나온다.

- 驕奢 : 교만(驕慢)하고 사치스러움.
- 禍亂 : 재앙(災殃)과 난리(亂離).

〔025〕

大凡世人은 積玉爲誇이나 反面眞人은 守分爲矜이라.
대범세인 적옥위과 반면진인 수분위긍

대범 세상 사람은 구슬을 쌓은 것으로 자랑을 삼는 것이지만, 반면에 참된 사람은 분수를 지키는 것으로 긍지(矜持)를 삼는다.

- 誇 : 자랑할 과.
- 矜持 : 자신의 능력을 믿음으로써 가지는 자랑.

【026】

蔬食充饑거늘 焉覓膏饌이며 絮衣禦寒이거늘 何尋錦繡이리요.
(소식충기 언멱고찬 서의어한 하심금수)

푸성귀를 먹을지라도 배고픔이 채워지거늘, 어찌 기름진 음식을 찾으며, 솜옷이라도 추위를 막는 것이거늘, 어찌 비단 수놓은 옷을 찾으리요?

- 蔬 : 푸성귀 소.
- 膏 : 기름 고. 살찔 고.
- 絮 : 솜 서.
- 禦 : 막을 어.
- 繡 : 수 수. 수 놓을 수.

【027】

居屋雖廣이라도 會塵建處이요 住家雖華라도 花朶結露이라.
(거옥수광 회진건처 주가수화 화타결로)

사는 집이 비록 넓을지라도 이는 티끌을 모아 세운 곳이요, 머무는 집안이 비록 호화로울지라도 꽃송이에 맺힌 이슬이다.

- 朶 : 꽃송이 타.

【028】

能周小事하면 迺成大事이요 能積小富하면 乃成
능 주 소 사 　 내 성 대 사 　 능 적 소 부 　 내 성

大富이라.
대 부

능히 작은 일을 두루 하면 이에 큰일을 이루는 것이요, 능히 작은 부유를 쌓으면 이에 큰 부유를 이루게 된다.

【029】

大凡救奢는 無如儉約이요 亦是拯薄은 無如敦
대 범 구 사 　 무 여 검 약 　 역 시 증 박 　 무 여 돈

厚이라.
후

대범 사치를 구제함은 반드시 검약함만 같음이 없는 것이요, 역시 엷음을 건짐은 돈후함만 같음이 없다.

- 儉約 : 검소하게 절약하여 사용함.
- 敦厚 : ①인정이 두터움. ②친절하고 정중함.

【030】

大凡人弱하면 以食爲力이요 反面人貧하면 以財
대 범 인 약 　 이 식 위 력 　 반 면 인 빈 　 이 재

爲力이라.
위 력

대범 사람이 약하면 먹는 것으로써 힘을 삼는 것이요, 반면 사람이 가난하면 재물로써 힘을 삼는다.

【031】

人得四海라도 不謂大富이니 宇宙合産 - 後云始富이니라.
인득사해 불위대부 우주합산 후운시 부

사람이 사해를 얻었을지라도 큰 부자라 이르지 못하는 것이니, 우주와 살림을 합한 뒤에 비로소 부자라 이르는 것이다.

• 四海 : ①사방의 바다. ②온 세상.
• 宇宙 : ①무한한 시간과 만물을 포함하고 있는 끝없는 공간의 총체. ②〈물리〉 물질과 복사가 존재하는 모든 공간. ③〈천문〉 모든 천체(天體)를 포함하는 공간.

【032】

我聚富財는 因世而成이요 因人而成이니 不吝分施이라.
아취부재 인세이성 인인이성 불인 분시

우리가 부유한 재물을 모음은 세상으로 인하여 이룬 것이요 남으로 인하여 이룬 것이니, 나누고 베푸는데 인색하지 않아야 한다.

• 聚 : 모일 취.

【033】

一木收聚하면 能成樹林이요 一種植養하면 能穫多穀이라.
일목수취 능성수림 일종식양 능확다곡

한 나무를 거두고 모으면 능히 나무숲을 이루는 것이요, 한 종자를 심고 기르면 능히 많은 곡식을 거둔다.

• 聚 : 모을 취.
• 穫 : 거둘 확.

【034】

大凡富家는 場內爲家이요 反面貧家는 地內爲家이라.
대범부가 장내위가 반면빈가 지내위가

대범 부유한 집안은 마당 안을 집안으로 삼는 것이요, 반면 가난한 집안은 지구 안을 집안으로 삼는다.

【035】

無物雖貧이라도 誠盡自得이요 勤盡自得이며 力盡自得이라.
무물수빈 성진자득 근진자득 역진자득

물질이 없어 비록 가난할지라도 정성을 다하면 저절로 얻어지는 것이요, 부지런을 다하면 저절로 얻어지는 것이며, 힘을 다하면 저절로 얻어진다.

【036】

大凡貧也－已人分定이라 能安其分하면 雖貧爲樂이라.
대범빈야 이인분정 능안기분 수빈위락

대범 가난이란, 이미 사람의 분수가 정해진 것이라 능히 그 분수에 편안하면 비록 가난하더라도 즐겁게 되어진다.

• 分定 : 몫을 나누어 정함.

【037】

大槪饒人은 難知貧寒이요 因此貧寒은 饒人易怨이라.
대개요인 난지빈한 인차빈한 요인이원

대개 넉넉한 사람은 가난하고 한미함을 알기가 어려운 것이요, 따라서 가난하고 한미하면 넉넉한 사람을 원망하기가 쉬운 것이다.

• 饒 : 넉넉할 요.
• 貧寒 : 가난하고 쓸쓸함.

【038】

求財之人은 恨不多得이나 然積多財하면 卻易受害이라.
구재지인 한부다득 연적다재 각이 수해

재물을 구하는 사람은 많이 얻어지지 않음을 한스럽게 여기지만, 그러나 많은 재물이 쌓인다면 도리어 해로움을 받기가 쉽다.

• 卻 : 도리어 각. 물리칠 각.

【039】

知足之心이면 終身不辱이요 知止之心이면 了身不恥이라.
지족지심 종신불욕 지지지심 요신 불치

만족할 줄을 아는 마음이라면 몸을 마치도록 욕되지 아

니할 것이요, 그칠 줄을 아는 마음이라면 몸을 마치도록 부끄럽지 않을 것이다.

- 知足 : 제 분수를 알아 마음에 불만함이 없음, 곧 무엇이 넉넉하고 족(足)한 줄을 앎.
- 知止 : 자기 분에 지나치지 않도록 그칠 줄을 앎.

【040】

人之惰性이 雖非大罪이나 卻有一種의 慢性中毒이라.
(인지타성 수비대죄 각유일종 만성중독)

사람의 게으른 성격이 비록 큰 죄는 아니지만 도리어 일종의 만성중독이 될 수 있다.

- 惰性 : ①사람의 말이나 행동에 굳어져 있는 좋지 않은 버릇, 또는 오랫동안 변화나 새로움을 꾀하지 않아 나태하게 굳어져 있는 습성. ②관성(慣性). 물체가 외부의 힘을 받지 않는 한 정지 또는 운동의 상태를 지속하려고 하는 성질.
- 慢性中毒 : 어떤 약이나 물질을 장기간 많이 사용함으로써 습관성이 되어 생기는 중독. 여러 가지 병적 증상을 나타내게 된다.

【041】

富裕之人이 自知分數하면 行業之時에 不至失敗이라.
(부유지인 자지분수 행업지시 부지실패)

부유한 사람이 스스로 분수를 안다면 사업을 행할 때에 실패에 이르지 않게 된다.

• 分數 : ①사물을 분별하는 지혜. ②자기 신분에 맞는 한도. ③사람으로서 일정하게 이를 수 있는 한계.
• 失敗 : 일을 잘못하여 뜻한 대로 되지 아니하거나 그르침.

【042】

大凡不斷－追求物質이 在於人生에 知苦痛源이라.
대범부단 추구물질 재어인생 지고통원

대범 물질의 추구를 끊지 못하는 것이 인생에 있어서 괴롭고 아픈 것의 근원임을 알아야 한다.

• 苦痛 : 몸이나 마음의 괴로움과 아픔.

【043】

若不知足하면 終身繼憂이요 亦不知貧하면 終生連辱이라.
약부지족 종신계우 역부지빈 종생연욕

만일 만족을 알지 못하면 몸이 마치기까지 근심이 이어지는 것이요, 또한 가난을 알지 못하면 생이 끝나도록 욕됨이 이어진다.

【044】

夫人享安이 享最幸福이요 亦人知足이 得最富裕이라.
부인향안 향최행복 역인지족 득최부유

대범 사람이 편안을 누리는 것이 최대의 행복을 누리는 것이요, 또한 사람이 만족을 아는 것이 최고의 부유를 얻음이다.

【045】

愚癡之人은 大概不爲-勤勉努力하고 欲得好結이라.
우치지인 대개불위 근면노력 욕득호결

어리석은 사람은 대개 부지런히 힘쓰는 노력은 하지 아니하고 좋은 결과를 얻으려 한다.

- 愚癡 : 어리석고 못남. 어리석고 미욱함.
- 勤勉 : 부지런히 노력함.

[046]

世上有餘는 在人知足이요 世上無愁는 在人守分이라.
세상유여 재인지족 세상무수 재인수분

세상에 남음이 있는 것은 사람이 만족할 줄을 아는데 있는 것이요, 세상에 근심이 없는 것은 사람이 분수(分數)를 지키는데 있다.

• 分數 : ①사물을 분별하는 지혜. ②자기 신분에 맞는 한도. ③사람으로서 일정하게 이를 수 있는 한계.

[047]

知足之人은 茅屋猶寬이요 不知足人은 天地尙窄이라.
지족지인 모옥유관 부지족인 천지상착

만족할 줄을 아는 사람은 띠 집이라도 오히려 넓은 것이요, 만족할 줄을 알지 못하는 사람은 하늘땅이라도 오히려 좁은 것이다.

• 茅屋 : 띠 풀로 엮은 집. 초가집.
• 窄 : 좁을 착.

【048】

大凡人也－少慾知足하면 是無小憂하는 享富之人이라.
대범인야 소욕지족 시무소우 향부지인

대범 사람이 욕심이 적고 만족할 줄을 알면, 이는 작은 근심도 없는 부유를 누리는 사람이다.

【049】

包有之多라도 須不滿足이요 包有之少라도 不一感貧이라.
포유지다 수불만족 포유지소 불일감빈

싸서 가지고 있는 것이 많을지라도 모름지기 만족을 하는 것은 아니요, 싸서 가지고 있는 것이 적을지라도 한결 가난을 느끼는 것은 아니다.

• 包有 : 싸서 가지고 있음.

【050】

存癡邪見하면 自造惡業이요 習行懈怠하면 自乖前程이라.
존치사견 자조악업 습행해태 자괴전정

어리석고 삿된 견해를 간직하면 저절로 악업이 지어지는 것이요, 행동에 게으름이 익혀지면 저절로 앞길이 어그러지게 된다.

• 邪見 : ①올바르지 못하고 간사스러운 의견. 부정한 견해. ②오견(五見), 십혹(十惑)의 하나. 인간의 도리를 무시하는 망견(妄見).

【051】

> 大凡人也(대범인야) - 貧寒之時(빈한지시)에 起慾莫求(기욕막구)이요 起貪莫得(기탐막득)이라.

대범 사람이 가난할 때에 욕심(慾心)을 일으켜 구하지 말 것이요, 탐심(貪心)을 일으켜 얻으려 말아야 한다.

• 慾心 : 분수에 넘치게 무엇을 탐내거나 누리고자 하는 마음.
• 貪心 : ①탐내는 마음. ②탐욕스러운 마음.

【052】

> 儉約之人(검약지인)은 其氣瀞眞(기기정진)이요 吝嗇之人(인색지인)은 其氣縮狹(기기축협)이라.

검약하는 사람은 그 기운이 맑고 진실한 것이요, 인색한 사람은 그 기운이 줄어들고 좁은 것이다.

• 儉約 : 검소하게 절약하여 사용함.

• 吝嗇 : 체면을 돌아보지 않고 재물을 지나치게 아낌.

• 縮 : 줄일 축.

• 狹 : 좁을 협.

【053】

與活人路(여활인로)에 懈怠之後(해태지후)에는 失敗人生(실패인생)의 餘醜腐臭(여추부취)이라.

더불어 살아가는 사람의 길에 게으름 뒤에는 실패한 인생의 추하고 썩은 냄새가 남게 된다.

• 醜 : 더러울 추. 추할 추.

• 腐 : 썩을 부.

• 臭 : 냄새 취.

• 腐臭 : 썩어서 풍기는 고약한 냄새.

【054】

不滿足人(불만족인)은 不找安椅(부조안의)이요 不守分人(불수분인)은 難找寶堆(난조보퇴)이라.

만족하지 못하는 사람은 편안한 의자를 찾지 못하는 것이요, 분수를 지키지 않는 사람은 보배 무더기를 찾기가 어렵다.

• 找 : 찾을 조.
• 椅 : 걸상 의. 의자 의.
• 堆 : 무더기 퇴.

【055】

大凡德者는 從寬而積이요 因此富者는 從儉而蓄이라.
대범덕자 종관이적 인차부자 종검이축

대범 덕이라는 것은 너그러움을 좇아 쌓이는 것이요, 따라서 부유라는 것은 검소를 좇아 쌓인다.

【056】

富生儉約하고 貧出奢侈하며 貴生得意하고 賤出卑屈이라.
부생검약 빈출사치 귀생득의 천출비굴

부는 검약한데서 생기고, 가난은 사치하는데서 나오며, 귀함은 뜻을 얻음에서 나오고, 천함은 비굴한데서 나온다.

• 得意 : 바라던 일이 이루어져서 뽐냄. 뜻을 이루어 자랑함.
• 卑屈 : ①비겁하여 용기가 없고 품성이 천함. ②줏대가 없고 떳떳하지 못함.

【057】

富者普施로 爲自己德이요 貧人無貪으로 爲自己德이라.
부자보시 위자기덕 빈인무탐 위자기덕

부유한 자는 널리 베푸는 것으로 자기의 덕을 삼을 것이요, 가난한 사람은 탐냄이 없는 것으로 자기의 덕을 삼아야 한다.

【058】

奢富不足이요 儉貧有餘라 奢者常貪이요 儉者常富이라.
사부부족 검빈유여 사자상탐 검자상부

사치하면 부유해도 넉넉하지가 않는 것이요, 검소하면 가난해도 남음이 있는 것이라, 사치하는 사람은 항상 탐하는 것이요, 검소한 자는 항상 부유하다.

【059】

大凡發財는 不如發心이요 亦是易運은 不如易心이라.
대범발재 불여발심 역시역운 불여역심

대범 재물을 모으는 것은 마음을 발하는 것만 같지 못한 것이요, 또한 운명(運命)을 바꾸는 것은 마음을 바꾸는 것만 같지 못하다.

• 發財 : ①돈을 벌다. ②재산을 모으다. ③부자가 되다.
• 發心 : 무슨 일을 하겠다고 마음을 냄.
• 運命 : ①앞으로의 존망이나 생사에 관한 처지. ②운수(運數)와 명수(命數). 곧 인간을 둘러싼 선악(善惡), 길흉(吉凶), 화복(禍福) 등의 온갖 것이 초인간적(超人間的)인 위력(偉力)에 의하여 조성되고 지배된다고 믿어지는 그 섭리. 전(轉)하여, 일이 되어 가는 형편. 운수(運數). 숙명(宿命). 명운(命運).

【060】

一切成功(일체성공)은 得之勤勉(득지근면)이요 一切失敗(일체실패)는 成之懶慢(성지나만)이라.

일체의 성공은 부지런히 힘씀에서 얻어지는 것이요, 모든 실패는 게으르고 태만함에서 이뤄진다.

• 勤勉 : 부지런히 일하며 힘씀.
• 懶慢 : 게으름. 태만(怠慢)함.

【061】

萬一非義하면 不實養廉이요 亦是非寬하면 無做補拙이라.
만일비의 불실양염 역시비관 무주보졸

만일에 의롭지 아니하면 실제로 청렴이 길러지지 아니할 것이요, 또한 너그럽지 아니하면 옹졸(壅拙)함을 보충할 수가 없다.

• 壅拙 : 성질이 너그럽지 못하고 생각이 좁음.

【062】

大凡生鮮은 莫如求水이요 反面財物은 莫如求儉이라.
대범생선 막여구수 반면재물 막여구검

대범 생선은 물에서 구함만 같음이 없는 것이요, 반면 재물은 검소함에서 구함만 같음이 없다.

【063】

以貧爲閑하고 以空爲明하며 以損爲淸하고 以安爲樂이라.
이빈위한 이공위명 이손위청 이안위락

가난으로써 한가로움을 삼고, 비움으로써 밝음을 삼으며, 덜어냄으로써 맑음을 삼고, 평안함으로써 즐거움을 삼아야 한다.

【064】

懈怠之心(해태지심)은 易是作罪(이시작죄)이요 易是受貧(이시수빈)이며 易是失功(이시실공)이라.

게으른 마음은 이에 죄를 짓기가 쉬운 것이요, 이에 가난을 받기가 쉬운 것이며, 이에 공력(功力)을 잃어버리기가 쉽다.

• 功力 : ①애쓰는 힘. ②힘들여 이루는 공.

【065】

勤行之路(근행지로)는 具是慈善(구시자선)이요 備是財富(비시재부)이며 藏是功德(장시공덕)이라.

부지런히 행하는 길은 이에 사랑과 선을 갖추는 것이요, 이에 재산과 부유를 갖추는 것이며, 이에 공과 덕을 갈무리는 것이다.

• 慈善 : ①선의를 베풂. ②불행(不幸), 재해(災害) 등으로 자활할 수 없는 사람을 구조(救助)함.

• 財富 : ①재물의 부. ②재물이 많은 부자. ③재물처럼 소중한 것.

• 功德 : 공로(功勞)와 인덕. 여러 사람을 위하여 착한 일을 많이 한 힘.

【066】

世上之事는 難敗十一이요 因怠爲敗는 十之九也이라.
세상지사 난패십일 인태위패 십지구야

세상의 일은 어려움으로 실패(失敗)하는 것은 열에 하나이요, 게으름으로 인하여 실패하게 되는 것은 열에 아홉이다.

• 敗 : 깨트릴 패.

• 失敗 : 일에 성공하지 못하고 망함.

【067】

喜捨之人은 內心富裕이요 吝嗇之人은 內心貧乏이라.
희사지인 내심부유 인색지인 내심빈핍

희사하는 사람은 안으로 마음이 부유한 것이요, 인색한 사람은 안으로 마음이 가난한 것이다.

• 喜捨 : ①마음에 즐기어서 재물을 냄. ②절이나 교당 따위에 금전이나 토지

따위를 기부함.

• 吝嗇 : 체면을 돌아보지 않고 재물을 지나치게 아낌.
• 貧乏 : 가난하여 아무것도 없음.
• 乏 : 가난할 핍.

【068】

感謝之心에는 無生恥愧이요 儉朴之心에는 無芽懈怠이라.
(감사지심 무생치괴 검박지심 무아해태)

감사하는 마음에는 부끄러움이 생겨날 수가 없는 것이요, 검박한 마음에는 게으름이 싹틀 수가 없다.

• 感謝 : ①고마움. ②고맙게 여김. ③고맙게 여기고 사례함.
• 愧 : 부끄러워할 괴.
• 儉朴 : 검소하고 수수함.
• 芽 : 싹 아.

【069】

有錢善用하면 增福之始이요 反面誤用하면 播罪之田이라.
(유전선용 증복지시 반면오용 파죄지전)

돈이 있어서 잘 쓰면 복을 증장하는 비롯이요, 반면에 잘못 쓰면 죄를 뿌리는 밭이다.

• 播 : 뿌릴 파.

【070】

富不知足 - 是謂苦貧이요 貧知裕足 - 是謂享富
부부지족 시위고빈 빈지유족 시위향부
이라.

부자이나 만족할 줄을 알지 못하는 이것을 괴롭고 가난하다 이르는 것이요, 가난하더라도 넉넉하고 만족할 줄을 알면 이것을 부유를 누림이라 이른다.

【071】

人活於世에 聚財有道하니 絶對不取 - 分外之
인활어세 취재유도 절대불취 분외지
財이라.
재

사람이 세상에 살아가면서 재물을 모으는데 도가 있어야 하나니 절대 분수 밖의 재물은 취하지 않아야 한다.

• 聚 : 모일 취.
• 分外 : 분수(分數)에 넘치는 일.

【072】

人不聞懶거든 躬懋勤勞이요 又不聽固이거든 躬闊行徑이라.
인불문라 궁무근로 우불청고 궁활행경

사람이 게으르다 함을 듣지 않으려거든 몸소 부지런히 노력하기에 힘쓸 것이요, 또한 고착(固着)한다 함을 듣지 않으려거든 몸소 행동의 반경(半徑)을 넓혀야 한다.

• 懋 : 힘쓸 무.
• 勤勞 : ①일정한 시간 동안 일정한 노무에 종사하는 일. ②심신을 수고롭게 하여 일에 힘씀.
• 固着 : ①굳게 붙음. 정주(定住)하여 이사하지 아니함. ②어떤 상황이나 현상이 굳어져 변하지 않음.
• 半徑 : 반지름. 원이나 구의 중심에서 그 원둘레, 또는 구면상(球面上)의 한 점에 이르는 선분(線分)의 길이.
• 徑 : 지름길 경.

【073】

大凡誠勤은 成功之根이요 因此懶怠는 敗事之本이라.
대범성근 성공지근 인차나태 패사지본

대범 정성스럽고 부지런함은 공을 이루는 뿌리이요, 따라서 게으름은 일을 실패하는 근본이다.

• 誠勤 : 성실(誠實)하고 부지런함.

【074】

過分節儉하면 感人吝嗇이요 過處謙讓하면 給人萎縮이라.
과분절검 감인인색 과처겸양 급인위축

분에 지나치게 절약하고 검소하면 사람이 인색함을 느끼는 것이요, 처지에 지나치게 겸손하고 사양하면 사람에게 위축됨을 주게 된다.

• 節儉 : 절약하고 검소하게 함.
• 吝嗇 : 체면을 돌아보지 않고 재물을 지나치게 아낌.
• 謙讓 : 겸손한 태도로 사양함.
• 萎縮 : ①마르고 시들어서 오그라지고 쪼그라듦. ②오그러져 펴지 못함.
• 萎 : 마를 위.
• 縮 : 줄일 축.

【075】

見人之寬하야 擴己偏狹이요 見人之勤하야 省己懈怠이라.
견인지관 확기편협 견인지근 성기해태

사람의 너그러움을 보아서 자기의 편협함을 넓힐 것이요,

사람의 부지런함을 보아서 자기의 게으름을 살펴야 한다.

• 擴 : 넓힐 확.
• 偏狹 : 생각이나 도량(度量)이 좁고 편벽(偏僻)됨.

【076】

守分安貧하면 何冀淸閑이며 不競人我하면 何得自由리요?
(수분안빈 하기청한 불경인아 하득자유)

분수를 지키고 가난에 편안하면 어찌 맑고 한가하기를 바랄 것이며, 사람과 내가 겨루지 아니하면 어찌 자유를 얻고자 하리요?

• 安貧 : 가난하여도 평안히 지냄.
• 冀 : 바랄 기.
• 淸閑 : 맑고 깨끗하여 아주 한가로움.
• 競 : 겨룰 경. 다툴 경.
• 自由 : ①남의 구속을 받지 않고, 제마음대로 함. ②제가 뜻하는 대로 함. 마음 내키는 대로 함.

【077】

有力讓位하면 尙受衆望이요 有財儉活하면 猶爲人模이라.
(유력양위 상수중망 유재검활 유위인모)

실력은 있는데 자리를 양보하면 오히려 대중의 신망(信望)을 받을 것이요, 재물은 있는데 검소하게 살면 오히려 사람의 본보기가 된다.

• 讓 : 사양할 양.
• 信望 : ①믿고 바람. ②믿음과 덕망(德望).
• 模 : 법 모. 본보기.

【078】

儉朴爲準하야 可以治家이요 澹澂爲準하야 可以
검 박 위 준　가 이 치 가　담 징 위 준　가 이
養德이라.
양 덕

검소하고 질박을 기준 삼아서 가히 써 집안을 다스릴 것이요, 담담하고 맑음을 기준 삼아서 가히 써 덕을 길러야 한다.

• 準 : 수준기 준. 법. 법도.
• 澹 : 담박할 담.
• 澂 : 맑을 징.

【079】

一粒必珍은 成富之源이요 片言必謹은 成貴之
일 입 필 진　성 부 지 원　편 언 필 근　성 귀 지
基이라.
기

한 개 쌀알이라도 반드시 보배로 여기는 것은 부유를 이루는 근원이요, 조각의 말이라도 반드시 삼가는 것은 귀함을 이루는 기본이다.

• 粒 : 알 입(립).

[080]

大凡勤勞는 無價之寶이요 亦是謹愼은 護身之術이라.
대범근로 무가지보 역시근신 호신지 술

대범 근로는 값으로 매기지 못할 보배이요, 또한 근신은 몸을 보호하는 방법이 된다.

• 勤勞 : ①일정한 시간 동안 일정한 노무(勞務)에 종사하는 일. ②심신을 수고롭게 하여 일에 힘씀.
• 無價之寶 : 값을 매길 수 없는 귀중한 보물.
• 謹愼 : 언행을 삼가고 조심함. 과오나 잘못에 대하여 반성하고 들어앉아 행동을 삼감.
• 術 : 재주 술. 방법. 수단. 꾀. 계략.

[081]

夫蜂夏日에 勤孜不倦하고 尋花採蜜이라야 迺過冬安이라.
부봉하일 근자불권 심화채밀 내과 동안

대범 벌은 여름날에 부지런히 힘써 게으르지 아니하고 꽃을 찾아 꿀을 따야 이에 겨울을 편안하게 지낸다.

- 蜂 : 벌 봉.
- 孜 : 부지런할 자. 힘쓸 자.
- 倦 : 게으를 권.
- 勤孜＝勤勤孜孜 : 매우 부지런하고 정성스러움.
- 採 : 딸 채. 캘 채.

【082】

大凡勤勞는 可除三害이니 倦怠罪惡과 匱乏之害이라.
대범근로 가제삼해 권태죄악 궤핍지 해

대범 근로는 가히 세 가지 해로움을 제거하는 것이니, 권태와 죄악과 궤핍의 해로움이다.

- 倦怠 : 시들해져서 생기는 게으름이나 싫증.
- 罪惡 : 죄가 될 행위.
- 匱乏 : 결핍(缺乏)이라는 뜻으로, ①있어야 할 것이 빠지거나 모자람. ②빠지거나 모자라다.
- 匱 : 함 궤.
- 乏 : 가난할 핍.

【083】

成功之基는 在於勤懋이요 成富之基는 在於儉朴이라.
성공지기 재어근무 성부지기 재어검박

공을 이루는 기초는 부지런한 노력에 있는 것이요, 부를 이룰 기초는 검소하고 질박함에 있는 것이다.

• 懋 : 힘쓸 무. 노력하다.
• 儉朴 : 검소하고 수수함.

【084】

處富不淫하고 居貧不易하며 加威不屈하고 當說不誘니라.
처부불음 거빈불역 가위불굴 당세불유

부유에 처할지라도 음탕(淫蕩)하지 아니하고, 가난하게 살지라도 (분수를) 바꾸지 아니하며, 위협(威脅)을 가하더라도 굽히지 아니하고, 달램을 당할지라도 유혹(誘惑)되지 않아야 한다.

• 淫 : 음란할 음.
• 淫蕩 : 행동이 음란하고 방탕함.
• 威脅 : 힘으로 으르고 협박함.
• 誘惑 : ①남을 꾀어서 정신을 어지럽게 함. ②나쁜 길로 꾐.

• 誘 : 꾈 유.

〔085〕

大凡心安하면 居壑自穩이요 亦是知足하면 留市自裕이라.
대범심안 거학자온 역시지족 유시자유

대범 마음이 편안하면 산골짜기에 살더라도 저절로 평안한 것이요, 또한 만족할 줄을 알면 시가에 머물더라도 저절로 넉넉하다.

• 壑 : 골짜기 학.
• 穩 : 평온할 온.

〔086〕

逐懶怠心하면 得精勤心이요 逐利己心하면 得功德心이라.
축나태심 득정근심 축이기심 득공덕심

게으른 마음을 쫓아내면 정근의 마음을 얻을 것이요, 이기의 마음을 쫓아내면 공덕의 마음을 얻는다.

• 逐 : 쫓을 축.
• 精勤 : 쉬지 않고 부지런히 힘씀.
• 利己 : 자기 이익만 꾀함.

【087】

第一行事는 明了磊落이요 第一處身은 寬柔率先이라.
제일행사 명료뇌락 제일처신 관유솔선

행사는 밝고 분명하여 뇌락함이 제일이요, 처신은 너그럽고 부드러워 솔선함이 으뜸이다.

• 行事 : 일을 거행함, 또는 그 일.
• 磊 : 돌무더기 뢰(뇌).
• 磊落 : 마음이 활달(豁達)하여 작은 일에 거리낌 없는 것.
• 處身 : ① 세상을 살아감에 있어서 몸을 가지는 일. ②몸가짐. 행신(行身).
• 率先 : 남보다 앞서 함. 앞장섬.

【088】

見人之直하야 拂己諂曲이요 見人之朴하야 檢己奢侈이라.
견인지직 불기첨곡 견인지박 검기사치

사람의 곧음을 보아서 자기의 첨곡을 떨쳐낼 것이요, 사람의 소박(素朴)함을 보아서 자기의 사치를 점검해야 한다.

• 拂 : 떨 불.
• 諂 : 아첨할 첨.
• 諂曲 : 자기의 지조(志操)를 굽히어 아첨함.
• 素朴 : ①거짓이나 꾸밈이 없이 순수하고 자연스러움. ②생긴 그대로임.

【089】

> 大凡敗因은 在於虛榮이요 在於懶怠이며 在於驕慢이라.
> 대범패인 재어허영 재어나태 재어교만

대범 실패하는 원인은 허영에 있는 것이요, 나태에 있는 것이며, 교만에 있는 것이다.

- 虛榮 : ①실상(實相)이 없는 외견상의 영예(榮譽). ②필요 이상의 겉치레.
- 驕慢 : 잘난 체하고 뽐내며 방자함.

【090】

> 招人失敗는 必因安逸이요 召人墮落은 必因奢侈이라.
> 초인실패 필인안일 소인타락 필인사치

사람이 실패를 부르는 것은 반드시 안일이 원인이 되는 것이요, 사람이 타락을 부르는 것은 반드시 사치가 원인이 된다.

- 安逸 : 편안하고 한가로움, 또는 편안함만을 누리려는 태도.
- 墮 : 떨어질 타.
- 墮落 : ①품행이 나빠서 못된 구렁에 빠짐. ②도심(道心)을 잃고 속심(俗心)으로 떨어짐. ③죄(罪)를 범하여 불신(不信)의 생활에 빠짐.

【091】

誠實必勝이요 謙虛必勝이며 篤實必勝이요 勤行必勝이라.
(성실필승 겸허필승 독실필승 근행필승)

성실함은 반드시 수승(殊勝)한 것이요, 겸허함은 반드시 수승한 것이며, 독실함은 반드시 수승한 것이요, 근행함은 반드시 수승한 것이다.

- 誠實 : 정성스럽고 참됨.
- 謙虛 : ①겸손하게 자기를 낮춤. ②자기의 무력(無力)과 죄업에 대한 심각한 자각에서 우러나오는, 신(神)의 의사에 어디까지나 순종하려는 마음.
- 篤實 : ①성실하고도 극진(極盡)함. ②인정이 두텁고 친절함. ③열성이 있고 진실함.
- 勤行 : 부처 앞에서 독경, 회향(回向)하는 일.

【092】

謹身愼行은 保家之本이요 勤事儉用은 治家之本이라.
(근신신행 보가지본 근사검용 치가지본)

몸을 삼가고 행동을 삼가는 것은 집안을 보존하는 근본이요, 부지런히 일하고 쓰기에 검소한 것은 집안을 다스리는 근본이다.

- 謹身 : 몸차림이나 행동을 삼감.

• 保家 : 한 집안을 보전함.

• 治家 : 집안일을 다스림.

【093】

貧寒之人은 因書成富이요 旣爲富者는 因書成貴이라.
빈한지인 인서성부 기위부자 인서성귀

가난하고 한미한 사람은 글(공부)로 인하여 부유를 이루는 것이요, 이미 부자가 된 자는 글(공부)로 인하여 귀를 이루게 된다.

【094】

正己箴語에 有宜四者하니 靜默從容과 謹嚴儉約이라.
정기잠어 유의사자 정묵종용 근엄검약

자기를 바로잡는 훈계의 말에 마땅한 넷이 있으니, 고요하고 묵묵함과 침착하고 덤비지 않음과, 삼가고 엄숙함과 검소하고 절약함이다.

• 箴 : 경계할 잠.

• 箴語 : 가르쳐서 훈계가 되는 말.

• 靜默 : 아무 말 없이 조용히 있음.

• 從容 : 조용의 원말로 침착하고 덤비지 않음.
• 謹嚴 : 조심성 있고 엄밀(嚴密)함.
• 儉約 : 검소하게 절약하여 사용함.

【095】

奢侈之人은 當矯以儉이요 殘忍之人은 當矯以慈이라.
사치지인 당교이검 잔인지인 당교이자

사치하는 사람은 마땅히 검박함으로써 교정(矯正)해야 할 것이요, 잔인한 사람은 마땅히 자비(慈悲)로써 교정해야 한다.

• 矯 : 바로잡을 교.
• 矯正 : 좋지 않은 버릇이나 결점 따위를 바로잡음.
• 殘忍 : 인정이 없고 아주 모짊.
• 慈悲 : ①남을 깊이 사랑하고 가엾게 여김, 또는 그렇게 여겨서 베푸는 혜택. ②〈불교〉 중생에게 즐거움을 주고 괴로움을 없게 함.

【096】

躁急之人은 矯以停緩이요 怠惰之人은 矯以精勤이라.
조급지인 교이정완 태타지인 교이정근

조급한 사람은 멈추고 느림으로써 교정해야 할 것이요,

게으른 사람은 쉬지 않는 부지런으로써 교정해야 한다.

• 躁 : 성급할 조.
• 躁急 : 참을성이 없이 매우 급함.
• 緩 : 느릴 완.
• 精勤 : 쉬지 않고 부지런히 힘씀.

【097】

修行之人(수행지인)은 身貧被褐(신빈피갈)하고 飯貧食粥(반빈식죽)이라도 藏道(장도)不貧(불빈)이라.

수행을 하는 사람은 몸이 가난하면 베옷(賤人이 입는 옷)을 입고, 밥이 가난하면 죽을 먹을지라도 도를 갈무림이 가난해서는 안 된다.

• 褐 : 베옷 갈.
• 粥 : 죽 죽.

【098】

賦命丐食(부명개식)이라면 求乞不恥(구걸불치)이요 些慾葛衣(사욕갈의)라면 糞(분)衣不貧(의불빈)이라.

품부(稟賦)한 명이 빌어먹는 것이라면 구걸하는 것이 부끄러운 게 아니요, 조그만 욕심이 갈포 옷을 입는 것이라면 분소의(糞掃衣)가 가난한 게 아니다.

- 賦 : 구실 부.
- 丐 : 빌 개.
- 稟賦 : ①천생으로 받음. ②선천적으로 타고 남.
- 葛 : 칡 갈.
- 葛衣 : 갈포(葛布)로 만든 옷.
- 糞 : 똥 분.
- 糞掃衣 : 똥을 닦은 천과 같은 옷. 수행자들이 입는 옷을 일컫는 말. 가사(袈裟)라고도 하는데, 가사란 스님들이 입는 옷. 가사의 색(色)은 대체로 황적색을 띠는데, 이 말의 원어가 황적색(黃赤色)을 뜻하는 것과도 연관이 있다. 본래 출가 수행자란 남이 쓰다 버린 옷 조각이나 못쓰게 된 천 조각들을 주워서 꿰매어 만든 옷을 입을 만큼 무욕(無慾)과 무소유(無所有)를 실천하였던 것에서 비롯된다. 가사를 입은 출가자는 자비를 실천하고 공덕을 쌓는 수행에 전념하기 때문에 자비의(慈悲衣), 공덕의(功德衣)라고도 불린다. 가사예(迦沙曳), 납의(衲衣).

【099】

夫人寒貧(부인한빈)이라도 以勤求之(이근구지)하고 以誠求之(이성구지)하면 些分而成(사분이성)이라.

대범 사람이 매우 가난할지라도 부지런함으로써 구하고 정성으로써 구하면 조금은 이뤄진다.

- 寒貧 : 매우 가난함.

【100】

大凡富也－已人分定이라 不安其分하면 雖富尙憂이라.
대범부야 이인분정 불안기분 수부상 우

대범 부유란, 이미 사람의 분수(分數)가 정하여진 것이라 그 분수에 편안하지 아니하면 비록 부유할지라도 오히려 근심이 된다.

• 分數 : ①사물을 분별하는 지혜. ②자기 신분에 맞는 한도. ③사람으로서 일정하게 이를 수 있는 한계.

【101】

我非好貧이라 但遠毒害이요 我非惡富이라 迺除貪吝이라.
아비호빈 단원독해 아비오부 내제 탐인

나는 가난을 좋아하는 것이 아니라 다만 독과 해를 멀리하자는 것이요, 나는 부유를 싫어하는 것이 아니라 이에 탐하고 인색함을 제거하자는 것이다.

• 吝 : 아낄 인.

〖102〗

貧窮之人은 可守自身언정 愼忌授福이요 亦憚歸待이라.
빈궁지인 가수자신 신기수복 역탄 귀대

빈궁한 사람은 가히 자신을 지킬지언정 삼가 복이 주어지는 것을 꺼려할 것이요, 또한 대우가 돌아오는 것을 꺼려해야 한다.

• 貧窮 : 가난하고 궁색함.
• 忌 : 꺼릴 기.
• 憚 : 꺼릴 탄.

〖103〗

自樂貧寒하야 勿蓄過分이요 反有少餘거든 施窮隣人이라.
자락빈한 물축과분 반유소여 시궁 인인

스스로 가난하고 한미함을 즐겨서 분수에 넘치게 쌓아두지 말 것이요, 반면 조금이라도 남음이 있거든 곤궁(困窮)한 이웃 사람에게 베풀어야 한다.

• 過分 : 분에 넘침.
• 困窮 : ①가난하여 살림이 구차함. ②어렵고 궁핍(窮乏)함.

【104】

大凡人多하면 能食虎狼이요 反面虎多하면 能食
대범인다 능식호랑 반면호다 능식

人者이라.
인자

대범 사람이 많으면 능히 호랑이를 먹어버리는 것이요, 반면에 호랑이가 많으면 능히 사람을 먹어 버린다.

【105】

貧出於富하고 弱出於强하며 亂出於治하고 危出
빈출어부 약출어강 난출어치 위출

於安이라.
어안

가난은 부유에서 나오고, 약함은 강함에서 나오며, 어지러움은 다스림에서 나오고, 위태로움은 편안함에서 나온다.

【106】

大凡不貧이면 不成富裕이요 亦是不奢이면 不至
대범불빈 불성부유 역시불사 부지

貧乏이라.
빈핍

대범 가난이 아니면 부유를 이룰 수 없는 것이요, 또한 사치하지 않으면 가난에 이르지 않는다.

• 貧乏 : 가난하여 아무것도 없음.

〖107〗

> 不誘於富하고 不沒於樂하며 不醉於歡하고 不脫於常이라.
> (불유어부 불몰어락 불취어환 불탈어상)

부유에 꾀이지 아니하고 즐거움에 빠지지 아니하며, 기쁨에 도취(陶醉)하지 아니하고 상도(常道)에 벗어나지 않아야 한다.

• 誘 : 꾈 유.
• 陶醉 : ①흥취(興趣) 있게 술이 얼근히 취함. 어떠한 것에 마음이 쏠려 취하다시피 함. ②무엇에 열중함.
• 常道 : ①변하지 않는 떳떳한 도리. ②항상 지켜야 할 도리.

〖108〗

> 夫自足者는 尙有不貧이요 又自富者는 尙有不豊이라.
> (부자족자 상유불빈 우자부자 상유불풍)

대범 '스스로 만족하다' 하는 사람은 오히려 가난하지 않음이 있는 것이요, 또한 '스스로 부유하다' 하는 자는 오히려 풍족하지 않음이 있다.

【109】

大凡世上에 最貧窮人은 開觀前路하는 無智之人이라.
대범세상 최빈궁인 개관전로 무지지인

대범 세상에 가장 가난하고 궁색한 사람은 앞길을 열어서 관조(觀照)하는 지혜가 없는 사람이다.

• 觀照 : ①고요한 마음으로 사물을 관찰하거나 음미(吟味)함. ②직감에 의해 구상적으로 직접 인식(認識)함. ③지혜로 사리(事理)를 비추어 봄.

【110】

有富貴時에 廣施守之이요 無富貴時에 以安分守之이라.
유부귀시 광시수지 무부귀시 이안분수지

부와 귀가 있을 때에는 널리 베풂으로서 지킬 것이요, 부나 귀가 없을 때에는 분수(分數)에 편안함으로써 지켜야 한다.

【111】

大凡儉素는 最大美德이요 因此奢侈는 最高邪惡이라.
대범검소 최대미덕 인차사치 최고사악

대범 검소한 것은 최대의 아름다운 덕이요, 따라서 사치하는 것은 최고의 삿된 악이다.

• 美德 : 아름답고 갸륵한 덕행.
• 邪惡 : 도리에 어긋나고 악독함.

【112】

夫禍莫大－於不知足이요 又貧莫大－於常欲得이라.
부화막대 어부지족 우빈막대 어상욕득

대범 재앙은 만족함을 알지 못하는 것보다 더 큼이 없는 것이요, 또한 가난은 항상 얻고자 하는 것보다 더 큼이 없다.

【113】

若人富裕하고 迺不淸白하면 不若淸貧하야 乃有名譽이라.
약인부유 내불청백 불약청빈 내유명예

만일 사람이 부유하고 이에 청백하지 않다면, 청빈하여 이에 명예가 있는 것만 같지 못한 것이다.

• 淸白 : 재물에 대한 욕심이 없이 곧고 깨끗함.
• 淸貧 : 성품이 깨끗하고 재물에 대한 욕심이 없어 가난함.
• 名譽 : ①세상에서 인정받는 좋은 이름이나 자랑. ②어떤 직위나 직명 앞에

쓰이어 그 권위나 공로를 존경하는 뜻으로 쓰이는 이름.

〔114〕

大凡不經一巨大困窮하면 難成於世에 巨大事業이라.
대범불경 거대곤궁 난성어세 거대사업

대범 크게 곤궁한 것을 지내지 아니하면, 세상에 큰 사업을 이루기가 어렵다.

• 困窮 : ①가난하여 살림이 구차함. ②어렵고 궁핍(窮乏)함.
• 事業 : ①일정한 계획과 목적을 가지고 운영되는 지속적인 비영리적(非營利的) 활동. ②일. ③영리(營利)를 목적으로 행하는 경제적인 일. ④사적(事蹟). 업적(業績).

〔115〕

無實虛名은 衆人自忘이요 無施享富는 群人受忌이라.
무실허명 중인자망 무시향부 군인수기

알맹이가 없는 헛된 이름은 뭇 사람이 저절로 잊어버리는 것이요, 베풂이 없이 누리는 부유는 여러 사람의 꺼려함을 받는다.

• 無實 : 사실이나 실상이 없음. 마음가짐이 성실하지 못함.

• 虛名 : 실상이 없이 헛되게 난 이름. 실제의 가치에 어울리지 않는 실질 이상의 명성.

〔116〕

有錢有富가 非是眞樂이요 無錢無富라도 無忌實喜이라.
유전유부 비시진락 무전무부 무기 실희

돈이 있고 부유가 있는 것이 이에 참된 즐거움이 아니요, 돈이 없고 부유가 없을지라도 꺼려할 것 없음이 실제의 기쁨이다.

〔117〕

人生於世에 造成人格이요 成就事業이며 儲積功德이라.
인생어세 조성인격 성취사업 저적 공덕

사람이 세상을 살아감에 인격을 조성할 것이요, 사업을 성취할 것이며, 공덕을 쌓아야 할 것이다.

• 造成 : ①(단지 · 삼림(森林) · 택지(宅地) · 녹지 따위를) 인공적 · 인위적으로 이루어 만드는 것. ②(분위기 · 상황 따위를) 생겨나게 만드는 것.
• 人格 : ①사람으로서의 됨됨이. 사람의 품격. 자격. 개인의 지(知), 정(情), 의(意) 및 육체적 측면을 총괄하는 전체적 통일체(統一體). ②도덕적 행위의 주체. ③법률관계 특히 권리(權利), 의무(義務)의 주체. 신(神)에 대하여 인성(人

性)을 갖춘 품격.

〔118〕

雖爲貧人이라도 不貪享富이요 亦有富人이라도
수 위 빈 인　　불 탐 향 부　　역 유 부 인

不慾享樂이라.
불 욕 향 락

비록 가난한 사람이 되었다 할지라도 탐하지 않으면 부유를 누리는 것이요, 또한 부유한 사람이라도 욕심내지 않으면 즐거움을 누린다.

- 享富 : 부유를 누림.
- 享樂 : 즐거움을 누림.

〔119〕

凡黃金者는 本無種子로 唯出儉家하야 發於美
범 황 금 자　본 무 종 자　유 출 검 가　　발 어 미

光이라.
광

대범 황금이라는 것은 본래 종자가 없는 것으로, 오직 검소한 집안에서 나와 아름다운 빛을 발하게 된다.

【120】

古今爲人은 敗於懈字이요 古今才人은 敗於傲字이라.
(고금위인 패어해자 고금재인 패어오자)

예나 지금이나 사람이 됨은 「게으를 해」의 글자에서 실패를 하는 것이요, 예나 지금이나 재주 가진 사람은 「거만할 오」의 글자에서 실패를 한다.

• 才人 : ①재주가 뛰어난 사람. ②시문(詩文)에 뛰어난 사람. ③재주를 넘거나 짓궂은 동작으로 사람을 웃기며 악기로 풍악(風樂)을 치던 광대.
• 傲 : 거만할 오.

【121】

夫無事時에는 戒之逸字이요 又有事時에는 戒之亂字이라.
(부무사시 계지일자 우유사시 계지란자)

대범 일이 없을 때에는 「방일할 일」이란 글자를 경계할 것이요, 또한 일이 있을 때에는 「어지러울 란」이란 글자를 경계해야 한다.

• 戒 : 경계할 계.
• 逸 : 방탕할 일. 음란하다. 난잡하다. 방자하다.
• 亂 : 어지러울 난(란). 어지럽다. 난리. 반역(叛逆).

【122】

不知勤人이 眞情貧窮이요 隨知足人이 眞情富
부 지 근 인 　 진 정 빈 궁 　 수 지 족 인 　 진 정 부

裕이라.
유

'부지런 할 줄'을 알지 못하는 사람이 진정으로 빈궁한 것이요, 따라서 '만족할 줄'을 아는 사람이 진정으로 부유한 것이다.

【123】

莫作行爲에는 不改之過이요 莫計事業에는 不成
막 작 행 위 　 불 개 지 과 　 막 계 사 업 　 불 성

之件이라.
지 건

행위에는 고치지 못할 허물을 짓지 말 것이요, 사업에는 이루지 못할 건수를 계획하지 말라.

【124】

大凡心靈이 迺做窘困하면 在於人生에 眞怕貧
대 범 심 령 　 내 주 군 곤 　 재 어 인 생 　 진 파 빈

慘이라.
참

대범 심령이 이에 궁색하고 곤궁하게 되면 인생에 있어서 참으로 두려운 가난이요 비참(悲慘)이다.

• 心靈 : 정신(精神)의 근원이 되는 의식의 본바탕. 곧 마음속의 영혼. 육체를 떠나서 존재한다는 마음의 주체. 과학으로는 풀이할 수 없는 신비하고 불가사의(不可思議)한 심적(心的) 현상.
• 窘 : 막힐 군.
• 窘困 : ①곤궁[곤란]하다. 궁색하다. ②처지가 곤란하다[난처하다]. 당혹스럽다. 난감하다.
• 悲慘 : 차마 눈으로 볼 수 없을 만큼 슬프고 끔찍함.
• 慘 : 참혹할 참.

〖125〗

惜福之法(석복지법)은 一豆一粒(일두일립)이라도 應知產處(응지산처)가 絕對不易(절대불이)이라.

복을 아끼는 방법은 하나의 콩, 하나의 쌀알이라도 응당 생산하는 곳이 절대로 쉽지 않다는 것을 아는 것이다.

• 粒 : 쌀알 입.
• 産 : 낳을 산. 만들어 내다.

【126】

大富由天이요 小富由人이며 眞富由施이요 實貧由怠이라.
대부유천 소부유인 진부유시 진빈유태

큰 부자는 하늘에 말미암은 것이요, 작은 부자는 사람에 말미암은 것이며, 참 부자는 베풂에 말미암은 것이요, 실제 가난은 게으름에 말미암은 것이다.

【127】

大凡勤儉은 惜福之法이요 反面力施는 蓄福之途이라.
대범근검 석복지법 반면역시 축복지도

대범 부지런하고 검소함은 복을 아끼는 방법이요, 반면에 힘대로 베푸는 것은 복을 쌓는 길이다.

- 惜 : 아낄 석.
- 蓄 : 쌓을 축.

〔128〕

當貧窮時하야 另無施物이거든 以身掃除하고 鑵水搬柴이라.
당빈궁시 영무시물 이신소제 관수반시

빈궁할 때를 당하여 별달리 베풀 물건이 없거든, 몸으로써 소제도 하고 물도 긷고 나무도 운반하면 된다.

- 另 : 별다를 영.
- 鑵 : 두레박 관.
- 搬 : 옮길 반.
- 柴 : 나무 시.

〔129〕

大凡榮華는 三更之夢이요 因此富貴는 六月之雹이라.
대범영화 삼경지몽 인차부귀 육월지박

대범 영화는 삼경에 (꾸어지는) 꿈이요, 따라서 부귀는 유월에 (내리는) 우박이다.

- 榮華 : ①세상에 드러나는 영광. ②권력과 부귀를 마음껏 누리는 일.
- 三更 : 하룻밤을 오경(五更)으로 나눈 셋째 부분. 밤 11시에서 새벽 1시 사이를 말한다.

【130】

人也不辱은 生於知足이요 隨而不殆는 出於知止이라.
인야불욕 생어지족 수이불태 출어지 지

사람이 욕되지 않는 것은 만족할 줄을 아는 데서 생기는 것이요, 위태(危殆)하지 않는 것은 그칠 줄을 아는 데서 나온다.

- 知足 : 제 분수를 알아 마음에 불만함이 없음, 곧 무엇이 넉넉하고 족한 줄을 앎.
- 殆 : 위태할 태.
- 危殆 : ①형세가 매우 어려움. ②마음을 놓을 수가 없음. ③안전하지 못하고 위험함.
- 知止 : 자기 분수에 지나치지 않도록 그칠 줄을 앎.

【131】

貧而好施하면 功倍於富이요 貴而好慾하면 惡倍於貧이라.
빈이호시 공배어부 귀이호욕 악배 어빈

가난하면서도 베풀기를 좋아하면 공덕이 부자에 배가(倍加)가 되는 것이요, 귀하면서도 욕심부리기를 좋아하면 악이 가난에 배가가 된다.

- 倍 : 곱 배.
- 倍加 : 갑절이 더해짐. 또는 더함..

〔132〕

大凡節約이 卽是收入이요 亦是不用이 卽是裕
대범절약 즉시수입 역시불용 즉시유

餘이라.
여

대범 절약하는 것이 곧 이에 수입이요, 또한 쓰지 않는 것이 곧 이에 유여이다.

• 收入 : ①돈 · 물품 따위를 거두어들이는 것, 또는 그 물품이나 돈. ②개인 · 국가 · 단체 등이 합법적으로 얻어 들이는 금액. ③소득.
• 裕餘 : (모자람이 없이) 푼푼하고 넉넉함.

〔133〕

對富嫉妬는 害己傷心하나니 治療之方은 隨喜
대부질투 해기상심 치료지방 수희

功德이라.
공덕

부유에 대하여 질투하는 것은 몸을 해치고 마음을 상하게 하나니, 치료를 하는 방법은 (남이 지은) "공덕을 따르고 기뻐하는 것"이다.

• 療 : 병 고칠 료(요).
• 隨喜功德 : 다른 사람이 잘 한 일을 내가 잘 한 것처럼, 다른 사람의 좋은 일을 나의 좋은 일처럼 같이 따라서 좋아하고 기뻐하는 것. 다른 사람의 좋은 일을 같이 따라서 기뻐해 주면, 그것이 곧 나의 공덕이 된다는 말.

【134】

夫財富少하면 煩惱隨少이요 迺財富多하면 煩惱隨多이라.
부 재 부 소 번 뇌 수 소 내 재 부 다 번 뇌 수 다

대범 재산과 부유가 적으면 번뇌도 따라서 적은 것이요, 이에 재산과 부유가 많으면 번뇌도 따라서 많아진다.

• 煩惱 : 마음이 시달려 괴로움.

【135】

善用財富하면 能用役人이요 能享平安이며 能娛自由이라.
선 용 재 부 능 용 역 인 능 향 평 안 능 오 자 유

재물과 부유를 잘 쓰면 능히 사람을 부려 쓸 것이요, 능히 평안을 누릴 것이며, 능히 자유를 즐길 것이다.

• 平安 : ①무사히 잘 있음. ②무사하여 걱정이 없음.
• 自由 : ①남의 구속을 받지 않고, 자기 마음대로 함. ②자기가 뜻하는 대로 함. 마음 내키는 대로 함. ③법률의 범위 안에서 마음대로 하는 행위. 권리, 의무를 가지는 일. ④소극적으로는 외계의 구속으로부터 독립하고, 적극적으로는 자기의 본성(本性)을 좇음.

〖136〗

聚財不爲－人生目的이요 活貧不爲－人生恥辱
취재불위 인생목적 활빈불위 인생치욕

이라.

재물을 모으는 것이 인생의 목적이 되는 것은 아니요, 가난하게 사는 것이 인생의 치욕이 되는 것은 아니다.

• 恥辱 : 부끄럽고 욕됨. 불명예(不名譽).

〖137〗

癡人財富는 於諸人等에 常遭傷害하야 永無寧
치인재부 어제인등 상조상해 영무녕

日이라.
일

어리석은 사람의 재물이나 부유는 모든 사람들에게 항상 상해를 만나도록 하여 길이 편안할 날이 없게 한다.

• 遭 : 만날 조.
• 傷害 : ①남의 몸에 상처를 내어 해를 입힘. ②사람의 생리적 기능에 장해를 주는 일.
• 寧日 : 무사하고 편안한 날.

[138]

大凡財富가 日益增加이요 因此安樂이 日益增
대범재부 일익증가 인차안락 일익증

長이라.
장

대범 재물과 부유가 날마다 증가해야 할 것이요, 따라서 편안과 즐거움이 날마다 증장해야 한다.

- 增加 : 더하여 많아짐.
- 增長 : 힘을 도와 전보다 더 잘하게 함.

[139]

大凡勤勞는 窮人之富이요 因此節儉은 富人之智
대범근로 궁인지부 인차절검 부인지지

이라.

대범 부지런하고 노력함은 궁색한 사람의 부유이요, 따라서 절약하고 검소함은 부유한 사람의 지혜이다.

[140]

應當財富를 正求而得이요 愼重而蓄하며 普施
응당재부 정구이득 신중이축 보시

而救이라.
이구

응당 재산이나 부유를 바르게 구하여 얻을 것이요, 신중하게 저축할 것이며, 널리 베풀어 구제(救濟)해야 한다.

• 救濟 : ①어려운 지경에 빠진 사람을 구하여 냄. ②고통받는 사람들을 제도함.

〖141〗

知足之人은 天然財富이나 然而奢侈는 人爲寒貧이라.
지족지인 천연재부 연이사치 인위한빈

만족할 줄을 아는 사람은 천연적인 재산과 부유이지만, 그러나 사치를 하는 것은 인위적으로 쓸쓸하고 가난함이 된다.

• 天然 : ①사람의 힘을 가하지 않은 상태. ②사람의 힘으로는 어떻게도 할 수 없는 상태.
• 人爲 : 사람의 힘이나 능력으로 이루어지는 일.

〖142〗

凡爲知足이 最高富裕이요 最高財物이며 最高資産이라.
범위지족 최고부유 최고재물 최고자산

대범 만족할 줄을 아는 것이 최고의 부유이요, 최고의 재물이며, 최고의 자산이다.

• 資 : 재물 자.

• 資産 : ①소득을 축적한 것. ②천량. ③유형, 무형의 값있는 물건으로, 부채의 담보(擔保)로 할 수 있는 것.

〖143〗

> 治療怠惰는 唯做造事이요 治療私事는 唯就犧路이라.
> (치료태타 유주조사 치료사사 유취희로)

게으름을 치료하는 것은 오직 일을 만들어서 하는 것이요, 사사를 치료하는 것은 오직 희생(犧牲)의 길로 나아가는 것이다.

• 私事 : 사삿일. 사사로운 일.

• 犧牲 : 천지종묘(天地宗廟) 제사(祭祀) 때 제물로 바치는 산 짐승을 일컫는 말로, ① '犧(희)'는 색이 순수한 것, '牲(생)'은 길함을 얻지 못해 죽이는 것. ② 어떤 사물, 사람을 위해서 자기 몸을 돌보지 않고 자신의 목숨, 재산, 명예 따위를 바치거나 버림.

〖144〗

> 常行恭敬하고 常行容恕하며 常行勤勉하면 無非自得이라.
> (상행공경 상행용서 상행근면 무비자득)

항상 공경을 행하고, 항상 용서를 행하며, 항상 근면을 행하면 저절로 얻어지지 아니함이 없다.

• 恭敬 : ①삼가서 공손히 섬김. ②삼가서 예를 차려 높임.
• 容恕 : ①관용(寬容)을 베풀어 벌하지 않음. ②꾸짖지 아니함. ③놓아 줌.
• 勤勉 : 부지런히 노력함.
• 自得 : ①스스로 터득함. ②스스로 만족함. ③스스로 뽐내어 우쭐거림. ④자기가 자기의 한 일에 대하여 갚음을 받는 일.

〔145〕

人之價値는 多少之財를 不在擁有이라 在多少獻이라.
인지가치 다소지재 부재옹유 재다소 헌

사람의 가치는 얼마의 재산을 싸서 가지고 있느냐에 있는 것이 아니라, 얼마만큼 헌공(獻供)했느냐에 있는 것이다.

• 擁有=包有 : 싸서 가지고 있음.
• 獻供 : 물건을 바침.

〔146〕

有錢不用하면 是爲死錢이니 持錢用時에 始現活樣이라.
유전불용 시위사전 지전용시 시현 활양

돈이 있을지라도 쓰지 않으면 이것은 죽은 돈이 되는 것이니, 가진 돈이 쓰여질 때에 비로소 산 모습이 나타난다.

〖147〗

儉而一施를 是謂仁姿이요 撙而寡求를 是謂義姿이라.
검이일시 시위인자 준이과구 시위의자

검박해서 하나라도 베푸는 것을 이를 어짊의 맵시이라 이르는 것이요, 존절(撙節)히 해서 구함이 적음을 이를 옳음의 맵시라 이른다.

- 姿 : 맵시 자.
- 撙 : 누를 준.
- 撙節 : ①알맞게 절제함. ②씀씀이를 아껴 알맞게 씀.

〖148〗

勤爲家度를 是謂禮姿이요 訓起子孫을 是謂智姿이라.
근위가도 시위예자 훈기자손 시위지자

부지런함으로 가정의 법도를 삼는 것을 이를 예의의 맵시라 이르는 것이요, 가르침으로 자손을 일으키는 것을 이를 지혜의 맵시라 이른다.

〚149〛

能守能施를 是謂財主이요 太慳太吝은 是謂財奴이라.
능수능시 시위재주 태간태린 시위재노

능히 지키고 능히 베푸는 것을 이를 재물의 주인이라 이르는 것이요, 너무 아끼고 너무 인색한 것을 이를 재물의 노예(奴隸)라 이른다.

• 奴隸 : 자유를 구속당하고 남에게 부림을 받는 사람.

〚150〛

無求之施는 一粒萬鐘이요 有求之施는 萬鐘無功이라.
무구지시 일립만종 유구지시 만종무공

구함이 없이 베푸는 것은 하나의 쌀알이 일만의 종이 되는 것이요, 구함이 있어서 베푸는 것은 일만의 종이라도 공덕이 없다.

• 鐘 : 고대에 쌀을 헤아리는 단위로, 6말 4되(六斛四斗)를 일종(一鐘)이라 한다.

〔151〕

大凡衆多한 儲蓄金錢은 等於良玉이 在藏巖裏
대 범 중 다　저 축 금 전　등 어 량 옥　재 장 암 리

이라.

대범 많은 금전을 저축하는 것은 좋은 옥이 바위 속에 갈무려 있는 것과 같은 것이다.

• 儲 : 쌓을 저.

〔152〕

小步之移는 難去遠路이요 歪聚之富는 難享久
소 보 지 이　난 거 원 로　왜 취 지 부　난 향 구

存이라.
존

작은 걸음을 옮기는 것으로는 먼 길을 가기가 어려운 것이요, 비뚤어지게 모은 부자로는 오래 보존을 누리기가 어렵다.

• 歪 : 비뚤어질 왜.

【153】

大凡不懈－努力之人은 雖失敗處라도 必有復起이라.
대범불해 노력지인 수실패처 필유부기

대범 게으르지 않고 노력하는 사람은, 비록 실패한 곳에서라도 반드시 다시 일어날 수가 있는 것이다.

【154】

大凡世上에 一切之事는 常成勤儉이요 槪敗奢靡이라.
대범세상 일체지사 상성근검 개패사미

대범 세상에 일체의 일은 항상 부지런하고 검박한데서 이루어지는 것이요, 대개 사치하는데서 실패하게 된다.

• 奢靡＝奢侈 : 필요 이상의 돈이나 물건을 쓰거나 분수에 지나친 생활을 함.

【155】

大凡於人－技藝也者는 非成天才이요 乃成勤勞이라.
대범어인 기예야자 비성천재 내성근로

대범 사람에 기예라는 것은 천재에서 이루어지는 것이 아니요, 이에 부지런히 노력하는데서 이루어진다.

• 技藝 : ①기술에 대한 재주. ②예술(藝術).
• 天才 : 선천적으로 타고난 남보다 훨씬 뛰어난 재주, 또는 그런 재능을 가진 사람.

〔156〕

大凡自信에 加於誠實하면 無往不成이요 無往不利이라.
대범자신 가어성실 무왕불성 무왕 불리

대범 스스로의 신념에다 정성과 진실을 더하면 가는 데마다 이루지 못함이 없는 것이요, 가는 데마다 이롭지 아니함이 없다.

〔157〕

大凡人生이 不植果木하면 難摘巨樹라도 甛味果實이라.
대범인생 불식과목 난적거수 첨미 과실

대범 인생이 과일 나무를 심지 아니하면, 큰 나무라도 달고 맛난 과실을 따기가 어렵다.

• 摘 : 딸 적.

• 甛 : 달 첨.

[158]

大凡勤勉은 無價眞寶이요 亦是謹操는 護身實符이라.
대범근면 무가진보 역시근조 호신실부

대범 부지런하고 힘쓰는 것은 값이 없는 참 보배이요, 또한 삼가고 조심하는 것은 몸을 두호하는 실제 병부(兵符)이다.

• 兵符 : 조선 시대에, 군대를 동원하는 표지로 쓰던 동글납작한 나무패.

[159]

大凡勤勉하면 能養諸善이요 因此懈怠하면 自長衆惡이라.
대범근면 능양제선 인차해태 자장중악

대범 부지런하면 능히 온갖 선이 길러지는 것이요, 따라서 게으르면 저절로 뭇 악이 자라난다.

〖160〗

大凡吉事는 莫加知足이요 因此苦惱는 莫加列願이라.
대범길사 막가지족 인차고뇌 막가열원

대범 길한 일은 만족을 아는 것보다 더함이 없는 것이요, 따라서 괴로움은 소원을 벌려놓는 것보다 더함이 없다.

• 吉事 : 혼례(婚禮) · 환갑(還甲) 등의 경사스러운 일.
• 苦惱 : ①몸과 마음이 괴로움. ②괴로워하고 번뇌함.

〖161〗

夫莫用力－無用之處이요 亦不施財－邪惡之地이라.
부막용력 무용지처 역불시재 사악지지

대범 힘을 쓸데없는 곳에 쓰지 말 것이요, 또한 재물을 사악한 자리에 베풀지 않아야 한다.

• 邪惡 : 도리에 어긋나고 악독함.

[162]

大凡尺璧은 不貴之物이요 事實寸陰이 最重之寶이라.
대범척벽 불귀지물 사실촌음 최중지보

대범 한 자나 되는 구슬은 귀한 물건이 아니요, 사실 짧은 시간이 가장 소중한 보배이다.

- 尺璧=尺璧非寶 : 지름이 한 자나 되는 보옥(寶玉)도 시간에 비하면 보배라고 할 수 없음.
- 寸陰 : ①매우 짧은 동안의 시간. ②얼마 안 되는 시간. ③썩 짧은 시간. ④일촌광음(一寸光陰). ⑤ 촌각(寸刻) · 촌구(寸晷) · 촌시(寸時) 등.

[163]

大凡貧者는 能樂其貧이니 求分外富하면 易沒傷身이라.
대범빈자 능락기빈 구분외부 이몰상신

대범 가난한 자는 능히 그 가난을 즐길지니, 분수 밖의 부유를 구한다면 몸을 상함에 빠지기가 쉽다.

〔164〕

作農之人은 設當旱魃하고 亦當洪水라도 不止耕耘이라.
작농지인 설당한발 역당홍수 부지경운

농사를 짓는 사람은 설사 가뭄을 당하고, 또한 홍수를 당한다 할지라도 갈고 김매기를 그치지 아니한다.

- 旱 : 가물 한.
- 魃 : 가물귀신 발.
- 旱魃 : ①가뭄. ②가물을 맡은 귀신(鬼神).
- 耕耘 : 밭 갈고 김을 맴.

〔165〕

大凡做事는 要實捷速이요 亦是說話는 要眞誠信이라.
대범주사 요실첩속 역시설화 요진성신

대범 일을 하는 데는 실로 민첩하고 빠르게 하기를 요하는 것이요, 따라서 말을 하는 데는 참으로 정성스럽고 참되기를 요하는 것이다.

- 捷 : 이길 첩.
- 捷速 : 민첩하고 빠르다.
- 誠信=誠實 : 정성스럽고 참됨.

【166】

大凡安莫－安於知足이요 因此危莫－危於處癡
대 범 안 막 　안 어 지 족 　　인 차 위 막 　위 어 처 치

이라.

대범 편안함은 만족을 아는 것보다 더 편안함이 없는 것이요, 따라서 위험함은 처사(處事)를 어리석게 하는 것보다 더 위험함이 없다.

- 知足 : 제 분수(分數)를 알아 마음에 불만함이 없음, 곧 무엇이 넉넉하고 족한 줄을 앎.
- 處事 : 일을 처리함, 또는 그런 처리.

【167】

薄養自身을 謂之「節約」이요 薄施他人을 謂之
박 양 자 신 　위 지 　절 약 　　박 시 타 인 　위 지

「吝嗇」이라
　인 색

자신을 엷게 기르는 것을 일러서 「절약이라」하는 것이요, 다른 사람에게 엷게 베푸는 것을 일러서 「인색이라」 한다.

- 節約 : 아끼어 씀.
- 吝嗇 : 체면을 돌아보지 않고 재물을 지나치게 아낌.

〖168〗

人懋誠敬하면 禮儀自眞이요 亦主節儉하면 日用自實이라.
인무성경 예의자진 역주절검 일용자실

사람이 정성과 공경에 힘쓰면 예의가 저절로 참되게 되는 것이요, 또한 존절(撙節)과 검소(儉素)를 주체하면 날마다 쓰는데 저절로 실답게 된다.

- 誠敬 : 정성을 다하여 공경함.
- 禮儀 : ①사회생활과 사람과의 관계에서 공손하며 삼가는 말과 몸가짐. ②예절과 의리.
- 撙節 : ①알맞게 절제함. ②씀씀이를 아껴 알맞게 씀.
- 儉素 : 치레하지 않고 수수함.

〖169〗

一粥一飯이라도 常思産者이요 半絲半縷라도 恒念織人이라.
일죽일반 상사산자 반사반루 항념직인

한 (그릇) 죽, 한 (그릇) 밥이라도 항상 생산한 사람을 생각할 것이요, 절반의 실, 절반의 오라기라도 항상 (베를) 짜는 사람을 생각해야 한다.

【170】

大凡知足은 天賜財富이요 因此奢侈는 人作貧窮이라.
대범지족 천사재부 인차사치 인작빈궁

대범 만족을 아는 것은 하늘이 준 재산과 부유이요, 따라서 사치하는 것은 사람이 만드는 가난과 곤궁이다.

• 賜 : 줄 사.

【171】

大凡人也－乞神之態는 永遠不回의 招來破産이라.
대범인야 걸신지태 영원불회 초래파산

대범 사람이 빌어먹는 귀신의 상태는 영원히 돌이키지 못할 파산을 불러 오게 된다.

• 乞神 : ①('빌어먹는 귀신(鬼神)'의 뜻으로) 굶주리어 염치(廉恥)를 돌아보지 않고 음식을 지나치게 탐내는 욕심. ②걸신장이.
• 破産 : 재산을 모두 잃고 망함.

【172】

浪費之人은 終難享富이요 勤儉之人은 須不處貧이라.
낭비지인 종난향부 근검지인 수불처 빈

낭비를 하는 사람은 마침내 부유를 누리기가 어려운 것이요, 근검한 사람은 모름지기 가난에 처하지 않는다.

- 浪 : 물결 랑(낭).
- 費 : 쓸 비. 허비할 비.
- 浪費 : 재물 · 시간 따위를 헛되이 헤프게 쓰는 것.

【173】

欲貧之人은 用錢如水이요 欲富之人은 出錢如鎖이라.
욕빈지인 용전여수 욕부지인 출전여 쇄

가난하고자 하는 사람은 돈(재물) 쓰기를 물 같이 할 것이요, 부유하고자 하는 사람은 돈(재물) 나감을 자물쇠를 (채움) 같이 해야 한다.

- 鎖 : 자물쇠 쇄.

【174】

夫浪費人은 易招寒貧이요 又節儉者는 易召富裕이라.
(부낭비인 이초한빈 우절검자 이소부유)

대범 낭비를 하는 사람은 가난하고 차가움을 부르기 쉬운 것이요, 또한 절약하고 검소한 자는 부유를 부르기가 쉬운 것이다.

• 節儉 : 절약하고 검소하게 함.

【175】

大凡困窮은 不足爲恥이라 但活世去에 啻有不便이라.
(대범곤궁 부족위치 단활세거 시유불편)

대범 곤궁한 것은 족히 부끄러움이 되는 것이 아니라, 다만 세상을 살아가는데 불편함이 있을 뿐이다.

• 困窮 : ①가난하여 살림이 구차함. ②어렵고 궁핍(窮乏)함.
• 啻 : 뿐 시.

〖176〗

不是財富는 生活目的이요 有於生活에 不過道具이라.
불시재부 생활목적 유어생활 불과도구

이에 재산과 부유는 생활의 목적이 아니요, 생활하는데 있어서 도구에 지나지 아니한다.

• 道具 : ①일에 쓰이는 여러 가지 연장. 제구(諸具). ②불도(佛道)를 닦는 데 쓰는 기구의 총칭. 불상(佛像) · 포단(布團) · 바리때 등.

〖177〗

凡惰而侈하면 必招貧窮이요 隨勤而儉하면 必來富裕이라.
범타이치 필초빈궁 수근이검 필래부유

대범 게으르면서 사치하면 반드시 빈궁을 부르는 것이요, 따라서 부지런하면서 검소하면 반드시 부유가 오게 된다.

〖178〗

大凡最貧은 是無一才이요 亦是最賤은 是無一志이라.
대범최빈 시무일재 역시최천 시무일지

대범 가장 가난한 것은 이에 하나의 재주도 없는 것이요, 또한 가장 천한 것은 이에 하나의 의지(意志)도 없는 것이다.

• 意志 : ①어떤 일을 해내거나 이루어 내려고 하는 마음의 상태나 작용. 마음. 뜻. 지의(志意). ②이성(理性)을 가지고 사려(思慮)하고 선택하고 결심하여 실행하는 능력. ③지식, 감정과 대립되는 정신 작용. 어떤 행동을 취할 것인가를 결의하고, 또 그것을 북돋우고 지속시키는 심적(心的) 기능. 도덕적 행위의 주체가 되고 객체가 되는 정신작용.

〖179〗

大凡錢財(대범전재)는 如天流雲(여천유운)이요 因此仁義(인차인의)는 似寶珠(사보주)瑛(영)이라.

대범 돈이나 재물은 하늘에 흐르는 구름 같은 것이요, 따라서 인과 의는 보배로운 구슬옥과 같은 것이다.

• 錢財 : 돈. 재물로서의 돈.
• 仁義 : 인과 의. 어진 것과 의(義)로운 것.
• 珠 : 구슬 주.
• 瑛 : 옥빛 영.

〖180〗

馬也無力(마야무력)은 皆因羸瘦(개인리수)이요 不知風流(부지풍류)는 只以貧(지이빈)寒(한)이라.

말이 힘이 없음은 모두 파리하고 여윔으로 인함이요, 풍류를 알지 못하는 것은 다만 가난하고 차가움 때문이다.

- 羸 : 여윌 리.
- 瘦 : 파리할 수.
- 風流 : ①속사를 떠나 풍치(風致)가 있고 멋들어지게 노는 일. 화조풍월(花鳥風月). ②운치(韻致)스러운 일. ③ 음악을 예스럽게 일컫는 말. ④정악(正樂)가운데, 악기의 합주의 일컬음. 중 풍류와 대 풍류가 있음.

【181】

饒裕之人은 難爲癡者이요 癡呆之漢은 艱做饒者이라.
(요유지인 난위치자 치매지한 간주요자)

넉넉한 사람은 어리석은 사람 되기가 어려운 것이요, 어리석은 사람은 넉넉한 자 되기가 어렵다.

- 饒 : 넉넉할 요.
- 呆 : 어리석을 매.
- 癡呆 : ①언어 동작이 느리고 정신 작용이 완전하지 못함. 어리석음. ②정신병리학에서, 사회생활을 영위하기 위해서 필요한 정신적인 능력이 상실된 상태를 이름.

〔182〕

當於春節하야 耕田播種이니 若不如是하면 秋無所穫이라.
당어춘절 경전파종 약불여시 추무 소확

봄을 당해서 밭을 갈고 씨를 뿌릴지니, 만일 이와 같이 아니하면 가을에 거둘 바가 없게 된다.

• 穫 : 거둘 확.

〔183〕

夫人世上에 奢侈之事는 事實莫過-浪費時間이라.
부인세상 사치지사 사실막과 낭비시간

대범 사람이 세상에 사치스러운 일은, 사실로 시간을 낭비하는 것보다 더 지나침이 없다.

• 奢侈 : 필요 이상으로 돈이나 물건을 씀.
• 浪費 : 재물 · 시간 따위를 헛되이 헤프게 쓰는 것.

【184】

莫詢收益이요 但問事業이며 莫詢收穫이요 但問耕田이라.
막순수익 단문사업 막순수확 단문경전

수익은 묻지 말 것이요, 다만 일하는 업을 물을 것이며, 수확은 묻지 말 것이요, 다만 갈았던 밭을 물어야 한다.

• 詢 : 물을 순.

【185】

吾等活世에 若有貧窮하면 知此不勞하는 獲得之結이라.
오등활세 약유빈궁 지차불로 획득지결

우리가 세상을 삶에 만일 빈궁함이 있다는 것은, 이는 노력하지 않는데서 얻어지는 결과임을 알아야 한다.

• 貧窮 : 가난하여 궁함.
• 獲得 : 얻어 내거나 얻어 가짐. 손에 넣음.

【186】

最勤手足이요 又次胸膛이며 最懶怠者는 是頭腦也이라.
최근수족 우차흉당 최나태자 시두뇌야

가장 부지런한 것은 손과 발이요, 또한 다음으로 가슴이며, 가장 게으른 것은 이에 머리이다.

- 胸膛 = 腹臟 : 가슴의 한복판.
- 膛 : 가슴 당.

【187】

大凡富者는 唯在知足이요 隨而貴相은 唯在知退이라.
대범부자 유재지족 수이귀상 유재지퇴

대범 부라는 것은 오직 만족할 줄을 아는데 있는 것이요, 따라서 귀한 모습은 오직 물러날 줄을 아는데 있다.

【188】

樹種不培하면 必枯其根이요 蓄財不顧하면 必臻其災이라.
수종불배 필고기근 축재불고 필진기재

나무를 심고 북돋지 아니하면 반드시 그 뿌리가 마르는 것이요, 재물을 쌓고 돌아보지 아니하면 반드시 그 재앙이 이른다.

• 枯 : 마를 고

[189]

大凡勤勉(대범근면)은 幸運手右(행운수우)이요 亦是節儉(역시절검)은 幸運手左(행운수좌)이라.

대범 부지런하고 힘쓰는 것은 행운 손의 오른쪽이요, 또한 존절하고 검소한 것은 행운 손의 왼쪽이다.

• 幸運 : ①행복한 운수. ②좋은 운수.

[190]

早睡早起(조수조기)하면 六根自淸(육근자청)이요 勤事勤勞(근사근로)하면 衣食無貧(의식무빈)이라.

일찍 자고 일찍 일어나면 육근이 저절로 맑은 것이요, 부지런히 일하고 부지런히 노력하면 옷과 밥에 가난이 없다.

• 六根 : ①눈 · 귀 · 코 · 혀 · 몸 · 의의 뜻. ②육경(六境)을 인식하고 판단하기 위한 능력이 있는 기관.

【191】

大凡我飽라도 必知人饑이요 亦是我暖이라도 必知人寒이라.
(대범아포 필지인기 역시아난 필지인한)

대범 내가 배부를지라도 반드시 남의 배고픔을 알 것이요, 또한 내가 따뜻할지라도 반드시 남의 차가움을 알아야 한다.

• 饑 : 주릴 기.
• 暖 : 따뜻할 난.

【192】

知足之人은 無財而富이요 不知足者는 有財而貧이라.
(지족지인 무재이부 부지족자 유재이빈)

만족을 아는 사람은 재물이 없지만 부유한 것이요, 만족을 알지 못하는 사람은 재물이 있지만 가난한 것이다.

〖193〗

知足之人은 永不遭窮이요 不知足人은 永不遭富이라.
지족지인 영불조궁 부지족인 영부조부

만족을 아는 사람은 길이 곤궁함을 만나지 않는 것이요, 만족함을 알지 못하는 사람은 길이 부유를 만나지 못한다.

〖194〗

大凡雖富라도 不生吝嗇이요 反面雖貧이라도 不至賤視이라.
대범수부 불생인색 반면수빈 부지천시

대범 비록 부유할지라도 지나친 아낌을 내지 않을 것이요, 반면에 비록 가난할지라도 업신여겨보는 것에는 이르지 않아야 한다.

- 吝嗇 : ①재물을 아끼는 태도가 몹시 지나침. ②어떤 일을 하는 데 대하여 지나치게 박함.
- 賤視 : ①업신여겨 봄. ②천하게 여김.

[195]

夫無種者는 迺財與富이라 故勤儉家에 下根長養이라.
부무종자 내재여부 고근검가 하근장양

대범 종자가 없는 것은 이에 재산이나 부유이라, 그러므로 부지런하고 검소한 집안에서 뿌리를 내려서 자라고 길러진다.

[196]

凡知廉恥는 有貧寒者이나 然爲貧者라도 未有皆廉이라.
범지렴치 유빈한자 연위빈자 미유개렴

대범 청렴하고 부끄러움을 아는 가난하고 쓸쓸한 사람은 있는 것이지만, 그러나 가난한 사람이라도 모두 염치가 있는 것은 아니다.

[197]

處貧而富을 尋知足者이요 處富而貧을 見不知足이라.
처빈이부 심지족자 처부이빈 견부지족

가난에 처할지라도 부유한 것을 만족할 줄을 아는데서 찾아야 하는 것이요, 부유에 처할지라도 가난한 것을 만족할 줄을 알지 못하는데서 보게 되는 것이다.

【198】

大凡處貧하야 無怨甚難이요 亦是處富하야 無驕亦難이라.
대범처빈 무원심난 역시처부 무교 역난

대범 가난에 처하여 원망 없기가 매우 어려운 것이요, 또한 부유에 처하여 교만 없기가 또한 어려운 것이다.

• 怨 : 원망할 원.
• 驕 : 교만할 교.

【199】

處貧之人은 不卑甚難이요 處富之人은 不驕甚難이라.
처빈지인 불비심난 처부지인 불교심 난

가난에 처한 사람은 비굴(卑屈)하지 않기가 매우 어려운 것이요, 부유에 처한 사람은 교만하지 않기가 매우 어려운 것이다.

• 卑屈 : ①비겁하여 용기가 없고 품성이 천함. ②줏대가 없고 떳떳하지 못함.

• 甚難 : 매우 어려움.

〖200〗

大凡居貧(대범거빈)하면 留市無人(유시무인)이요 亦是享富(역시향부)하면 住山(주산)有親(유친)이라.

대범 가난하게 살면 저자에 머물러도 (아는) 사람이 없는 것이요, 또한 부유를 누리면 산에 살지라도 친함이 있게 된다.

마음을 일깨우는 거울
《醒心龜鑑(성심귀감)》

초판 인쇄 ‖ 2014년 11월 20일
초판 발행 ‖ 2014년 11월 25일

지 음 ‖ 오광익
디자인 ‖ 이명숙 · 양철민
발행자 ‖ 김동구
발행처 ‖ 명문당(1923. 10. 1 창립)
주 소 ‖ 서울시 종로구 윤보선길 61(안국동)
우체국 010579-01-000682
전 화 ‖ 02)733-3039, 734-4798(영), 733-4748(편)
팩 스 ‖ 02)734-9209
Homepage ‖ www.myungmundang.net
E—mail ‖ mmdbook1@hanmail.net
등 록 ‖ 1977. 11. 19. 제1~148호

ISBN 979-11-85704-16-6 (03150)
정가 ‖ 20,000원